# 商界40年

## 先行者

1978
—
1988

《商界》 考拉看看 主编 ｜ 商界杂志社采编团队 著

浙江人民出版社

图书在版编目（CIP）数据

商界40年. 先行者：1978-1988 /《商界》，考拉看看主编；商界杂志社采编团队著. -- 杭州：浙江人民出版社，2019.10
ISBN 978-7-213-09449-1

Ⅰ.①商… Ⅱ.①商…②考…③商… Ⅲ.①民营企业—企业家—生平事迹—中国—现代 Ⅳ.①K825.38

中国版本图书馆CIP数据核字（2019）第193483号

# 商界40年：先行者（1978—1988）

《商界》 考拉看看 主编
商界杂志社采编团队 著

出版发行：浙江人民出版社（杭州市体育场路347号 邮编：310006）
市场部电话：（0571）85061682 85176516
责任编辑：朱康平 何英娇
营销编辑：陈雯怡
责任校对：姚建国
责任印务：聂绪东
封面设计：观止堂_未氓
电脑制版：北京唐人佳悦文化传播有限公司
印　　刷：北京阳光印易科技有限公司
开　　本：710毫米×1000毫米 1/16　印　张：20
字　　数：283千字　插　页：1
版　　次：2019年10月第1版　印　次：2019年10月第1次印刷
书　　号：ISBN 978-7-213-09449-1
定　　价：68.00元

如发现印装质量问题，影响阅读，请与市场部联系调换。

# 目 录

## 上篇　春江水暖鸭先知（1978—1983）

### 第一章　勇立潮头 | 个体经济的摸索　003

刘永好：推出中国头号私营企业　004
李晓华：从第一代个体户到"北京首富"　012
张宏伟：创造"东方"的神话　019
吴惠天：漳州民企"教父"　027

### 第二章　亦步亦趋 | 乡镇企业的突围　041

鲁冠球：第一个出访美国的中国农民企业家　042
曹德旺：中国玻璃大王　055
何享健："美的"号舰长　068
徐文荣：横店集团的"冒险史"　078
梁庆德：从鸡毛掸子到格兰仕的世界第一　091
宫学斌：中国果蔬加工大王　104
钟华生：20世纪80年代的"农民度假村第一人"　117

### 第三章　巨人黎明 | 国企改革的尖兵　128

钟信才：中国灯王　129
万德明：上海滩上的"扭亏大王"　139
高丰：骑"鹿"闯天下　159

## 下篇　路漫漫其修远（1984—1988）

### 第四章　敢想敢干｜民营经济的创业时代　　175

南存辉：谈温州必谈柳市，谈柳市必谈正泰　　176
向炳伟：叫板皮尔·卡丹、金利来　　188
陆汉振：飞驰的金轮　　199

### 第五章　潮起潮落｜市场经济下的国企改革　　212

张瑞敏：创作海尔交响曲　　213
陈荣珍：荣事达"三把火"　　224
倪润峰：彩电大王的"定位说"　　236
朱江洪：格力是理性的胜利　　248
张巨声：倾力打造新美菱　　259
任建新：中国"清洗大王"　　268

### 第六章　碧浪蓝天｜海南繁华往事　　279

黄巧灵：从旅游业开始的宋城演艺　　280
冼笃信：海南之子　　291
吴旭：海南商界强人　　304

上篇 | 春江水暖鸭先知

（1978—1983）

历史从来都是由关键性时刻构成的，无数个片段像河水一样绵延不断，有的是涟漪，有的是浪花，然而，中国经济的历史更是给人以波涛汹涌向前的印象，放眼过去，我们看到了很多"历史性转折"。

党的十一届三中全会，这个中国人民耳熟能详的重要节点，当之无愧地成为中国历史上一个重要的分水岭。1978年12月22日，十一届三中全会宣布"全党的工作重点应该转移到社会主义现代化建设上来"，大会提出的"改革、开放"到今天仍然是指引中国前进的战略方针。

这一天，在浙江萧山的鲁冠球从收音机里听到十一届三中全会的文件，文件说要鼓励发展社队企业，第二年春天，他才敢在村里兴办工厂。此时的他不会想到他所创办的作坊式的乡镇企业，在尔后几年成为中国民营经济不可或缺的一股力量。

1978年10月，四川省宁江机床厂等企业进行了扩大企业自主权的试点，确定企业在增收基础上，可以提取一些利润留成，职工可以得到一定的奖金。这拉开了国企改革的序幕。

1982年9月1日，中国共产党第十二次全国代表大会召开，这次大会确定了新的历史时期的总任务。在开幕致辞中，邓小平说："把马克思主义的普遍真理同我国的具体实际结合起来，走自己的道路，建设有中国特色的社会主义。"这次大会提出了经济管理的模式，以"计划经济为主，市场经济为辅"。

民营经济先行者们由于种种原因无法进入体制内，城镇个体户和农村专业户又无法养活更多的人，于是国家让这些人自谋出路。这部分没有社会保障的人，反而在求生中踩出了一条致富之路，成为第一批"吃螃蟹的人"。

# 第一章
## 勇立潮头 | 个体经济的摸索

1978年，全国14万城镇个体工商业者代表了中国民营经济的全部阵容。在这段时间，"下海"一词诞生，许多放弃养尊处优的体制保障的人也加入了淘金者的行列，以他们的学识和胆魄开创民营经济的新境界。

此时民营经济的一大特征，就是大部分在扮演着国有企业"拾遗补阙者"的角色。此时的民营经济以服务业为主，如开餐馆、卖冰棍、长途贩运服装等，谈不上核心技术和竞争力。

这一阶段是民营企业的资本原始积累时期，很多叱咤风云的民营企业家都是在这个时候白手起家打天下的。他们在带领企业发展的同时，经历了一个从管束走向开放的时代，从另一个层面上来看，他们是创新者，是先行先试的开拓者。

## 刘永好：推出中国头号私营企业

1982年，四个同胞兄弟经过三天痛苦思索做出一个不可思议的选择：辞去公职，当专业户。四兄弟没有想到，自己选择的这条风雨兼程之路，把他们推上了"中华饲料王"的宝座，奇迹般地创造了中国最大的私营企业之一——希望集团。

### （一）创业伊始

1982年8月的一天，在四川省新津县古家村一个泥砖墙茅草顶的小院里，四个同胞兄弟正在举行决定自己命运的方桌会议。

桌子的四方坐着四兄弟：毕业于成都电讯工程学院、就职于国营大厂计算机室的大哥刘永言；有师范专科文凭、在县教育局供职的二哥刘永行；老三刘永美（因过继，现名陈育新）和老四刘永好，他们分别是四川农学院和四川省电大的毕业生，一个在县里当农技员，一个在省里当中学教师。四兄弟手里都捧着硬邦邦的"铁饭碗"。

按理说，命运之神对刘家四兄弟是够垂青的了，可他们偏偏又不安分。

就说刘永好吧，这个身材高而壮实、声音洪亮却带几分稚气的小伙子，虽然刚过"而立"之年，但他对4年9个月的知青生活和6年的教师生涯，有着深刻的理解。一个劳动日值0.27元，走5公里路进城挑一担大粪还记不上3分工。中学教师月薪38元。在城里，每人每月只有半斤油、1斤肉。这时的中国人，除了填饱肚子、维持生命的延续和人口再生产的企求之外，还能有什么非分之想呢？

中国的几亿农民和下乡的"准农民"，还有上亿居民和干部，穷得可怜而又可爱，他们吃的苦真是太多太多了。这才让刘永好形成了对贫穷的切肤之恨：凭什么捧着"铁饭碗"受穷？为什么有本事却无处施展？放下这装不满又砸不烂的饭碗，闯世界去吧！

一种施展才华、追求富裕生活的强烈冲动，在四兄弟胸中激荡。

然而，38元月薪毕竟是"十年寒窗"换来的功名俸禄啊！为了它，多少学子拼搏于"黑色七月"！要扔掉这个别人求之不得的"饭碗"，简直是不可思议的事。

两种命运剧烈冲撞。刘永好兄弟面临人生方向的痛苦选择。

陈育新发言了。这位满脑子猪仔鸡娃、化肥农药的农技员，很想真刀真枪闯荡一番："我爱人是农民，就让我先辞职回家试试，砸锅了也还能靠两亩承包田过日子。"刘永好的拳头捏得紧紧的："我情愿冒点风险，也不肯安安稳稳当一辈子穷教师。人生不过几十年，年轻不闯几时闯？"这话里虽然带着几分罗曼蒂克，却是发自肺腑的真情实感。

"脱'公服'，当专业户！"三天三夜的"家庭高级决策会议"终于一锤定音。四兄弟先后辞职，变卖手表、自行车凑足1 000元资本，难产的胎儿——"育新良种场"呱呱坠地。

命运的大转移，局外人看来算不得威武雄壮，但在刘永好兄弟心里，则不啻破釜沉舟。这一步已经豁出去了！就是天大的困难挡路，他们也只有拼老命往前闯了。

良种场第一步就出师不利。

乐至县一个专业户来场里订了10万只"北京白"鸡苗，可是当他运走2万只鸡苗后，刘氏兄弟才发现他带来的汇票是假的。刘氏兄弟找到他时，他"扑通"一声跪在地上，说："都怪我昧了良心，前天一场大火，把两万只鸡苗连同我的房子一起烧掉了！这是我骗人遭的报应呀！"说完连连叩头。

面对身无分文的穷苦农民，有什么话可说呢？他们只能把没运走的8万只鸡苗卖了弥补损失。

成都市浆洗街有个鸡鸭集市。刘永好兄弟每天4点钟起床装好鸡苗，蹬3小时自行车跑40公里路，赶到集市上用"土喇叭"——扯起嗓子叫卖，直到几千只鸡苗卖完了，才拖着疲惫不堪的身子蹬车回家。这样一二十天下来，几兄弟每人都瘦了10多斤。但值得庆幸的是，8万只鸡苗全销完了。年底算账，竟有10万元的盈利！

当干部穷是穷，但是"旱涝保收"，而且自命清高。一旦下了"海"，收鸡蛋、孵鸡子、卖鸡苗，样样活儿要做；工人、推销员、老板，什么角色都要扮演。每天辛苦不说，还要厚着脸磨嘴皮，提着"猪头"求神进贡，心里真是酸甜苦辣咸，一应俱全。

作为农村专业户，他们命中注定要当"经济核算大师"，天生的"算账派"陈育新就是这样的算盘精。他拨动算珠合计：一个鸡蛋卖1角多钱，只有它五分之一大的鹌鹑种蛋，一个就值2角。而且，小鹌鹑孵出蛋壳40天就能下蛋，一对鹌鹑一年可以抱5窝小仔，值100多元。这真是"短、平、快"的生财之道！

于是，由陈育新主持的科研小组诞生了。他们培育出产蛋率高达80%的良种，配制出系列饲料。1986年，刘氏兄弟养鹌鹑15万只，新津有将近三分之一的农民成了养殖户，全县高峰时期养了上千万只鹌鹑，饲养量比号称世界养鹌大国的德、法、日还要大！那阵子，外地人一进入新津县城，就会听到"叽叽呱呱"的鹌鹑大合唱。

刘氏兄弟的算盘确实打精了。他们抓住公家企业对赚钱还"犹抱琵琶半遮面"的时机，开足马力育种、孵雏、卖饲料、办罐头厂，什么能赚钱就干什么。这样忙下来，不仅净赚了1 000多万元，被誉为"鹌鹑大王"，还获得国家"星火计划"科技成果二等奖。真是名利双收！

如果说，从育雏鸡到养鹌鹑是刘永好兄弟经营空间的扩展，那么，从搞养殖到开发饲料生产，则是他们从家庭作坊式经营向现代化规模经营的跨越。

刘永好兄弟把目光移到饲料生产上，是以这样的事实作为决策的支点的：中国老百姓对动物人参——鹌鹑蛋的需求，远不如对猪肉的钟爱。哪家的饭桌上离得开这"六畜"（马、牛、羊、鸡、狗、猪）中的猪？川猪遍天下，全国各省份中，至少有20个是四川的"酒肉朋友"。养猪，对农业而言是副业，但对四川数千万农民家庭来说，则是当之无愧的主业。

传统的巴蜀养猪业太落后了！农民喂猪用青草、大麦和红苕，糖分绰绰有余而蛋白严重不足，别的营养成分就更不用说了。

看来，养猪业要向现代化飞跃，必须以发展饲料工业为突破口。泰国正大集团看到中国饲料市场的巨大潜力，抢先把饲料工厂建到中国来。成都正大公司的产品问世，农民一看标价0.5元/斤，不禁吓了一跳：天哪！猪吃的东西比人吃的大米还贵。

但是，具有特殊魅力的洋饲料，终究征服了注重实际的农民。凭他们的经验，1斤全价饲料比3斤大麦还管用。于是，"正大"门前排起了长队，洋老板顺顺当当地从中国农民手里赚到了几亿元。

饲料市场的前景确实无限广阔。刘永好兄弟当机立断，用希望饲料公司取代了育新良种场，专业户摇身一变，成为私营企业主。

1988年，希望公司在古家村买下10亩地，投资400万元建起科研所和饲料厂。他们高薪聘请30多个国内外有影响力的专家做兼职科研人员，与美国农业部的饲料谷物协会开展学术交流，与派到国外研究动物营养学的博士生建立联系……世界最新科技信息传来了，关键性饲料技术搞到了，有希望的科学配方提出来了。经过近两年的反复试验、筛选，从33个配方中优选出来的"1号乳猪饲料"脱颖而出。

"1号乳猪饲料"面市后，很快在四川农村引起轰动效应。它的质量与"正大"的相同，价格却比"正大"的低。农民用这种带饼干味儿的黄色小颗粒喂乳猪，猪儿爱吃，长得油光水滑，卖相好，一窝猪仔要多赚100多元。

米易县一个养猪户在来信中写了一段顺口溜:"吃一斤,长一斤,'希望'牌乳猪饲料就是精。"刘永好读了两遍,高兴地拍手说:"写得好,就用这句话做广告词吧!"

从此,"1号乳猪饲料""2号乳猪饲料"等30种"希望"饲料深入千千万万养猪户家中,"吃一斤长一斤"的顺口溜红遍巴山蜀水。

## (二)把政策当机遇

中国正处在经济体制的"转型期"。在中国办企业,怎样才能稳操胜券?答曰:抓住机遇。但机遇究竟是什么?为什么有人抓机遇一抓一个准,有人却总与机遇失之交臂?刘永好"飞"起来的秘诀之一,就是把政策看作机遇,在中国的大气候下运筹每一颗"棋子",使自己的每一步"车、马、炮"都合乎国家发展的逻辑。

1993年3月,在碘钨灯强光照射的中外记者招待会上,当中国台湾地区女记者问刘永好最关心什么的时候,他不假思索地回答:"我最关心深化改革的政策。"

作为企业家,刘永好自然要关心经济,关心厂子。刘太太说,她丈夫办厂就像运动员登珠穆朗玛峰,爬了一山又一山,不到顶点决不停步。

熟悉刘永好的人这样评价他的经营战略:每一步思维都符合国家发展的逻辑。而刘永好本人则在"符合"之前加上"力求"二字,并且坦白地承认:"我摔过跤,交过一大笔学费。"

20世纪80年代初期,兄弟们筹划同生产队联办"奇异电子厂"。可是,筹集好资金,拿出音响样品之后,却被公社干部"枪毙"了:"开什么黑店?有这种'公私融合'的政策吗?"

尽管十一届三中全会已经给中国的大政方针调了弦、定了调,但经济改革之门尚未敞开,国家的政策只承认"专业户是农村先进生产力的代表"。

"那好,我们就先当这个代表吧!""此路不通"的路标,就这样把刘氏兄弟引进了养殖场。今天看来，此举收获的不只是丰厚的利润，更重要的是让刘永好看到摸准政策的重要性，"跌回跟头学了个乖"。

从市场经济的发育程度来说，中国是刚从计划经济脱胎而来的国家。这样的"中国特色"，决定了在总政策稳定的前提下，必然存在某些具体政策的不稳定性。政策在稳定中调整，又在调整中稳定，是转型期中国的重要特征。处于调整过程中的企业家刘永好深知，要使自己的每一步都符合国家发展的逻辑，纵横捭阖于市场经济大海，就得下功夫研究政策，吃准"气候"。所谓企业家抓住机遇，从一定意义上讲，就是善于抓住政策调整的契机，这是企业的制胜之道。

在很小的时候，颇具"书生意气"的刘氏兄弟，就喜欢围坐在父母身边，对国家政策评头论足。当时新津县城武阳路那个居民小院里，常常是谈笑风生。后来父母过世了，兄弟各奔东西，但探讨政策的家风仍没改变，一条什么信息，一个什么动向，都能引得他们兄弟争辩好一阵子。

1992年前后，刘永好兄弟议论得最多的是这么一些事：

——政府的文件说到发展私营经济的政策时，"大力发展"的提法代替了"适当发展"；

——第八届全国政协委员里，新进了包括刘永好在内的20位私营企业家，而且对他们首次使用了"非公有制经济界代表"的称谓；

——李鹏总理在政府工作报告里明确提出：各种所有制形式"长期共同发展"；

——被称为"国家队"的国有企业，现在允许同外资企业"嫁接"，小厂还可以公开租赁、拍卖给私人。

这些事到底是偶然的巧合，还是市场经济给国家政策带来了新的突破？这种政策变化，是否意味着公、私两种企业共同发展的社会条件已告成熟？刘永好心里猛然掠过一种预感：新一轮的发展机会，已袅袅婷婷向希望集团走来。

于是，"国有、私营优势互补，共同发展"的构想，就被刘永好在政协会上提了出来。他创造了一个形象化的说法，叫公私企业"杂交组合"。

美国哈德逊研究所的学者曾经预言，同珠江三角洲比，中国的长江三角洲对全国经济的辐射和带动作用要大得多。在未来的5—10年内，以上海为中心的长江流域，将是世界经济增长率最高的地区。

中国改革开放的总设计师邓小平也说："上海人素质好，条件优越。我的一个大失误就是搞四个经济特区时没有加上上海。要不然，现在的长江流域就大不一样了。"

刘永好很早就注视着长江流域，他预感到这条"东方之龙"不久会有腾空之日，他开始把目光投向处于"龙头"位置的华东地区。在中国第三代领导集体做出开发浦东的决策之际，希望集团就顺应这个政策"大气环流"的变化，及时调兵遣将，将"杂交工程"推进到大上海。上海市区和浦东两个"希望公司"的建立，以及它们同沪、赣、湘、鄂、渝几个"杂交"公司的对接，就使希望集团实现了"东西联动""龙头龙尾相连"，在长江经济开发带上形成了一个完整的体系。

10多年前，刘永好就有做老板的美梦，但好梦难圆。当专业户以后的11年中，前八九年他们也只有7个企业，不到1亿元资产，而在1989年后，刘永好及其企业则大红大紫，犹如点火的卫星直刺苍穹。这究竟是为什么？

对于这个问题，许多人的看法都是"杂交战略"起了关键性作用。但客观地看，刘永好"杂交工程"的可贵之处，并不在于把杂交从生物学界向企业界的延伸，而在于他敏锐而准确地观测到时代气候的晴雨冷暖，及时了解国家政策的变化动向。这样，他才能在众人尚未顿悟之日，运用自己长期蕴蓄的优势，将"杂交"理论迅速付诸实施。

刘永好能够捕捉稍纵即逝的发展机遇，主要得益于他不染指虚无缥缈的泡沫经济，脚踏实地地办工厂，搞科研，创名牌。养殖业和饲料业连接8亿农民，同3亿城里人的菜篮子息息相关，用户心中装着"希望"，市场有属于它的领地，唯其如此，"希望"才能在国家紧缩银根时期或治理整顿阶段，都开足马力生产。聚敛点滴力量，等新的发展机遇一到，便立刻振翅飞腾起来。

机遇并不偏爱刘永好，只对好基础和强实力情有独钟。

## （三）中国私营企业榜首

刘永好兄弟的事业是成功的。面对成功的事业，他们想得最多的办法是办工厂，争第一。在事业上，他们有如开弓之矢、出膛之弹，只能往前闯，没有退路。面对事业的成功，他们品味了实现人生价值的喜悦，而对生活享受则未刻意追求，这也招致一些人的不理解。

1993—1994年，老天似乎对刘永好特别厚爱。

1994年3月，他作为非公有制经济界推选出的委员，出席全国政协八届一次会议，站在庄严的人民大会堂讲台上做大会发言。他那富有时代特征的标题"私营企业有希望"刚出口，台下就爆发出一阵热烈掌声。在大会举办的新闻发布会上，他面对上百名外国记者咄咄逼人的提问侃侃而谈。

同年8月，由吴邦国题写名称的"上海希望私营经济城"聘请刘永好担任名誉董事长。20多家传媒争相采访"中华饲料王"。上海电视台王牌节目《三色呼啦圈》的主持人连打7个电话约请，破例用1小时的黄金时间播放他的专题节目。

同年10月，他当选全国工商联副主席，在19个"同僚"中，他是大陆地区唯一的私营企业家。首都一家报纸就此评论：历史已经把非公有制经济代表推到参政议政的前台。

声名远播，职务升迁，各项荣誉接踵而来。这一切，来自他对国家的热爱，来自他的精明与干练，也来自他的亢奋、热情而又脚踏实地，但更为重要的，则是依托了那座雄跨于他背后的巍峨大山——希望集团。

# 李晓华：从第一代个体户到"北京首富"

如果把李晓华的成功发达说成是中国改革开放的产物，也许并不过分，至少他是与中国改革开放大业一同风风雨雨走过来的。改革开放，给每一个尚不富裕的中国人提供了无限的致富机会。但并不是每个人都抓住了这个机会，这需要眼光和胆量。于是，就有了若干年后人们不尽相同的结果。

从1979年起，头脑灵活的李晓华在揉馒头之余，开始偷偷摸摸地做起了生意——像成千上万人所经历的那样，干点倒买倒卖的事。但事情并不顺利，第二年夏天，因贩卖16块电子表，他被判处3年劳动教养。尽管因胃病，并未在团河农场待上多少天，但那份维持生计的工作却从此失掉了——他被单位除名。命运把李晓华抛进了中国第一代个体户的行列。

## （一）占尽先机天地阔

应该说，直到20世纪80年代初涉足商海为止，李晓华的经历与同时代人没有什么不同——胡同里快乐无忧的童年，学校里并不很出色的成绩，然后是广阔天地里长达10年的锻炼……

1978年底，李晓华辗转返回北京。托人、奔走，他在灯市口的一个银行科研所找到一份烧锅炉的差事——一个小锅炉，供十几间房子取暖。但冬天一过，"临时工"自然就失业了。后来，他又在经贸部出口大楼食堂当炊事员，每天的主要工作是揉面、做馒头。此时，李晓华已年近30岁。

如果把李晓华的成功发达说成是中国改革开放的产物，也许并不过分，至少他是与中国改革开放大业一同风风雨雨走过来的。改革开放，给每一个尚不富裕的中国人提供了无限的致富机会。但并不是每个人都抓住了这个机会，这需要眼光和胆量。于是，就有了若干年后人们不尽相同的结果。

从1979年起，头脑灵活的李晓华在揉馒头之余，开始偷偷摸摸地做起了生意，像成千上万人所经历的那样，干点倒买倒卖的事。但事情并不顺利，第二年夏天，因贩卖16块电子表，他被判处3年劳动教养。尽管因胃病，并未在团河农场待上多少天，但那份维持生计的工作却从此失掉了——他被单位除名。命运把李晓华抛进了中国第一代个体户的行列。

第一次到广东进货，当时正走俏的T恤衫、变色镜、邓丽君原版磁带，并未引起他的兴趣。但在广州商品交易会陈列馆的一台美国进口冷饮机面前，李晓华走不开步了。一问价，3 500元，而且是样品，不卖。请人吃了顿饭，又送了几条香烟，冷饮机买下来了，几乎是倾其所有。

正值夏季，李晓华把这"尤物"带到了他认为最能发挥其效益的北戴河海滨。他出设备，当地人出场地、执照、人员，一家"合资公司"开张了。这年夏天，排队喝两毛钱一杯的美国冷饮，成为北戴河海滩浴场的一大景观。一个夏天，小小冷饮机净赚十几万元。

秋风一响，李晓华要把冷饮机就地卖掉。朋友不解：印钞机似的东西怎么能卖掉？李说："到明年看吧，这儿至少有100台。"朋友半信半疑。合作伙伴听说李晓华的冷饮机要出手，表示愿出1万元买下。李晓华原价转给了他。

果不其然，第二年夏天，北戴河海滨，超过100台以上的冷饮机展开了冷饮大战。而此时，李晓华已移师秦皇岛，以卖冷饮赚下的钱为资本，干起另一项更为赚钱的营生——从北京电视设备厂买了一台组装录像机和大屏幕投影机，与秦皇岛一家文化馆合作，放起了录像。据说当时整个河北省仅此一家。长期文化贫乏的人们，在武打、言情片的巨大诱惑面前，挤破脑袋也要进去看。原本1元一张的门票，被炒到了10元……

经过这般漂亮的几手，到20世纪80年代中期，李晓华已成为"京城大款"

中赫赫有名的人物，座下的新款"奔驰280"在同行中抖尽威风。

## （二）"101"生发精的日本代理商

1984年，已是百万富翁的李晓华结识了一位后来被他称为"精神导师"的人物——原北京市工商局副局长宋学进。两人之间的一次很深入交谈，使李晓华的人生道路开始了一个新的阶段。

老宋问："你已决定了要做生意是不是？"

李晓华答："是！"

于是，老宋说："那好，你听我说——我是做了一辈子生意的人，旧社会当过店员，新社会当过营业员，在西单商场当过经理，又在工商局当副局长。在做生意上，我是前辈，你是晚辈。那么我告诉你，要学做生意，先得学做人。纵观古今中外成功的商人，无一不是道德修养非常好的人，这点是肯定的。"

一席肺腑话，使北京城里少了一位功成名就的大款，商场上多了一位初出茅庐的后生——1985年底，年已34岁的李晓华毅然别娇妻、舍幼子，东渡求学。

到日本后，李晓华从最底层干起，一面在东京国际学院学习，一面在中华料理店刷盘子；他还到日本商社去打工，留心学习日本人的经营、管理之道。一年之后，李晓华在日本办起了自己的公司。

一个偶然的机会，李晓华从报上看到一条并不显眼的有关"101毛发再生精"的报道。敏锐的他感到机会来了，便立即返回国内。

数日后，北京101毛发再生精厂门前来了位中年汉子，说是要买"101"。但门卫告诉他："一年以后再来吧。"

第二天，这汉子又来到101厂。虽被门卫放了进去，但在销售科，依然被告知："一年后再来吧。"

第三天，一辆当时京城尚不多见的新款"奔驰280"直驶进101厂门——"海外华侨李晓华先生慕名来访"。

于是，西装革履的李晓华被礼貌地让进会客室。谈不多时，李晓华为帮助101厂解决职工上下班和领导公务活动困难，捐赠一辆大客车和一辆小轿车的协议就算达成了，交接日期定在一个月后。但此后李晓华一去再无音信。

而就在此后一月间，在日本、中国香港等地，"101毛发再生精"在各种媒体的"爆炒"下，名声大振，价格一路上涨……

交接日的前一天，李晓华又冒了出来，打来电话，问："明天的事准备得怎样了？"

"明天的事？"对方半天才反应过来……

第二天上午，一辆崭新的"尼桑"大客车紧随李晓华的"奔驰280"开进101厂——总价值在百万元以上。

"李先生绝对够朋友！"从此，李晓华与"101"结成友好伙伴，并成为"101"在日本的经销代理。"在我成为千万富翁的同时，我也缔造了一批百万富翁——很多留学生穷困潦倒，眼看混不下去了，'101'使他们挺了过来并发达起来。"李晓华说。

这里存在两个问题：第一，你赠给了"101"汽车，而人家不给你"101"代理权怎么办？

对此，李晓华说："我相信，你敬人一尺，人敬你一丈。"

第二，你疯狂打广告，而等你拿到"101"时，"101"不值钱了，怎么办？

李晓华说："只要给我两个月的时间，我利用这两个月的时间差，就够了。"

事实验证了李晓华的眼光与胆略！

有人眼红了！匿名信写到安全局："李晓华要把赵章光劫持到国外！"

于是，李晓华发现，他的"大哥大"开始被窃听，汽车开始被跟踪……

"回日本吧。"李晓华决定。

但他的车子刚到飞机场，便被3辆轿车以"品"字形阵势围住了……

机场被扣以后，一天一夜，事情总算弄清楚了，但李晓华还是决定回日本。

### （三）"最险的"一笔生意

"机场'事件'之后的两年，在国外做了几笔大买卖，都成功了，才有今天。"李晓华继续说。

我问几笔买卖中"最险的一笔"。李晓华沉思片刻，讲述了一个"故事"。

某国公路招标。尽管国家给的政策很优惠，但没人愿干，因为这段公路不长，车流量也不大。

李晓华赴该国考察时得到一个信息：公路那边发现一个大的油气田，储量很丰富。但还没有新闻公布，因为最后确认的工作还没有完成。

"干！"经过周密的筹划，李晓华下了决心。他拿出全部的资本，又以房子等财产做抵押从银行贷了款，以3 000万美元拿下了这个项目。贷款期限半年，到期还本付息。"也就是说，如果半年内公路出不了手，贷款还不上，我就得跳楼！"

风险实在太大。夫人说："你要是干，我就跟你离婚！"李晓华说："离婚也干。"但他清楚，与他从一无所有中走过来的发妻，是不会离开他的。"大不了回国去，以前过什么日子还过什么日子。"李晓华想。

抵押完后，手里没钱了，经常是盒饭、方便面；业务往返坐飞机经济舱，"的士"也不敢打了，坐6毛钱的"当当车"。更厉害的是精神的折磨，每天盼着新闻发布。

"半年是6个月，"李晓华说，"到了第5个月，还没有动静。沉不住气了。每天什么都不干，就等着。人的精神也接近崩溃，甚至开始考虑'后事'了……"

到了第5个月零16天时——"5月16日，我清楚地记得"，消息终于公布了！李晓华从报上看到新闻的标题，紧闭双眼，一下子坐在沙发上，过了许久，才睁开眼继续读下去……

当天，投资项目即翻了一番！

## （四）一掷万金的壮举

李晓华再次回国，是在 1990 年 6 月——作为亚运会组委会的嘉宾，出席"李晓华先生向第十一届亚运会捐赠仪式"。

此前，1989 年上半年，北京市一个交通代表团访问日本，在东京遇到已是香港华达投资（集团）公司董事长的李晓华。时任市交通局长程毅说："现在国内正准备开亚运会，李先生在国外发达了，是不是表示表示？"李晓华当即拍板："没问题，祖国的事就是我的事！"他请程局长回国后转告有关部门："捐 100 万元。"

后来，满世界都要制裁中国。头脑清醒的李晓华此时做的是如下两件事：

第一，致信亚运会组委会常务副主席张百发："继续赞助亚运会，不变！"后来听说亚运会汽车不够用，又改变捐款方式，四处奔走，购得 4 辆轿车和两辆面包车，总价值 100 万元。

第二，密切关注香港房地产形势。当时，一些海内外人士吃不准中国的未来局势，悲观的论调使香港的地价大跌，许多新建住宅小区以低于平时二成的价格出卖"楼花"。许多人怕地价继续下跌，不敢贸然吃进。而李晓华看准时机，抓住机遇，再次投入大量资金，收购"楼花"。不出半年，形势果变，"楼花"迅速升值。李晓华见好就收，全部抛出，又大赚一笔！

请教李晓华先生准确判断的根据，他将其概括为一句话："我 40 年的国内生活。"

李晓华 1951 年出生于北京一个普通人家庭，对于幼年时期的记忆，他说最深的是"挨饿"。1967 年中学毕业，1969 年以"知识青年"身份赴黑龙江生产建设兵团参加劳动，1976 年转至河北省涿县（今涿州市）插队当农民，1978 年返京。

捐赠仪式上，张百发紧握李晓华的手说："李先生是爱国的！"

李晓华则表示："无论到哪儿，我都是咱北京人！"

国内媒体报道说："如此大数字由个人捐赠，是不多见的。"李晓华先生一掷百万金的壮举，经新闻媒介的报道，让他一夜之间成了新闻人物。

当电视上播出"香港青年实业家李晓华为亚运会捐赠100万元"的消息时，李晓华的父母仍住在北京东华门一条胡同的简陋平房里。看着电视上的儿子，老人激动得热泪双流。

而这仅是这位"北京人"一系列慷慨之举的第一个动作。华东赈灾，李晓华解囊100万元；"希望工程"，李晓华再捐100万元；1992年8月，出资100万元在北京郊区平谷县（今平谷区）兴建"晓华中心学校"；1993年9月10日，李晓华捐资100万元在北京崇文小学设立的教师奖励基金首次颁奖，同月，为长春南岭体育馆捐赠100万元达成协议……

## 张宏伟：创造"东方"的神话

1993年6月，日本《日经产业新闻》曾对"红色大亨"张宏伟做了如下评论："凭着百倍的努力和非凡的才能，（在短短10余年里）建立发展了包括金融业在内的大企业集团，这在经济形态已成熟且各种法制规章已完备的现今日本是很难想象的。我们大概可以将张氏看作现代开放中国开拓者的象征。"

### （一）敲响市场的门铃

松花江源起长白山麓，流经东北平原两省七市二十八县，在共和国的最东端注入黑龙江。在中国的近代史上，这是一条饱经忧患、慷慨激昂的江；那首深沉底蕴、悲凉苍茫的歌，半个多世纪以来，在华夏儿女的心目中已被传唱得几近浪漫和美丽——"我的家，在东北松花江上……"

张宏伟1954年降生在松花江环绕下的北方名城哈尔滨。

他出生在一个好年头里。那时的中国人还在搬掉"三座大山"的喜悦里轻松地喘息，社会的复杂诡谲，历史的翻云覆雨，都还没有真正让善良的百姓窥见其面目。

张宏伟的父母在一派民主、进步和繁荣的景象中，欣然用"宏伟"二字——这个好像天意般诠释了他日后事业的汉字结构，做了他的大名。

然而好年头并不长久，童年的张宏伟还没来得及明白这世界发生了什么变化，就被时代的巨浪抛进了可怕的生存危机之中。在此后整整20年的时间里，他和家人不得不在饥饿、贫穷、受轻视和孤独的煎熬中挣扎求生。对自己的童年，回忆中的张宏伟似乎不屑于过多地谈及。他只是不无宽容地谈到，童年时代所经受的屈辱与痛苦，松花江畔的秀山丽水已对他进行了补偿；那些因压抑而强烈的愿望，也从另一方面早早地撞开了他的志向之门。

在当农民的时候，他没有气馁，没有灰心，他找到了自家的一个亲戚，是一个下放的工程师，跟他学习建筑设计，为自己日后的成功铺平了道路。苦难的生活练就了张宏伟坚忍的意志和倔强的性格，他为自己定下了一个颇带"山大王"草野气息的志向，他说："总有一天要让别人瞧得起我。"

在今天的张宏伟看来，这话是粗糙而且非理性的，但面对那个特殊的年代，这话却让我们实实在在地感到了被压抑的生命形态。失去了求学资格，张宏伟选择了当瓦工。又经过数年的磨砺，他辗转进入松花江地区建工学校学习，然后怀揣着毕业证回到了杨林乡，成了这个乡唯一拥有建筑专科知识的"行家"。1978年7月，张宏伟当上了乡建筑施工队队长。两个月后，杨林乡建筑施工队更名为东方建筑公司，麾下50个农民兄弟，拥有拼凑起来的700元启动资金。

这时，少年时就萌动的志向和学校里增长的见识，使张宏伟热血沸腾，不安于现状。1978年9月，他和另一个伙伴带着摆脱贫穷的梦想和仅有的700元钱，踏上了去省城之路。

他没有想到，此时距举世闻名的十一届三中全会召开还有两个多月的时间。计划经济下旧的经济形态已开始松动，新的经济形态尚待摸索。张宏伟无意中比别人早一步来到市场的大门外，在按响门铃的那一瞬间，他完全没有意识到，这一步之差，在自己日后的事业发展中，会产生多么大的作用和影响。

由这一步之差带来的超前与成功，用民间具有神秘色彩的话来定义，叫"命"，而现代的人们更多地称它是"机遇"。机遇对于人生是苛刻的，擦肩而过后，也许就永不再来。而张宏伟抓住了机遇，但要把机遇的可能变成现实的成果，还得经过一番艰苦的努力。1978年的张宏伟像后来所有到城里来淘金的农民一样，既没有亲戚，也没有熟人，一切都得依靠自己。

## （二）扎根省城

他们一条街一条街地走，一个胡同一个胡同地走。哈尔滨的 7 个区，他们走遍了最有希望的 6 个。每到一个单位，他们就虔诚地递上手头仅有的乡政府的介绍信。其间，他们住宿的地方从旅馆搬到浴池，又从浴池搬到屋檐下。20 天过去了，竟没有一家单位肯将哪怕最简单的挖土方的任务交给他们。在所有人眼里，他们不过是一个乡办建筑队，"最大的本事是夯土墙和搭草棚"。

那时的张宏伟深深地感受到城市和乡村由于经济发展的差异，在观念和情感上形成的尖锐对立，以及在富裕和贫穷之间的对立。多年来，国家一直倡导工农一家，消除城乡差别，但在当时，这种差别并没有消除，一些城里人对这群筚路蓝缕的农民的轻视，像街巷透骨的风，随时向张宏伟袭来。他当然没有办法让那些城里人改变这种观念，在他看来，改变的唯一途径就是让农村经济飞速地发展起来，让农民富起来，能够和城里人接受同样的文化和教育熏陶。

在第 21 天，张宏伟几乎绝望了。兜里的钱还剩下不到 50 元，仅够两人的返程路费。两人走进一家破烂的小酒馆，像所有为平复忧愤而走进来的人一样借酒浇愁。张宏伟一口气喝干杯中酒，把酒杯重重地砸在桌子上，对同伴说："就这样回去对得起谁？以后不知道还有没有勇气再走出来。这次一定要找到活干，一定要在这里扎根！"

现在来回味和推敲这句话，那无疑是他对自己苦难命运的庄严宣战，是人格精神的一次自我振奋。

张宏伟当时的话感动了上帝。

这个上帝不是别人，而是当时坐在小酒馆里的一位退休工人。这位善良的老人起身离去前，走过来拍了拍眼前这位面临困境的年轻人的肩膀，向他介绍了一个正在找施工方的建筑项目。

项目的建设单位是哈尔滨的一个酱菜厂。张宏伟飞身赶去毛遂自荐，最后以"先干活后给钱，干不好不要钱，不满意随时可以扫地出门"的条件承揽下了这个小小的工程。

他立即从呼兰县（今呼兰区）招来了 50 位农民兄弟，进入施工现场。开工前，张宏伟与兄弟们有一场不足 3 分钟的对话，他问大家："我们是农民施工队，要在省城站住脚，大家说应该怎么干？"有人回答说："人家咋干，咱们咋干。"张宏伟斩钉截铁地说："这样干不行！人家 3 个月干完的活，我们也 3 个月干完，有人用我们吗？我们必须比人家干得快，干得好！"他几乎是凭直觉一下子悟到了现代经济建设的精髓：一个是质量，一个是速度。

他们用三天三夜的时间，完成了地槽挖掘任务，比一般的施工速度至少快了半个月；他们又用 7 天 7 夜的时间完成了两层楼的混凝土浇筑，又比一般的施工速度提前半个月。11 月末，张宏伟的"乡镇施工队"仅用 1 个多月的时间，完成了酱菜厂要求他们半年内完成的 540 平方米的主体工程。这样的速度，在 20 世纪 70 年代末的哈尔滨建筑行业是空前的。

"天门打开，所有的幸福都源于此刻"。成就一番大业后的张宏伟深沉、冷峻、喜怒不形于色，深具个人权威。然而对那位不知名的退休工人和这个改变他生命的小工程，多年来他一直怀着深深的感恩之情。施工队的速度轰动了哈尔滨，几个月前将张宏伟拒于门外的人们开始对他和他的兄弟们刮目相看。一炮打响后，黑龙江省商业厅把所辖企业的基建任务全部交给了张宏伟。

张宏伟终于有了可以大展拳脚的舞台了！他开始在哈尔滨稳打稳扎，积极进取，寻找着落地生根的时机。

### （三）崛起：从财富到精神

1981 年，张宏伟的建筑公司力挫 32 家竞争对手，拿下了一项"硬骨"工程。张宏伟在施工中明确提出了"最快的速度，最高的质量"的施工准则。

他们建造的这座"百日楼"，比苛刻的甲方要求缩短了 3 个月工期，比 32 家对手中最大胆的承诺节省了 8 个月的时间。《中国青年报》头版头条立即以"闪电速度"为题，报道了这支农民施工队创造的奇迹。1983 年，张宏伟在龙争虎斗的竞争中以工期最短、造价最低、质量最高的"三最优势",揽到一座15层大楼的建筑合同,并创造了7天一层楼的"神话",主体工程提前1个月竣工,被《人民日报》称作是"创造了内地的深圳速度"。

1984年,东方建筑公司正式在哈尔滨登记注册,张宏伟担任总经理。当时有职工1 200名,资产总额280万元。在享受成功带来的眩晕时,张宏伟及其伙伴们也曾不敢相信迅速到来的一切:所有这些,难道都是用自己这双粗糙的农民大手创造出来的吗?我们真有别人无法企及的"神力"吗?其实,与人类固有的潜能比,他们所做的虽有超常发挥之处,却也算不上多么"神奇",但是如果与那些每天靠"大锅饭"混日子、生存机能已极度退化的人比较,他们所做的的确称得上是"奇迹"了。

从这个意义上说,张宏伟应该感谢贫穷,感谢过去的一无所有。如果他一直生活在优越的条件下,总是得到过多并非自己创造的东西,总是有过多的可依赖之物,他就不可能体验到开拓者的欢乐,不可能如此真切地感受到生命的本质。也许,他也会像周围的某些人一样,抱着锈迹斑斑的铁饭碗消磨时光,浪费生命。

1986年,张宏伟带领东方建筑公司杀入北京,多方求证,百般努力,历经波折和艰辛,盖了148个公章,最终于1988年秋天,在中国的政治经济文化中心盖起了公司自己的、象征公司发展里程碑的风格别致、造型典雅的三星级宾馆,建筑面积达18 700平方米,张宏伟将它命名为"太阳岛"。《人民日报》再次对此做了报道。1990年,北京市将"太阳岛宾馆"列为市内十大优秀设计建筑之一。东方集团因此赢得了比金钱更重要的东西——知名度。

1988年,东方集团宣告成立,张宏伟任董事长兼总裁,职工4 700人,下属企业11家,资产总额达3 898万元。在企业集团的成立大会上,张宏伟首次以一个成熟企业家的心态宣布,"东方"今后将逐渐由"体力生财"向"智力生财"过渡,同时还提出了"世界的东方,东方的世界"这个日后闻名于世的企业目标。

此时的张宏伟已经不是那种"器小易盈"的人了。如果说10年前他将自己的团队命名为"东方",其目的只是为了要在一个有限的范围内鼓捣出一个模样来,只是为了"让别人瞧得起"而凭着一股原始的爆发力想要向世人证明点什么的话,那么今天的他,眼光无疑要深远、复杂得多。当他在集团大会上向员工们郑重宣布"东方"的下一个目标是"大踏步走向世界"时,张宏伟的内心世界已经在岁月的风霜中得到了延展——他想要世界瞧得起中国。

## (四)股份制的金钥匙

东方集团真正的腾飞是在1988年以后,然而,在腾飞之前,"东方"却险遭一场灭顶之灾。危险来自内部。在庆祝创业10周年的时候,一鼓劲流了10年大汗、出了10年大力的"东方"人蓦然发现,他们不经意间挣的无数小钱已积聚起来,成了一个令人不敢正视的庞然大物。惊喜之余却是莫名的害怕与担心——这越聚越多的财富到底"算谁的"?多少是属于自己的那一份?陷入迷惘的"东方"人有的要单干,有的要调走,有的提出干脆分光吃净。

对于民营企业来说,"巅峰的到来就是衰败"的例子很多。这一方面在于我国绝大部分颇有资产的民营企业主,并未完全蜕尽那种狭隘自主的小农意识,从心态上显得底气不足;另一方面也是因为许多年来我们的政策与宣传中,民营企业始终被囿于"国有企业的补充"的地位,使大多数民营企业拓展困难,只好满足于小买卖、小作坊等有限的经营形式。

因此,当曾与张宏伟一起打天下的几位副手拉走了一批业务骨干,另起炉灶时,一直忙于"滚雪球"的张宏伟被这次分裂震动了。他突然意识到,"算谁的"这个原来挺清楚、现在一下子模糊起来的问题其实已成为"东方"发展道路上一个非过不可的"龙门"。这个问题不解决,东方大厦就如同建立在松软的沙滩上,能耐越来越大、欲望越来越高、想法越来越多的"东方"人可能自行把这幢大厦拆解得支离破碎。

张宏伟该怎样来完成这惊险的一跳?

他选择了股份制。

1993年6月,日本《日经产业新闻》曾对"红色大亨"张宏伟做了如下评论:"凭着百倍的努力和非凡的才能,(在短短10余年里)建立发展了包括金融业在内的大企业集团,这在经济形态已成熟且各种法制规章已完备的现今日本是很难想象的。我们大概可以将张氏看作现代开放中国开拓者的象征。"

张宏伟的成功,主要得益于他常常能在公司生存发展等重大问题的决策上超前判断,占尽先机。当大多数人还在计划经济的铁桶里养尊处优时,张宏伟和他的企业已经走入市场,在竞争中练就了在商海搏浪游刃有余的本领;当更多的企业因产权问题、分配问题束手束脚,在股份制姓"资"还是姓"社"问题上反复平衡时,张宏伟已经利用股份制这根撑竿跃过龙门、度过危机,开始在更高的起点上谋求发展。从这个意义上来说,张宏伟是幸运的。而幸运的张宏伟又令我们想起一句至理名言:"幸运之神偏爱有准备的头脑。"

1988年,国内理论界对股份制的探讨刚刚开始。"春风初度雁门关",这一新生事物立即引起张宏伟的关注。他一经研究,就十分清楚地看到了股份制的诸般好处:不仅可以明晰产权,凝聚人心,还能够理顺生产关系和管理体制,更重要的是,它能为集团加速发展聚敛资金,提供后劲。

张宏伟决心吃下这只"螃蟹"。他决策果断,在集团首脑办公会上通过后,立即分别向黑龙江省体改委、国家体改委起草了申请报告,成为我国继广东"万宝"、沈阳"金杯"之后,第三家向国家申请股份制试点的企业。

为此,有人为张宏伟捏了一把汗:一来社会各界对股份制改造众说纷纭,股份制和市场经济一样,在不少人的心目中差不多和"资本主义"同义;二来当时的绝大多数国有企业对它谨小慎微,不敢擅越雷池半步。

张宏伟很清楚东方集团的性质,虽然因此而不再有复杂的条条框框的约束,但同时也就不会有"保护伞"和政策上的回旋余地。因此当他大胆递上申请报告后,连自己都难以肯定是福是祸。然而他说:"这一步撞下去,前面即便是面墙,我也要把它撞倒。"

"不入虎穴，焉得虎子"。冒险，岂非任何一个在市场中成长的企业家都必然要面对的考验？

5年后，《黑龙江日报》在对东方集团股份制改造的报道中写道："作为自愿申请，又自费改革的东方集团，转制的试点工作是顺利的。这是因为，东方集团生来便是无上级企业，既无行政干预又无历史包袱，像一张白纸，好用来画最新最美的图画。"然而谁又能想到，"既无行政干预又无历史包袱"这个命题也是把"双刃剑"，玩得不好，就可能伤及自身；玩得好，就能飞黄腾达。

张宏伟果然画出了"最新最美的图画"。1989年4月，国家体改委正式批复，"东方"与广东"万宝"、沈阳"金杯"、北京"四通"一起，成为我国首批股份制试点单位，"东方"也因此成为我国民营企业中第一家进行股份制试点的企业。

同年，张宏伟拿出"东方"40%的股份，按照贡献大小一次性划归到了每个"东方"人头上。一夜之间，"东方"人个个都成了财大气粗的"小老板"，东方集团真正成了"东方"人血肉相连的家业。

1993年11月，"东方"股票正式上市，张宏伟一次性获得了2.6亿元的社会财力支配权。

心病除了，心气顺了，东方集团获得了前所未有的动力，数年间，它以最快的升腾速度亮丽起来，在国内企业界博得了"东方快车"的称号。

# 吴惠天：漳州民企"教父"

20世纪80年代初，下海潮终于拍响了荆江两岸，吴惠天毫不犹豫地"跳"了下去。很快他就找到了支点，这个支点就是国家的改革开放政策。通过"拾遗补缺"，他和当时为数不多的下海者一样获得了生存机会。吴惠天首先开了一家经营电器的小铺子；不久又成立了工程队，承建水电站，承包高压线路架设工程。从"三五个人"到"七八条枪"，几年之后，他成了金山镇赫赫有名的万元户。

## （一）创业缘起

下海之前，吴惠天的履历表十分平淡：1943年出生，福建省南靖县金山镇人。父母本是地地道道的农民，由于勤劳节俭，家境渐好；父亲的两个兄弟穷得没有娶老婆，去世后把几间破旧的房产和几亩地的祖业留给了他，所以解放后，一家人被评为富农。1963年，吴惠天高中毕业，报考大学的专业是医学，原因在于"学医比较没有阶级性"。

但他内心深处喜爱的还是无线电。大学没考上，无线电便成了他业余研修的对象——吴惠天四处搜罗这一类书籍，想方设法订阅这一类的报刊，有事无事，就自己买来旧电器拆拆装装，也常去母校南靖二中请教一些疑难问题。知识使他的眼界和心胸开阔了，对无线电的学习及精通使他有了技术的底气，而对南靖二中上上下下的熟悉，又为他日后的发展提供了契机。

到了快40岁时，吴惠天几乎没有走出过南靖县城，有如"一颗永不生锈的螺丝钉"，被死死地拧在一个狭小的空间里。吴惠天常常感到有劲使不出，心里堵得难受。

20世纪80年代初，下海潮终于拍响了荆江两岸，吴惠天毫不犹豫地"跳"了下去。

很快他就找到了支点，这个支点就是国家的改革开放政策。通过"拾遗补缺"，他和当时为数不多的下海者一样获得了生存机会。吴惠天首先开了一家经营电器的小铺子；不久又成立了工程队，承建水电站，承包高压线路架设工程。从"三五个人"到"七八条枪"，几年之后，他成了金山镇赫赫有名的万元户。

到1984年，全国教育系统提倡勤工俭学，南靖二中"跃跃欲试"，也希望办一个校办工厂来创收。长时间躬耕教育事业的知识分子们面对市场两眼一抹黑，既无资金又无经验，只好请教在他们眼皮底下富裕起来的"大能人"吴惠天。

吴惠天告诉学校：要干就干"高科技"。当时黑白电视机刚刚走进中国的普通家庭，同时也正在他的电器铺子里畅销。购置散件组装电视机属于劳动密集型产业，只要有人，很快就能够量产。吴惠天想起自己刚刚组装的一台电视机，与商场买的整机比起来，差价竟高达250元，这250元，实际上就是"科技含量"和密集劳动的价值。

1984年10月，吴惠天投资8.6万元，学校出场地，双方合作成立了金山无线电厂。吴惠天出任厂长，招兵买马，生产黑白电视机。

这时候，中国的黑白电视机已经有了很多名牌：金星、凯歌、飞跃……这些大兵团正规军在国内市场纵横驰骋、所向无敌，吴惠天称自己领导的金山无线电厂是"开门见山"，见的不是"金山"，而是"三座大山"。

石头下长草，夹缝里生存，金山无线电厂只好先做游击队。"游击队长"吴惠天给自己的产品取了很多吉利的名字：航天、新谊、曙光……卖的价格比名牌便宜100多元，慢慢地，金山无线电厂打开了销路。

销路一打开，产品远销各地。广东梅县工商局在本地工商局陪同下找上门来，声称吴惠天的电视机没有注册商标，一要停产，二要罚款。吴惠天据理力争：根据国家政策，电子产品没有注册商标是可以生产的，没有注册只是不受国家计划内的保护而已。然而小小的校办工厂又怎能抵挡"两地工商局的联合行动"呢？无奈之下，工厂只好停产。

在想到应对办法之前，1986年初，国家开始清理整顿电视机厂，福建省当即砍掉了质量不过关的23家企业。坐落在山区小县的金山厂却因为停产，幸运地没有受到检查，保留了下来。祸事变成好事，10多年后接受采访的吴惠天谈到这里，也忍不住开心一笑："走运的时候，真会感到上帝都在开玩笑似的帮你。"

幸存下来的无线电厂被迫转走联营之路，吴惠天将联营的目光投向了上海。

此路不通换条路走，唯一的目的是让企业赚钱。这种面对市场通权达变的思路在今天看来，似乎已不算得稀奇；然而，在那个时代的中国，却少有人能有这样的"思想觉悟"。这至少说明，吴惠天的市场神经，在10多年前就已经相对强健和丰满起来。

20世纪80年代的中国"迷信"上海，上海的商品畅销全中国。无论什么，只要是上海造，就是好东西。吴惠天正是怀着这样的景仰来到这座东方大都会，然而，怯生生的他甚至不敢踏进金星、凯歌、飞跃这些名牌厂家的门槛。他在商场的电视机柜台里找到一个在福建从未见过的品牌"美灵"，抄下地址，直奔上门，原来是上海虹口区一家街道企业——上海快乐电子仪器厂。两相比较，门当户对，吴惠天与快乐电子仪器厂的联营协议很快签了下来。

从此，金山无线电厂生产的电视机就用上了"上海造""美灵"牌包装。这一方面如期扩大了它的产销量；另一方面，也给吴惠天平添了几分心理负担：第一不能让别人说自己是"假上海"，第二不能因质量问题受到检查。

生存是一切生物最原始的动力。这话对企业也不例外。吴惠天频繁地进行技术改造，不近人情地加强质量管理。几年下来，从他手里生产出来的电视机"一台台结实得像坦克"，"美灵"牌电视机一时间名声大振。3年联营期满，金山厂赚了近600万元。

从前并不景气的上海快乐电子仪器厂也因此繁荣起来，一跃成为上海市集体企业里生产黑白电视机的"大哥大"。1989年，吴惠天再次来到上海，与快乐厂续签联营合同。原本以为患难之交如兄弟，兄弟相见拉手拍肩，却不料吴惠天一行人3天没见到对方厂长一面，出面接待的人傲慢冷淡，派头今非昔比。吴惠天心中一发毛，脸上挂不住，拂袖而去。

## （二）品牌之路

没有自己的品牌，既遭人欺侮，又受人轻视。1989年，吴惠天咬咬牙注册了真正属于自己的商标——"万利达"。这个数年后在中国商界如日中天的名字，在注册之初，却使得金山厂的产值几乎降为零。很显然，以一个陌生的品牌去挑战日益成熟的电视机市场，不仅实力不够，而且为时已晚。

金山无线电厂一夜之间面临停产之灾。

有一类人似乎无须经过苦难即能达到成功的顶点，在很多人看来，吴惠天正是这样。每当企业需要做出重大决策，每当产品开发需要方向、时机与分寸的把握时，吴惠天看上去总是轻轻松松、自在自如。然而，熟悉他的人知道，在踏上康庄大道和光鲜亮丽的背后，吴惠天同样也有过彷徨与忧虑、紧张和盼望。

黑白电视机已不能再生产，吴惠天的路只剩下两条：要么脱下"游击队"外套，拿着百万资产，回家过"老婆儿子热炕头"的舒适生活；要么自己开发新产品，把游击队变成机械化正规军，再到全国市场上去决雌雄、论高低。

后一条路荆棘丛生、前途莫测，却更对吴惠天的胃口。

重新开发产品谈何容易。有人说，20世纪80年代末中国经济的高速发展造就了商人的天堂，但似乎更多的是"洋人"的天堂。如果时光能够倒流，人们将会看到一幅壮观的"洋货"画卷：松下、东芝、索尼、三星、飞利浦……洋品牌浩浩荡荡冲进国门，几年之间横扫大江南北，占据了中国电子市场的大半江山；而中国的新兴电子企业，则在惶恐不安中期待与寻求着立足点，在市场经济无常的变局中犹犹豫豫地掷出自己不多的筹码。

1989年，金山无线电厂更名为"万利达电子有限公司"，吴惠天手里的筹码仅仅是上百号熟练工人。

"巧妇难为无米之炊"，吴惠天决定到全国市场去走走看看。说是轻松的旅游，实际却是紧张的搜索和苦苦的思考。跑遍了包括香港在内的各地市场，吴惠天发现了两条商机：一是黑白电视正在向彩色电视过渡，国内外电视机厂家正在这块"蛋糕"前磨刀霍霍、蠢蠢欲动；二是电视接收方式正由微波传送转向卫星传送，中国大陆的卫星接收市场将启未启之际，日本、中国台湾的企业已经抢先闯了进来。

一番游历之后，吴惠天买了一台卫星电视接收机，千里迢迢运回南靖，重操起无线电爱好者拆拆装装、拼拼凑凑的旧业来。经过计算，所有的人都大吃一惊：一台市场价5 000多元的接收机，如果自己开发出来，成本仅几百元钱。

吃惊过后便是兴奋："洋人"的产品加上关税，加上暴利，再加上不了解中国国情，实际上给中国人自己留下了巨大的空间和机会。吴惠天大胆"幻想"，做起自己生产卫星天线接收机的梦来。

梦是圆的，然而圆梦的过程却是方的，坎坷不平，一路荆棘。

当时，市场上所有卫星接收机都被东芝的C3、C4和台湾地区的P350垄断，用他们的机子收看中央四套和香港卫视台，想要有彩色信号，都需要配置一台制式转换器——这个在制作上仅需要两块IC、价值不到百元的功能器，海外企业与中国台湾企业把它做成一个像小饭盒那么大的东西，以780元卖给中国大陆消费者，并把IC上的型号刮掉，以防中国大陆企业自己开发生产。

吴惠天东奔西走，找遍市场上所有电子元件店的与制式转换器采用的IC外形相似的IC进行比较试验，都没有成功。终于有一天，在深圳，一个朋友拿着两套他朝思暮想的IC出现在他面前：型号齐全，并附有详细的说明书……

世界上许多事情都是用技巧可以做到的，世界上也有许多事情用辛劳就能换得。然而，世界上还有许多事情，却一定要等待机遇与你撞个满怀才能办到。

吴惠天没有说"功夫不负有心人",他说的是"天助我也"!

不久,在成都召开的第四届全国卫星电视广播会上,万利达公司副总王少成出乎意料地推出首批带制式转换器的万利达卫星电视接收机,并现场做了演示。在国内厂商刮目相看、国外厂商呆若木鸡的一瞬间,万利达一举成名。几天里,王副总的客房被订货客户围得水泄不通。

这一年,万利达公司生产的"万利达"牌卫星电视接收机走上生产线,以相当于"洋品牌"五分之一的价格和更符合中国国情的功能走进市场,一炮而红,两年后年销售量达到15万台,不仅占据了中国内地市场的半壁江山,还一度垄断了香港地区的行业市场。1992年,万利达卫星天线接收机获得了国内同行业首家质量认证和生产许可证。万利达厂房内第一次出现了货车排队的盛况。

然而,市场无永恒,经营有周期。吴惠天又将视角转向了有线电视前端设备。这位学历不高但已遍历高科技海洋的"业余工程师",开始朦胧意识到产品升级换代对一个企业可持续发展的深刻意义。他同时还意识到,产品开发既不能拘泥于自力更生,也不能流于"照抄照搬",而应该在"全球知识皆为我用"的"大人才观"基础上,更上一层楼,将高科技海洋里的珍珠用我们自己的线穿成符合市场需要的项链。

1994年,通过"创造性的拿来主义",万利达公司开发出当时国内最先进的邻频传输和接收传送一体化的有线电视前端设备投放市场,售价2 000余元。这与每套1.5万元的美国进口产品比起来,优势自不待言;而且据权威部门检测,万利达产品的部分技术指标甚至超过进口产品。不到半年,全中国40%以上的市场就被捏在了吴惠天的手里。1994年,万利达公司的产值达到2.3亿元,利润突破了4 000万元。

世界上什么事最开心?这一年,万利达公司的员工已开始以自己的身份为荣。万利达的产品在市场上一举抗拒了"洋货"的冲击,成为电子行业同类企业的领头羊。而吴惠天作为福建省有数的民营企业家之一,以更加成熟和自信的姿态站了起来,他开始有了更大的责任感和使命感。

### （三）产权明晰

1994年，福建省有关方面为了理顺民营企业的产权关系，推动民营经济大发展，开始了"红帽子企业"的产权明晰工作，万利达公司当然首当其冲。然而，由于历史的原因，企业中国家、集体、个人到底各占多少比例的资产已经很难再理清楚。

利益各方正在讨价还价之际，吴惠天放了一炮：他愿意将万利达公司所有的净资产全部贡献给国家，然后再出资1 000多万元将企业收购回来。这个方法对吴惠天个人来说，当然是不小的损失。然而，如此一来，各方皆大欢喜，问题迎刃而解，吴惠天因此创造了国内解决"红帽子问题"的独到模式。

此后不久，吴惠天在接受记者采访时，向公众表述了他的"产权是最大误会"的观点。

吴惠天指出，所谓"产权是最大误会"，首先，民营企业家自己产生了误会，以为产权归我所有，钱就归我所用。其实就个人来说，拥有百万资产一辈子就会吃穿不愁了，超过这个数的那部分，实际上就属于社会资产。

尽管产权归你所有，然而本质上不过是你在为社会理财。

另外，不少地方政府产生了误会，以为只有国有企业才是亲儿子，因此一说拍卖就认为是国有资产流失。其实尽管市场无国界，企业和企业家却是有国籍的，所以无论什么机制的企业，都同样等于是国力。如果国有企业没有效益，房子在折旧，机器在生锈，这实际上是一种真正的流失。

尽管"产权是最大误会"，然而，好的机制却能够创造好的效益。万利达理顺了产权关系。这支主要由中国农民组成的队伍，开始凝聚成一个具有长远发展目标的现代企业集体，并焕发出勃勃生机。

### （四）经营哲学

在中国的家电行业中，VCD产业是唯一没有走引进—消化—吸收—改造的传统轨迹的产业。从一起步，VCD 产业在技术上就与世界保持同步，甚至部分开发领先于世界。中国的 VCD 产业以令国外电子巨头目瞪口呆的惊人速度发展。在这一充分自由的发展空间里，万利达的崛起、吴惠天的智慧与胆略格外引人注目。

有人曾经问吴惠天：企业经营的核心意识是什么？吴惠天回答：核心便是对本行业的市场化过程及对本企业的相应对策的准确估计。经营者必须弄清楚的是，不属于自己的机会算不算商机，发育不够成熟的市场算不算自己的市场。正像土地太贫瘠不宜种庄稼时，可以松土施肥，培育土地，但是否能够马上进行播种……1993 年底，全世界第一台家用 VCD 诞生在安徽合肥的万燕电子有限公司，由此开创了一个年产值过百亿元的 VCD 产业。

然而时隔两年多，"开国元勋"财力不济，意识不够，操作无力，在 VCD 行业大发展的 1996 年，万燕如同一个疲惫不堪的老农，倒在了自己辛勤开垦的沃土上。

一直以来，吴惠天在很多场合反复提起万燕的悲剧，有时候甚至让人感到他是在提醒自己。

其实早在 1993 年初，吴惠天就从一些渠道了解到 VCD 机的关键技术——MPEG 的解压缩技术。

尽管大多数中国人相信"宁为鸡头，不为凤尾"，然而做什么都要算算经济账的吴惠天却只相信自己的算盘——他算盘一拨，发现以企业现有的实力并不足以独力打开如此庞大的市场大门，"投入产出比"很大，于是万利达率先开发投产 VCD 的计划便搁了起来。

这一年，年届 50 而"知天命"的吴惠天，日常用语里多了一些关键词：萌芽期、成长期、成熟期和衰退期。什么产业应该在萌芽期进入，什么产业必须到成长期进入等问题，已经成了吴惠天内心平衡和思考的大事。

马克思说，资本是无孔不入的水银，哪里有利润的缝隙，就流向哪里。吴惠天似乎深谙其理。从万燕推出世界上第一批 VCD 机，到各路"诸侯"闻风而动纷纷上马，再到海外跨国公司虎视眈眈迅速染指……万利达始终按兵不动。直到1995年上半年，中国市场上VCD机已经批量涌入，老百姓开始逐渐接受这一新生事物时，吴惠天才忙碌起来。他走出南靖，以经销商或朋友介绍的身份走遍了广东几乎所有匆忙上马的VCD企业。他发现，所有这些大小"作坊"，几乎都依靠进口散件组装VCD机，或者停留在较低层次的1.1机、假2.0机上面，尽管它们在短期内获得了可观的经济效益，但由此而来的种种弊端，已经造成消费者在使用中的诸多不便。他还发现，那些"远看是洋货，近看是国货，细看是假货，一用是烂货"的VCD产品，正在令广大消费者无奈不满、失去信心。

几个月后，吴惠天胸有成竹地回到公司，做出决策，全力投入VCD的开发研制——比起万燕来，万利达已经整整晚了两年。

晚到并不等于迟到，吴惠天似乎很懂得经济理论上的"后发优势"。他亲自挂帅，在VCD发展的四个阶段中，直接进入最成熟的2.0机的开发研制。吴惠天的认识是："别的企业为了短期效益正在搬起石头砸自己的脚，我们岂能再买人家砸过脚的石头砸自己的脚？"最成熟也就意味着精度和难度最大，开发及生产的成本最高。吴惠天领着一群动手能力很强的技术开发能手，北上南下，越洋跨海，四处学习请教，寻找最新科技精华之间的融汇处，寻找尖端技术与中国国情的结合点……

1995年8月，终于将代表世界先进水平的飞利浦和C-Cube技术融为一体，率先开发出符合中国国情、代表世界最高品质的万利达2.0VCD——经电子工业部检测评比，万利达VCD成为全国唯一获得十项指标10A满分的"全能冠军"。

1997年4月，中央电视台《生活空间》栏目以"国产VCD为何走俏"为题，专题报道了万利达VCD在北京、上海、武汉、福州等地被抢购的盛况。

这一年，万利达VCD的产销量突破百万台，企业总产值突破25亿元，后来者居上，万利达成为全国VCD生产企业的"三巨头"之一。

然而一山岂能容三虎？更何况新科、万利达、爱多之后，全国还有数以百计的VCD生产企业，几乎每一个企业每天都能感到来自不同竞争对手的强大压力。

1996年底，广东爱多公司率先挑起价格大战，将爱多VCD零售价从2 300元降到1 997元。时值VCD销售旺季，全国VCD机供不应求。吴惠天冷静判断形势，没有跟进。

1997年6月1日，爱多再次推出"阳光行动A计划"，将单碟机从1 997元降至1 680元；6月8日，新科应战，将新科三碟机降至1 780元。这一次吴惠天坐不住了，6月10日，万利达被迫应战。然而"战有战的战法"——经过研究策划，万利达宣布，降价幅度一步到位，将万利达三碟机调整到与爱多单碟机同样的价格1 680元。也就是说，在这个价位上，爱多单碟机已不再拥有市场。

1997年6月12日，爱多进行全国总盘点，于15日匆匆忙忙推出了"阳光行动B计划"，将单碟机价格调整到1 280元；与此同时，新科三碟机降价至1 500元，国内其他品牌纷纷"跳楼"。

然而万利达却不再跟进了。这基于吴惠天对市场的一个基本判断：降价战扩大了市场份额，VCD名牌机很长一段时间将重新供不应求。市场果然应声证明：维持在1 680元价位的万利达，销售量依然节节上升。同行们傻眼了：万利达怎么不来了呢？你站在那么远的地方，不是比我们多赚很多钱吗？

经此一役，吴惠天审时度势，为万利达摘取了三枚胜利果实：其一，当爱多、新科及全国大多数VCD企业均跑到价格边缘的时候，万利达却还有自己的空间；其二，通过把握调价的度，在全国消费者中间立起了"价位最高，质量最好"的口碑；其三，市场占有率大幅度提高，从不到10%增长到22%，而且相比爱多、新科而言，获得了更多的利润，积蓄了更强的实力。

1997年度VCD价格大战，不仅彻底击溃了海外兵团在国内瓜分市场的意图，同时还导致了全国上百家生产VCD的"小作坊"倒闭。北京一家刊物曾以"血流成河"来评价这场"半个月的战争"；广东番禺甚至为此召开了"全国 VCD 圆桌会议",呼吁"联手约束这场 VCD 行业的恶性竞争"。对此,吴惠天指出:万利达对于 VCD 价格战的一贯态度是"不主张、不提倡、不挑头、不害怕";然而市场经济,价格竞争势所必然,尤其是消费类的产品,我们只能练好内功,通过降低成本、提高质量、完善服务来保证我们的竞争力和应战能力……

企业经营的成败是非,往往夹缠不清,恰如一个万花筒,单从一个角度看,总难得出完整的结论。有人曾将吴惠天治理企业的手法比喻为"贴地飞行",含义是指他的极端务实,不好高骛远,一切从现行的最大效率出发。然而,问题的实质显然并不仅是这一方面。

1997 年 11 月,在北京中央电视台黄金时段的投标会上,有记者问吴惠天:"1998 年长虹将上 6 条 VCD 生产线,你怕不怕?"吴惠天笑笑,说:"你怎么不去问问长虹——万利达如今做得这么成功,它的市场占有率和品牌知名度这么高,广告投入这么大,你们现在才要上 6 条生产线,有没有风险?"

这位记者评价:吴惠天骄傲得可以。

然而,吴惠天却是有资格骄傲的。

福建省原省长贺国强在视察万利达公司时,曾经饶有兴趣地问吴惠天:"全国的 VCD 企业大都是采用同样的芯片、同样的技术、同样的两头在外,你的竞争力在哪里?"

其实贺国强的不解正是全国所有 VCD 同行们的困惑:说白了,做 VCD 并不像做药、做饮料或者做电脑,要么拥有自己的秘方,要么拥有自己的专利;同样的东西,而且万利达起步更晚,自己为什么会超不过去呢?

吴惠天告诉贺国强,万利达真正的竞争力:一在质量,二在品牌。

质量首先来源于二次科技开发。通过二次科技开发,万利达 VCD 创造性地设计出了符合中国国情的产品定位,譬如,国内最早采用中文屏幕显示和遥控器中文标识,操作简单、直观,便于不懂英语的人使用;增加 VCD 输出接口,使不少中国家庭使用的老式彩电也能配套使用;针对国内市场 VCD 盘片质量较差的情况，果断选用了飞利浦全数字伺服机芯，使较差的碟片也能正常稳定播放……

其次，万利达VCD的高质量还和产品开发与生产上的少折腾有关。众所周知，VCD开发经历了组装机、1.1机、假2.0机和真正2.0机四个阶段。吴惠天决策开发的第一代产品，直接进入了成熟的2.0机型。万利达紧跟着又开发了内贮5 000多首歌曲、5种益智游戏的"合家欢"超级三碟VCD和便携式液晶显示VCD，投放市场半年多，仍然是独领风骚的局面。这不能不说和吴惠天的"全力以赴抓产品开发'牛鼻子'"的思路大有关系。

另一方面，尽管万利达的品牌注册之初几乎一文不值，然而在今天，它却已经成为"品牌价值好几亿"的全国VCD三大名牌之一。这个转换和吴惠天坚持不懈地推行名牌战略有关。

吴惠天认为，名牌战略人人会讲，但却不一定人人会做。福建省的冰箱、洗衣机几年前也曾经辉煌一时，然而最终却是"满天星斗，没有一个月亮"，都没有做大。究其原因，就在于有了一个好的产品之后，没有及时实施名牌战略，或者是名牌战略实施不当。当一个企业真正要把品牌树立成全国市场上的"堂堂之师"时，你就必须要在抓住产品"牛鼻子"之后，立即在质量、规模、网络和广告四个方面下功夫，用质量来塑造品牌美誉度，用规模来降低成本，用网络来扩大销售，用广告来最终推动品牌的扩张——四个方面互相关联，缺一不可。

当然，一个企业的成功，除了吴惠天所说的质量、品牌两个硬件的因素外，一定还有其内在的软环境的作用。而万利达的内在软环境，正和吴惠天从多年经验中总结出来的一些"朴素的真理"息息相关。

到过万利达考察、取经或者采访的人都诧异地发现，尽管这个企业无论从产值规模和利润来看，都已经远远地超过了无数号称"××集团"的企业，但万利达至今仍然只称"公司"；在公司内，大多数人仍然称呼吴惠天为"厂长"。

"厂长"吴惠天是这样为自己的行为找理论依据的："中国的很多企业其实并

不是名副其实的集团，之所以号称集团，只是为了形容其大。而万利达并不够大。强大强大，先强才能后大，强是企业的根本。强的企业不一定大，大的企业也不一定强……"

所以，"求强不求大"的吴惠天在企业经营中就极其强调实事求是、务实务事，甚至把这一点作为企业的宗旨来加以提倡，并郑重告诫自己的部下"赢人家就赢这点"。

在一次与有关领导进行座谈时，吴惠天还将经营企业的关键比喻为"把握前方三十米"，即干企业就如同开汽车一样，"前方三十米最危险"，必须把精力的重心放在这里，不要贪大求全，也不要好高骛远，总是盯住100米以外的地方。

经历了10多年商海磨砺的吴惠天，开始在现代企业的经营管理中引进"儒家管理"的思路，逐步做到制度和人情相结合、模式和变化相结合、物质和精神相结合。

有一部电视剧让吴惠天记忆很深：新工人进厂，第一天上班，日本老板手上拿只手表，向工人训话，从今以后，你们就像这手表里的每一个部件，8小时以内就应该拼命地运转，为企业赚钱。不久以后，万利达也招了一批新工人。吴惠天走上台，不知不觉却讲出了另一番话："欢迎你们加入万利达这个大家庭，从今以后，我们就工作生活在一起。我就是你们的家长，你们有什么困难，除了找你们的车间主任、部门领导，还可以直接找到我……"吴惠天后来认识到，这就是人的素质和观念差别造成的管理上的差别，中国的企业厂长应该首先要懂得怎么赢得中国人的人心。

当然，承认人情管理并不等于否认严格的制度，譬如人、财、物，产、供、销关系的理顺，以及工作程序、奖惩范围、交接制度的确定。万利达能够做到丢失一块解压板也能跟踪出是在哪里出了错，这在很多民营企业里是难以想象的。同时，人情管理也并不能代替利益分配的功效：1997年万利达员工人均收入达到1.6万元，居漳州市第一位。因此，有的职工就连在家里烧香拜佛也是首先保佑"万利达年年兴旺发达"。

漳州市市长曾经请吴惠天在经济工作会上介绍企业成功的经营之道。吴惠天开玩笑说："国家政策鼓励抓大放小，我却是抓小放大，怎么好说？"市长忙问缘由，吴惠天讲出一段话来，令市长感叹不已："这才是企业经营真正的大事！"

原来，万利达公司有 3 400 多人还是 3 500 多人，他说不清楚；公司的固定资产准确数，他没有记住；公司每天的产量是多少，他也很少过问。倒是有一天会计拿了一份写有密密麻麻数字的成本分析表给他看，半分钟过后他开始批评那位会计："还有一个电路板的成本 14.26 元没有算进去，怎么就这样拿给我？你当什么参谋？"

市场经济没有放之四海而皆准的真理，经营管理中也没有永恒不变的规律。经商是最古老的艺术、最新颖的科学。所以，吴惠天常讲，要学习辩证法，要讲究"运用之妙，存乎一心"。

有人说：这才是吴惠天经营管理中真正难以言传的高明。

## 第二章
## 亦步亦趋 | 乡镇企业的突围

党的十一届三中全会以后，家庭联产承包责任制在全国得以实行，极大地解放了人民群众的生产力，大大提高了劳动效率。在困扰中国的温饱问题得到初步解决的时候，劳动力过剩的问题慢慢凸显。

此时，社会学家费孝通提出：社队工业是农民摆脱贫困的必由之路。他认为应该倡导大中城市的工业帮助、促进农村社队工业的发展。

随着国家对乡镇企业的扶持，到1983年，非国有的乡镇企业一举占据中国工业的半壁江山，年工业产值突破2万亿元，占中国工业总产值的1/2；乡镇企业职工数已达1.02亿人。

## 鲁冠球：第一个出访美国的中国农民企业家

1979年，鲁冠球靠着大榔头甩打出来的小小农机厂越搞越红火，生产轴承、失蜡铸钢、喷油嘴和万向节等多种产品，搞起了日后一些经济学家所称的"多角经营"。可是，这"多角经营"虽然消减了企业风险，但也肢解了技术力量和设备，耗散了企业负责人的经营、管理精力。企业难以实现质的飞跃，鲁冠球思考着走专业化生产的路。

### （一）农民的儿子鲁冠球

1994年5月1日凌晨，北京天安门广场正在举行庄严的升国旗仪式。

在10多万人的队列最前排，正对着共和国第一旗杆处，肃立着一位天庭饱满、身架敦实的中年汉子，他就是被中华全国总工会评为"全国十大杰出职工"，被介绍为"站在改革前列的杰出乡镇企业家"的万向集团公司董事局主席鲁冠球。当国歌响起、国旗徐徐上升的时候，他心潮激荡，思绪万千，双眼渐渐模糊……

他无法不激动。25年前，这位农民的儿子，带领包括他妻子在内的6位农民，借了4 000元钱办了个铁匠铺，用几把铁锤叮叮当当地反复敲击着富裕之门。光阴荏苒，沧桑巨变，创业者的汗水和智慧凝结成了光辉灿烂的果实。如今，万向集团已拥有下属企业17家，员工4 400多名，资产8亿多元，主导产品万向节荣获国家银质奖，覆盖了全国65%的市场，并远销到世界32个国家和地区。企业荣获全国企业管理优秀奖，被评为国家一级企业、中国百家知名企业，并跻身全国 500 家最佳效益工业企业之列。

1985 年，鲁冠球被评为全国十大新闻人物；

1986 年，鲁冠球获全国优秀党员称号；

1987 年，鲁冠球进入全国十位最佳农民企业家行列；

1988 年，鲁冠球获首届全国经济改革人才金杯奖；

1989 年，鲁冠球荣获第二届全国优秀企业家、全国劳动模范等称号；

……

1994 年，鲁冠球先后荣获全国十大杰出职工、中国经营大师、中国创业骄子"500 佳"、中国十佳民营企业家、中国乡镇企业十大功勋、中国十大改革风云人物等表彰。与此同时，他还获得了一系列社会名誉和头衔，如中国市场经济研究会副会长、中国工业经济协会副会长、中国乡镇企业协会副会长，并当选为党的十三大和十四大代表。

作为高级经济师和高级政工师的著名企业家鲁冠球，在艰苦创业的实践中不断探索、不断总结，把自己的经营实践经验提高到了理论的高度，从而形成一套自己的完整经营原则，如"两袋"（脑袋和口袋）投入论，国有企业与乡镇企业"老虎与猴子优势互补、共存共荣"的"经济生态平衡理论"，"阶梯式的用工制度"和"激励型的分配办法"等。

## （二）藩篱下的萌芽

钱塘江浩浩东流，在入海前走了一个"之"字，抛下一片滩涂。在这片土地上，燃烧过吴越争霸的战火，也养育了一代又一代"喜奔竞、勤耕农、善匠贾"的萧山人。胡马窥江，宋高宗迁都临安（今杭州），与杭州仅一水之隔的萧山由此日渐繁华，江浙一带由此而成了中国工商业发达的地方。鲁冠球就生长在这种深厚的人文背景下。

1945 年 1 月 29 日，鲁冠球出生在浙江萧山童家塘的一间破房子里。和当地的农家孩子一样，他的出生既给父母带来了欢乐和希望，也增添了生活的艰辛。

与许多取名图吉利的中国父母一样，不知是来自哪一点灵感或豪气，他的父亲给儿子取了个"冠球"的好名字，希望他的儿子有朝一日能名冠全球。但鲁冠球的童年基本上是在兵荒马乱中度过的，他的成长平平淡淡，没有任何特别的征兆预示他将成为一名叱咤风云的企业家。

鲁冠球的家庭是一个奇特的科学与封建的结合体。他的父亲开过店，又靠自己的摸索，懂得了不少医道，做了游方郎中。而穷怕了的母亲，终日念经拜佛，希望菩萨能给她的后代带来富足的生活。

由于家境不佳，鲁冠球在初中二年级的时候被迫辍学，日后他一直将此引为平生憾事。为了让当地的孩子不再有同样的遗憾，20 世纪 90 年代初，鲁冠球将自己应得的承包金全部捐献出来，在当地扩建了一所中学。这件事情引起了强烈的社会反响，当时的浙江省省长薛驹在学校建成的时候还特地赶来剪彩。

辍学后，倔强的鲁冠球拒绝接过父亲的手艺，他进了城，于是萧山县城的铁器社里多了名 13 岁的小铁匠。刚要满师，恰逢国家困难时期，他又被精简回家。做一个城里人、成为一名工人的梦想破碎了。"不让我在城里当工人，我就在家里当。"鲁冠球心里憋了一口气。不久，他便筹集一小笔资金开了一个粮食加工厂。因为这个合伙办的工厂在当时是"资本主义"的、"非法"的，尽管到处求情，三换地点，但仍然难逃厄运。还有一次，皮带支撑架倒了下来，差点砸死人。于是村上流言四起：这个厂办得不吉利。在堂而皇之地行政干预和愚昧的舆论压力下，粮食加工厂被迫停办。把机器折价变卖后，鲁冠球背上了几千元的债。债主上门，鲁冠球又被迫将祖传的房屋变卖。循规蹈矩的农民开始用异样的眼神打量这位异想天开的"败家子"。他们认为，这些可怕的发家致富念头，迟早会毁了眼前这个只有 18 岁的鲁冠球。

两次打击，并没有动摇鲁冠球摆脱贫困的决心。几天后，鲁冠球在钱塘江边上摆起了自行车修理摊。那年头的修车匠，可不像现在城里那些大把大把赚钱的个体户，鲁冠球从早忙到晚，也赚不了多少钱。被脱贫的愿望与成就一番事业的志向折磨与激励着的鲁冠球，又和本村的 6 个农民，用 300 元本钱起家，在3间破平房里拼拼凑凑地开了家铁匠铺。修镰刀、锻锄头、打船钉，鲁冠球叮叮当当地开始了艰辛的创业。但是，这"叮叮当当"的打铁声显然与时代的基调是不相符的。这个属性不明，带有"资本主义尾巴"嫌疑的铁匠铺，时时面临着被"割"掉的威胁。

不过，危与机似乎总是并存的。在一片"社社实现机械化，农机维修不出村"的热潮中，没有一点工业底子的当地公社急于找米下锅。鲁冠球也正想寻找一个"庇护所"。两相情愿，一拍即合。鲁冠球背着4 000元的家当，从"资本主义"的阴影里一步就跨入了"社会主义"的阳光之中。在一栋84平方米的平房外，悄然挂出了一块并不醒目的牌子——宁围公社农机修配厂。25岁的鲁冠球成了厂长——这是1969年的事。

然而"社会主义"这道阳光所能给鲁冠球的，也仅仅是一种存在所必需的"身份"，他所面对的仍然是一个墩头、几把铁锤的惨淡境况。白手起家创业者的艰辛，在这家小企业里体现得淋漓尽致。"世上三样苦，打铁撑船磨豆腐"，铁匠鲁冠球早期的创业史简直就是一部苦难史。没有设备，没有资产，一切都靠土法上马，都要自己琢磨。更艰难的是，这个摇摇晃晃的企业，随时面临着原材料断档而关门的威胁。无奈，趁着依稀星月，不畏辛苦的创业者又踏上了征程。没有煤，就到杭州一些大厂的煤渣堆中拣尚未燃尽的煤块；没有钢，就到本地直至外省的企业找废料，自己加工。鲁冠球至今还清楚地记得当年是怎样骑着自行车，一天两三趟，一趟驮300斤，从20余公里外的杭州驮回这个厂的"财富"的。

就这样头一年下来，全厂的盈余是99元。

然而对鲁冠球来说，最大的苦恼并不是工作的辛苦或条件的恶劣，而是被迫赋闲。在鲁冠球的历史上，他的厂长身份并不像人们想象得那样顺当。"造反派"进了工厂，鲁冠球被勒令靠边站。向来以忙碌著称的鲁冠球这回闲得无聊，每天只能去车间给人送信。"造反派"在职工大会上公开煽动："他鲁冠球不在位，我们就办不好工厂了?!"然而，现实嘲弄了这些自以为是的"造反派"，他们很快就尝到了自己种下的苦果。鲁冠球靠边站的短短十几天后，原料、产品销路都成了问题。这些人造反是内行，搞生产却一窍不通。工厂眼看就要关门，厂党支部书记老祝请鲁冠球复出。"造反派"没办法，夹着尾巴走了。

## （三）避开"热门"找"缺门"

鲁冠球的智慧之库，始终跳荡着一根与众不同、惯于独辟蹊径的"神经之弦"。他善于因势利导，充分发挥逆向思维，反其道而行之，超常规把握发展的机遇，以至一个又一个"硕果"都让他率先摘取了。

到1979年，鲁冠球靠着大榔头甩打出来的小小农机厂越搞越红火，生产轴承、失蜡铸钢、喷油嘴和万向节等多种产品，搞起了日后一些经济学家所称的"多角经营"。可是，这"多角经营"虽然消减了企业风险，但也肢解了技术力量和设备，耗散了企业负责人的经营、管理精力。企业难以实现质的飞跃，鲁冠球寻思着走专业化生产的路。

"老鲁，造自行车吧，中国人多，自行车销势正旺着呢！"有人热心建议。但鲁冠球的经营触角敏感地发现，自行车制造业正在各地一哄而起。这时，一条并不惹人注目的消息倒触动了他的神经。国家在安排1981年国民经济计划时，汽车货运指标高达5.4亿吨；一些专家建议，要缓解中国交通紧张状况，得挖掘公路潜力。鲁冠球眼睛一亮，在"多角"中把万向节这个汽车上极易磨损且尤为关键的零部件作为突破口。

那时，全国大大小小的万向节厂已有50多家，几乎完全饱和。"缺的是进口汽车的万向节。不过，那玩意儿规格多、批量小、要求高、利润薄！"汽车工业公司的一位行家随口说道。

"好！我们就制造进口汽车万向节！"鲁冠球一拍腿，惊得那位行家目瞪口呆。

"我们搞乡镇企业，就得避开'热门'找'缺门'，销'缺门'！"鲁冠球解释道。

将其他产品全部下马，专上万向节的消息不胫而走。

"鲁冠球这是怎么啦!"有人摇头,"摆着年产70多万元的现成产品不做,多可惜!"

"不甩掉70万元的坛坛罐罐,就创不了700万元、7 000万元的大业。"鲁冠球铁了心。看准了就干下去,这是他的一贯作风。

多年以后,香港一位经济学家就此事评述道:"把生产的战略决策集中于向专业化进军的点子上,不生产滞销的产品,重点生产市场奇缺的进口汽车万向节,以此迅速占领市场,是极关键的一招。"

是的,一种选择决定了企业的命运、前途。事实证明,鲁冠球独具慧眼的抉择奠定了他日后"开疆拓土""攻城略地"的基础。

### (四)一笔43万元的"学费"

企业的"拳头"产品一旦确定下来,就要打入市场。经过几个月的试制,杭州万向节厂生产的进口汽车万向节通过了行业鉴定。鲁冠球把它取名为"钱潮"牌。他希望他的产品能像钱塘江潮水那样流向东海、大洋,流向世界。

有道是"皇帝的女儿不愁嫁",可"钱潮"牌是"乡下姑娘",在当时国营生产厂林立的情况下想要"出嫁",着实得费一番心血。

时值山东胶南召开全国汽车配件订货会,鲁冠球租了两辆汽车,满载万向节,连夜向胶南驶去。小小县城,云集着3万客商。可鲁冠球连个正式代表证都没搞到,进不了业务洽谈室。

"摆地摊!"鲁冠球"既来之,则安之",做出了果断的决定。但那些财大气粗的汽车厂对这个"地摊"斜眼也不看一下。

鲁冠球好生纳闷,他在摊前一个劲地抽着烟,琢磨着如何引起客商的注意。后来他派出30多人去订货会上探听虚实,原来买方与卖方正在价格上"胶着"。鲁冠球汇拢各种价格,做了个估算:自己产品降价20%也还有薄利可得,"把广告贴出去,我们降价!"

这下鲁冠球的"地摊"前,订货的人群蜂拥而至。那些国营大厂的卖方气得干瞪眼，他们都是带着"指令"来的，"将"在外，却仍得服从"君命"。

入夜，鲁冠球会同销售员在下榻的房间里检阅白天的"战果"，一阵"噼里啪啦"的算盘响过，传出一个令人振奋的声音："订出去212万元！"

终于，万向节厂的网撒开了。但不久，来自芜湖的一纸退货信触发了一场至今为止仍令同行们惊叹的深刻自省。1980年秋的那封退货信给了鲁冠球当头一记闷棍，信中说："贵厂的产品价格虽公道，但有些万向节出现了裂缝。"

产品的质量问题严峻地摆在面前，企业面临着一道发展的门槛，一跃而过就可能在很短的时间内迅速飞跃到一个新的发展层次，否则，可能丧失时机，滞留在原有的发展空间。"必须把已发往用户手中的不合格的次品收回来！"鲁冠球做出了出人意料的决定。

于是，30多名职工奉命访遍芜湖及全国其他地方的客户，"背"回的3万多套次品堆成了一座小山。这些价值43万元的产品，对于当时尚不富裕的万向节厂可谓一笔相当可观的财富。

"拿次品当正品，就是对人民犯罪，企业就要熄火，大家也得散伙。"在此后召开的产品质量现场会上，鲁冠球面对与会的全体职工，道出了企业的经营思想与价值标准："个人干事业，一个'严'字能得益一辈子；企业求发展，一个'严'字就是大本钱。"说到这里，鲁冠球手一挥，3万多套万向节以5分钱一斤的价格，进了废品收购站，化作了铁水，为此企业半年没有发奖金。随着这些万向节同去的还有落后的思维方式与狭隘的价值观念，鲁冠球这笔学费重建了一代农民的商品经济观念。

以此为契机，万向节厂开始了彻底的脱胎换骨。"以提高经济效益为中心，以提高产品质量为突破口"，鲁冠球跨过"图眼前，抓现钱"的狭隘小农意识的门槛，唤起企业的质量意识，开始建造科学管理的"大厦"。

秋天是收获的季节。1980年的秋天，机械工业部在全国56家万向节生产厂中，挑选3家作为国家定点生产厂。企业整顿小组来到杭州万向节厂，经过一个星期的严格检查，报告终于出来了：99.4分。唯一一家只能在考场外答题的乡镇企业，居然在56∶3的角逐中高居榜首。

## （五）"举大事者必以人为本"

1984年，鲁冠球作为第一个出访美国的中国农民企业家，来到了美国最大的万向节厂——舍勒公司。在参观了一批现代化的工厂后，鲁冠球受到了强烈的震撼。直到今天，他回忆起来还深有感触："看到他们自动化的生产，我只有一个想法，就是不想干了。在我们这一代，肯定是赶不上了。后来我又想，只有拼命地干，才是唯一的出路。我们这一代赶不上，还有下一代嘛。"在美国考察期间，鲁冠球仔细寻找差距，发现技术方面的差距是必然的，更主要的是管理方面的差距。美国同行舍勒公司总裁在与鲁冠球握手告别的时候，也对他说："我们都是农民的后代，我送你一句话，先进的技术不能弥补落后的管理，而先进的管理可以弥补落后的技术。"

回来后，鲁冠球在企业里推出一个重大的举措：选送20名工人去有关大专院校学习，其中10人专门学习管理。从此，在鲁冠球的经营思想中，对人的重视开始放在首位。他深刻地意识到，企业要发展，必须培养一个善管理、懂经营的企业家群体。创建企业文化，以人的发展为核心，逐渐成为万向集团管理风格的"秘诀"。记得美国"钢铁大王"卡内基说过："将我所有的工厂、设备、市场、资金全部夺去，但只要保留我的组织人员，4年之后，我将仍是一个钢铁大王。"出身农民的鲁冠球的"企业人本"思想与这一认识如出一辙。

从此，鲁冠球求贤若渴，唯才是举，一时间竟成为佳话。

1984年春天，阳光灿烂。

国务委员张劲夫来厂视察。参观完工厂后，国务委员非常兴奋，连声赞叹："了不起！了不起！乡镇企业办成这样子不容易。"会议室里，鲁冠球汇报了近几年工厂的发展情况。汇报完后，国务委员问："你有什么困难吗？"困难当然很多：原材料紧缺，价格不断上涨，流动资金又少……鲁冠球可以列举一大串困难。然而，他首先想到的却是人才！

"给我们几个大学生吧！"他说。

国务委员一愣，他万万没想到鲁冠球会提出这个问题。一路上，他到过许多厂矿，厂长们一提困难不外乎资金、原材料，从没有人提出过要人的问题。一些国营大厂人满为患，技术力量成团，千里马只能当驴使唤，推都推不掉，谁会提出要人？而面前这个乡镇企业的厂长竟提出要几个大学生。这可是个新问题。

"别的困难我们能克服，我们缺乏的是人才，分给我们几个吧！"鲁冠球如饥似渴。

"问题不好办哪！教育发展不快，国家在这方面也有困难。"国务委员沉思着说。

"我们可以付钱！说'买大学生'有点难听，就算向国家付培养费吧！5 000元、10 000元都可以。"鲁冠球显得有点迫不及待。

"付'培养费'？好主意！"国务委员来了兴致，"你可以向省里打个报告，请有关部门给安排，就说我赞成的。"

报告很快批下来，当时浙江省委的一位副书记亲自写信告诉鲁冠球：有8名大学生分配给地方乡镇企业，可以给"杭万"4名。

鲁冠球欣喜若狂，他立即向有关部门支付了24 000元培养费，又找来行政科长，逐项交代迎接大学生的工作。他说："无论如何要腾出两间房来，让大学生两人一间，有个幽静、舒适的环境。房内给每人配备一张写字台、一盏台灯。椅子每人要两把，人来客往好招待。每人发给一辆自行车，一定要'凤凰'牌或'永久'牌……"

听着厂长的交代，行政科长乐了："厂长，您这是给儿子办喜事哪！"

"是我们厂的喜事！"鲁冠球回答。他亲自用小轿车把4名大学生接到了工厂，并把自己获全省"万人"优秀厂长的奖品——一台彩电搬到了大学生宿舍。

从此开始，鲁冠球的目标是：建成一个"大学生院"。除了向学校要毕业生，他还通过各种途径引进各种人才。

有的企业要人积极，但留不住人才，落得个"竹篮打水一场空"，但鲁冠球却不是这样。他善于用人，大胆用人，关键的一招就是"留人留心"。在解决好各种待遇，让人才们的生活无后顾之忧后，鼓励他们最大限度地发挥特长，挖掘潜能，为企业创造效益。"既然是人才，那就得用在刀口上。"鲁冠球深刻认识到，作为个体的人才往往怀着一种创造、实现自身价值的需要，换一种角度来说，企业无非是为他们提供实现这种价值的阵地和支点。

鲁冠球之前重用犯过错的经营人才，最终取得了超出预期的经济效益。鲁冠球洞悉"塑造一批企业家，培养企业中坚力量，从人入手，提高产品质量，占领市场"的用人之道。

1993年，杭州万向节总厂热处理车间的关键生产设备——无罐气体渗碳炉经过高等院校的专家多次试制，结果都不甚理想，而投入的资金眼看一天一天增加，大有"血本无归"的趋势。

"金水，你以前在热处理车间待过，你来搞出两台新的来，怎么样？"鲁冠球想到一个人，叫朱金水，曾当过车间主任，40岁不到，为人精明能干，但就是思想不稳定，不热心于本职岗位，经常外出"抓黄鱼，捞油水"，甚至搞第二职业，几年前从车间主任的位置上调下来，现在闲置在那里。但朱金水对机械和热处理业务有一股钻劲，对渗碳炉这个难关，他曾经主动提出自行制造炉子的想法。于是，鲁冠球寻思找他试试。

"行，不过得给我资金和支配权，由我全权承包。"朱金水一拍胸脯，拿出男子汉的气魄，看起来胸有成竹。集团领导经过研究，同意由朱金水组建一支强有力的"攻坚"队伍，把这个至关重要的项目拿下来。

跑材料、出图纸、设计可行性方案，甚至制造中的重体力活，如平整钢板等，朱金水都抢在前头，拼命苦干。智慧和汗水的付出，终于在短短数个月里换来引人瞩目的成果，两台国内先进水平的渗碳炉试制成功了，为企业节省了130万元资金！高等院校的有关专家目瞪口呆，跷起大拇指：真是奇迹！万向集团的效益就是靠这样的"奇迹"扶摇直上的。

## （六）赚外国人的钱才是真本领

1984年，杭州万向节总厂生产的产品占全国总产量的1/4。但鲁冠球却意识到，只在国内市场称雄不算好汉，有本事要去赚外国人的钱，只有同时占有国内和国外两个市场，形成"互补效应"，企业才能立于不败之地。

世界范围内的万向节市场是广阔的，据当时有关部门提供的数字表明，全世界轿车保有量：美国1.6亿辆，日本9 000万辆，联邦德国2 000万辆……世界各国总共不下4亿辆，每年仅维修一项就需要2.2亿套万向节。

鲁冠球开始行动了。他搜集国外万向节市场的信息，寻找一切机会，让杭州万向节总厂的"钱潮"牌万向节在外国人面前露脸。1984年春，美国派莱克斯公司亚洲经销商多伊尔公司的总裁多伊尔先生和美国席菲柯锻造公司经理奥东尼尔先生来到万向节厂。他们来到车间，不时地从成品堆里拿出万向节，用仪器认真地检测。当天一份向美国出口万向节总计万套的合同书，在简陋的接待室里草签了。不久，"钱潮"牌万向节就堂堂正正地出现在派莱克斯公司的货架上。一年以后，再次签订了在以后5年内杭州万向节总厂每年向美方出口20万套万向节的意向书。

那年5月，这些出口的万向节在美国、澳大利亚、南美等地进行路试，结果这些万向节经受住了复杂路面和恶劣气候的考验。派莱克斯公司给鲁冠球发来了电传："我们对杭州万向节厂的技术水平表示敬意。"

可是市场的竞争是残酷的，特别是在国际市场，有时会出现许多意想不到的难题。这回鲁冠球就碰到"请君入瓮"的困扰。

1987年9月，多伊尔和国际部的经理莱比赶到杭州万向节厂，提出一个垄断性的要求：杭州万向节厂的产品由他们包销，凡是杭州万向节厂的产品，都必须经过他们公司才能出去。这不是让杭州万向节厂变成他们的生产基地吗？天下哪有这么便宜的事，坚决不干！鲁冠球断然拒绝了这一要求。

开着空调器的洽谈室，气温骤然上升。

演"红脸"的莱比说话口气咄咄逼人："鲁先生，你还是签这个协议为好，否则，我方将削减向贵厂的订货量。"

演"白脸"的多伊尔老成持重，"绵里藏针"不露声色，他慢慢吞吞地说："尊敬的鲁先生，你会看到，这里有两种选择：一种是我们向贵厂产品提供技术资金、先进设备、市场情况等优惠，而条件只是贵厂产品由我们独家经销；还有一种是你们可以把产品卖给其他客户，但我们也可以转向其他的地方诸如印度、朝鲜的产品。鲁先生，你会选择哪一种呢？"

面对谈判对手，鲁冠球沉着冷静，既然是"贸易伙伴"，那就是平等相待、机会均等的。由你"独家经营"，别无分店，不是要把我系在你的套索上吗？

"我厂与贵公司的关系，它的基点应该是相互合作，共同发展。至于产品，我们愿意卖给谁就卖给谁，贵公司是不应该干涉的！"鲁冠球不卑不亢。

多伊尔"霍"的站起来，收起皮包："很遗憾，我们将停止进口贵厂的产品！"

听完翻译的话，鲁冠球把身子靠向沙发，沉稳的话语使对手都感到吃惊："那请便！多伊尔先生，倘若你能在世界各地找到价格更便宜、质量又比我们好的万向节，你可以随时终止合同。但我仍然感谢当初贵公司对我厂的支持，因此也随时欢迎贵公司来继续合作。"

不久，一份措辞严厉的函件出现在鲁冠球的办公桌上。美方在信中说产品存在质量问题，需要检验，而检验费要由万向节厂支付。随即，原定1987年出口46.5万套万向节的计划被削减到21万套。"只要签订独家经营合同，检验费和削减等事可以一笔勾销。"多伊尔在来信中"宽容"地说。

数十万套的万向节积压在仓库，资金流转出现困难，企业效益直线下降，工人奖金大幅度削减。但全厂职工并没有在对方压力下屈膝，大家憋着一股劲，齐心协力地开发出了60多个新品种，打开了日本、意大利、法国、澳大利亚、联邦德国等18个国家和地区的市场，当年创汇近100万元。企业终于挺过了难关。

圣诞节前，一辆豪华轿车驶进了杭州万向节总厂，走下来的是多伊尔和莱比。他们捧出一只铜鹰，放在鲁冠球的办公桌上。

"鲁先生，我们敬佩您精明、强硬的性格。愿我们的事业像鹰一样腾飞全球！"双方重新签订了1988年的供货合同。

## （七）成功男人的背后

走进鲁冠球的办公室，你肯定会吃惊于它的简朴。没有地毯，没有空调，能够称得上讲究的只有一台电脑和几盆花草。他的办公桌是1970年代自己厂的木匠打的，直到现在还在使用。一年365天，除了开会，他几乎每天都是早上7点上班，晚上7点回家，午饭不回家吃，只是在办公室里吃份简易的盒饭了事。当记者问他为什么不好好地吃一顿饭时，他说："这样既省钱又省时间，还可以多看点书，多考虑一些问题。现在我总感觉时间太少，不够用，所以总是想方设法挤一点时间来学习。"

企业的产品已经更新了好几代，巩固了老客户，开拓了新市场。但他家房子还是1983年建的，一直没有时间去翻新，不过他认为这样住住也就可以了。现在很多人家的子女结婚都摆阔气，迎新车队都由几辆、十几辆车组成，酒席也是几十桌，而他三个女儿出嫁，都是按厂里的规定，与其他职工一样，一辆车子接送，客也不多，酒也不办，只请几位至亲，没有请朋友和上级领导，送来的礼都退回去。像他这样的人，女儿结婚用十几辆车子、办几十桌酒席，很容易，但他却认为没有必要，只是在《钱江晚报》上登了一句祝贺的话。

当然，鲁冠球并不是在家搞"独裁"，他这样做都是得到家里人同意和支持的。他的妻子作为建厂7个创始人之一，直到退休前，一直干着最累、最脏、很多年轻人都不愿干的钻床工。鲁冠球不但办公室里没有装空调，家里也没有装空调，晚上看书、读报到很晚，夏天就用一台电扇，农村蚊子很多，穿的白袜子，由于拍打蚊子而成了斑斑点点的"彩色袜子"；到冬天就披上军大衣，脚上穿一双女儿买的厚棉鞋，看书、处理事务到深夜。

# 曹德旺：中国玻璃大王

不经意的、历史性的一小步——承包工厂，当年赚了 20 万元，然后将其中 40% 的钱用于企业再发展，20% 发给了工人。这在当时当地都是令人惊叹的壮举。一夜之间，曹德旺赢得了空前的好评和社会信誉，也顺理成章地以"思想觉悟高"和"经济头脑好"成为当地政府的"座上宾"。

## （一）大生存之痛

曹德旺说起自己的过去，会哭。

他相信自己少年时期吃过的苦是常人难以想象的。自幼家贫，14 岁辍学。放过牛，卖过烟丝，贩过水果，修过自行车。经年累月一日两餐食不果腹，在歧视者的白眼下艰难谋生。

那是精神和肉体蒙受的双重苦难，但他并未逆来顺受，而是不断地与命运抗争。

20 世纪 60 年代，十六七岁的曹德旺做过一段时间水果生意。他每天凌晨 2 点起床，因为从高山镇家里骑车到福清市需要 4 个小时，如果想收购到好的水果，就必须在 6 点钟天亮前赶到，等农民们天亮来卖水果，少年曹德旺像大人一样精明地讨价还价。差不多到中午，装好一车水果后，曹德旺就地生火做饭，饭囫囵下肚之后，中午的气温往往已近 40℃，可怜这个十几岁的孩子还得冒着流火酷暑，蹬车载着 300 多斤水果，挥汗如雨地往回赶。他必须在下午 5 点以前回到高山镇，将水果批发给商贩。晚上八九点钟回家吃完晚饭后，曹德旺得马上睡觉，否则第二天起不来。

为了生存，他每天都必须这样残酷地向体能极限挑战。

这段刻骨铭心的经历，铸就了今天曹德旺坚毅的性格和意志。奋斗到30岁，一切可能的生意都做过的曹德旺，成了谁也算计不过的"人精"，也终于有了5万元"巨资"。此时他一有空就找书看，无论古今中外，入眼皆可读，读来皆入心。结合生活对照自身，举一反三，触类旁通，聪明的曹德旺渐渐成了一个博古通今的"杂学家"。

更聪明的是，曹德旺结合传统儒家思想为自己总结出了一套"成功五字真经"：仁、义、礼、智、勇。仁，是仁慈善良，是健康包容的心态；义，是道义责任，是敢于承受、勇于担当的胸襟气度；礼，是礼仪，做人的分寸和对人对事应有的尊重；智，是智慧、眼界，看事情要有穿透力和前瞻性；勇，是敢于挑战未来和自身极限。

从此，这简单而深刻的五个字，成了曹德旺一生的座右铭。

不久，福清市高山镇成立了一家异型玻璃厂，四邻八乡中有名的"能人"曹德旺到厂里当了一名采购员。"我天生就是经商的料！"言及此，曹德旺笑得气定神闲。他靠吃苦耐劳跑遍天下，靠智慧礼仪与人交往，几年内将水表玻璃的供销做得风生水起。

1983年，曹德旺承包了这个企业，当年赢利20万元。为什么能赚钱？"我是'万员户'啊——什么都干过，采购员、推销员、财会人员、管理人员、运输人员、后勤人员等，没有人比我更清楚市场的需求是什么，没有人比我更清楚市场和企业管理该怎样结合，没有人比我有更广泛的社会关系……"

不经意的、历史性的一小步——承包工厂，当年赚了20万元，然后将其中40%的钱用于企业再发展，20%发给了工人。这在当时当地都是令人惊叹的壮举。一夜之间，曹德旺赢得了空前的好评和社会信誉，也顺理成章地以"思想觉悟高"和"经济头脑好"，成为当地政府的"座上宾"。就在与政府打交道的过程中，曹德旺惊奇地悟出一个道理：无论自己做什么，只要得到政府的支持，就等于一只脚迈进了成功的大门；而政府的所思所想，往往就是社会下一步的发展方向，里面就有自己最迫切需要抓住的机会。

从此，曹德旺与政府一直保持着密切的关系。

1985年，曹德旺以自己的房子抵押贷款，一举入股高山异型玻璃厂，占了50%的股份，成了真正意义上的老板。这是福建省公有制企业第一次与私人合资。有了"根据地"，他开始将目光投向全国。凭着在"社会大学"中锤炼出的洞察力，他清楚地看到社会改革的洪流，正朝着自己探索的方向奔腾而去……

那是一个全社会都在探索的时代。在"摸着石头过河"的过程中，大量的进口汽车涌入中国，而低等级公路却使汽车玻璃频频损坏。当时中国使用的汽车维修玻璃，通常从日本进口。日本人卖给中国几千元一块的玻璃，成本仅仅一两百元。

耿介倔强的曹德旺不服气了："中国难道只能依赖进口，被迫接受这种不公平吗？"曹德旺开始四处奔走，见人就宣泄胸中的义愤："我一定要做出一块属于中国人自己的玻璃！"当然，曹德旺更主要的是看中了其中的巨大商机。

与民族大义结合起来，曹德旺的商业梦想很快就得到了上上下下的支持和喝彩。

1986年，40岁的曹德旺开始转产汽车维修玻璃。资金可以借贷，但没有技术，没有人才，一群空有一腔报国志的福建农民，不屈不挠地与看不清、弄不明的汽车玻璃较上了劲儿，他们想方设法从全国各地挖技术、搞图纸。好不容易从上海耀华玻璃厂找来一套旧设备图纸，曹德旺如获至宝，马上比照着自己建电炉，搞熔炼，没日没夜地泡在厂里。有人从外地来找曹德旺，将他从工人堆里拉出来一看，一身一脸全是烟灰油污。

曹德旺已记不清创业初期经历了多少次失败考验，但他坚信自己的方向是正确的。他告诉员工们："只要找对了路，我们就不怕远。"最后，试产终于成功。产品信息通过业内渠道发布出去，超低的价格一下子让汽车维修厂家争先恐后前来订购。当年曹德旺赢利70万元，挖到了他真正的第一桶金。

今天看来，曹德旺在偏僻贫穷的福清市一个小镇旁颇有些"义气用事"地迈出的这一"小步"，多年以后被证明是关乎中国整个汽车玻璃行业荣辱兴衰的一"大步"。

但是当年这一"小步"就这样不经意地、历史性地迈出去了，谁也不知道未来会怎样，只有曹德旺在不停地唠叨："中国人应该有一片从自己的玻璃看出去的天空……"

## （二）两种中国人

那时曹德旺黑而瘦，皮肤粗糙，衣着粗陋，双手因长期干重活而显得骨节粗大，一看就是个典型的南方农民。

但曹德旺是个个性倔强而精神强悍的人，他胸中有一种不服输的"气"，他就是靠这种非凡的意志力达成了所有看似不可能的目标。他只有初中文化，对社会经济的理解却比所有认识他的人都深；身为一介农民，却死活要将那些根本看不见的全球顶级玻璃企业拉来与自己竞争。1987年，他带着一帮人跑到玻璃制造设备最先进的芬兰考察，硬是弄回了一套中国大型国有企业花重金也买不到的世界最先进的机器。

当时，国家规定因公出国考察人员有外汇补助，节约归己。于是所有出国考察的中国人形成了一种从国内带食品，尽量不在外国消费的风气。外国人不但要专门为中国人安排有厨房的宾馆，还要天天面对中国人弄出来的遍地垃圾和乌烟瘴气，致使外国人对中国人很是不屑，于是就拿陈旧的机器设备来欺骗搪塞。

曹德旺却不一样，他掏自己的钱，叫所有人在外国"大大方方地吃喝，不能在外国人面前丢人现眼"。果真，芬兰人觉得这群中国人不一样，堂堂正正有大国气象！肃然起敬之余，也就心甘情愿地把一套全球最先进的设备卖给了这群"能做大事的中国人"。

回到国内，当曹德旺明白一切时，顿感心情复杂，哭笑不得。他一边为自已感到自豪，一边为同胞感到羞耻。

后来，曹德旺总结说："能买到机器，是因为'人品见商品'。"

自那以后，曹德旺在业内更加孤独，更加目空一切。他不屑于将国内企业放在眼里，他眼里，只有排世界第一的日本 ASAHI（旭金属工业株式会社）、第二的英国皮尔金顿、第三的法国圣戈班、第四的美国 PPG（匹滋堡平板玻璃厂）等。此时曹德旺越来越像一位英勇的战士，他只与这些名列世界 500 强的全球顶级玻璃企业战斗！

"有了金刚钻，敢揽瓷器活"。世界一流的设备投产后，曹德旺立即着手将日本玻璃挤出中国。当时一块挡风玻璃成本不到 200 元，却可以卖到 1 500—2 000 元，这已经是不可思议的暴利了，以至有人认为 1986 年到 1988 年间曹德旺不是在做玻璃而是在印钞票。但是在业内看，这仍是一个很便宜的价格，因为从日本进口的相同品质的挡风玻璃价格是这个价格的近 10 倍！难怪曹德旺义愤难平。也正因如此，曹德旺才轻而易举地占领了这一市场。到 20 世纪 90 年代初，中国维修市场上的日本玻璃已销声匿迹。

曹德旺就这样以闪电般的速度，成长为中国最大的汽车玻璃制造商。

1990 年，曹德旺抓住美国将高能耗、高成本产业进行策略性削减的时机，挥师美国，一举占领了 10% 的汽车玻璃维修市场份额，成功地开辟了这一行业最大的海外市场。

曹德旺的"福耀"在国内外市场快速攻城略地，立马成为中国汽车行业和福建省高层津津乐道的话题，曹德旺一夜之间成了福建的宝贝和骄傲。1991 年，中国试水股票市场，福建省仅有一个发行股票的公司名额，政府毫不犹豫地给了曹德旺。

## （三）怎样才能做出世界一流企业

1991 年，政府拿福耀做试验公开发行股票，当时社会和公司上下对股票都一无所知，谁都不愿掏几千上万元现金去买几张花花绿绿没用的纸。曹德旺求爹爹告奶奶地劝说企业内外稍有点钱的人买了股票。然而两年时间内，许多不明白股票为何物的小股东沉不住气，听信社会谣言说股票上不了市，这只是曹德旺圈钱的把戏，于是纷纷要求退股。曹德旺一方面有口难辩，一方面苦劝无效，只好默不作声掏钱回购。这一退不打紧，听说的人都来退，仿佛银行挤兑风潮。无可奈何，曹德旺只好大规模借钱回购。他原本只占极少一点股份，这一退，他和他的家族一下子占了65%。1993年6月，福耀玻璃正式在上海证券交易所上市，股价从2元猛涨至50多元，原本没几个钱的曹德旺一夜成为巨富！而那些退股的人则在家里呼天抢地……

"我发财，其实都是他们逼的……"曹德旺苦笑两声，一脸孩子气的无辜。

"但至少，这体现了我的诚信。企业的诚信，首先体现为老板个人的诚信。"而另一个让人惊叹的信息是，福耀玻璃上市10年，筹得资金1.13亿元，而现金分红却达2.61亿元，成为中国股市唯一一支分红高于筹资的股票，而且是翻一番！实在令人叹为观止。有人说曹德旺犯傻，他却说："上市公司的基本要求是什么？是诚信。那些用尽手段只顾圈钱不顾股东回报的公司，用什么来向股东体现最基本的诚信？没有！而福耀就是要用这种与众不同的方式来告诉天下人，我们是一家值得全社会信赖的真正的优质公司。这才是福耀的价值所在，才是中国股市健康发展的希望。试想如果中国1 300多家上市公司都这么做，中国股市还会是现在这个样子吗？中国股市对中国经济的贡献将绝对比现在大得多！"

曹德旺越说越激动，不由得有点"气难平"。

到1993年，福耀已占有国内40%的市场份额，同时进入了房地产和装修行业。曹德旺的日子过得轻松起来，闲来无事时还学会了打高尔夫球，在碧草蓝天之间悠游信步。但事实上，曹德旺像心中压了个秤砣一般寝食难安——福耀上市成了公众公司，企业经营好坏已不是个人的事了，自己要对几万名股东负责，企业的下一步该怎么发展才能使股东利益最大化？在经营上该怎么做才能达到国际资本市场对上市公司的要求？

1994年，曹德旺将公司年度经营报告带到香港，请香港证交所总监按国际标准进行评估。总监是位女士，一针见血地指出"主业不突出"！她说："你们既做汽车玻璃，又做房地产，还搞装修工程，你们究竟想吸引什么样的股东来继续投资呢？做玻璃的对房地产不感兴趣，同样，做房地产的对汽车玻璃不感兴趣。你的不专业会让投资商犹豫，因为不专业就不会成为最后的赢家。"一席话，让曹德旺茅塞顿开。"从那一刻起，我开始下决心把汽车玻璃做深做透。"

接着，新加坡和中国香港的投资银行为曹德旺又提了两条建议：一是聘请国际审计公司，这对树立国际品牌至关重要；二是引进国际大公司，帮助福耀建立规范化管理。此时曹德旺再次如醍醐灌顶，他终于明白怎样才能将企业做深做透、做到世界一流的水平了。

恰好在这一年，全球第三大汽车玻璃企业法国圣戈班图谋进入中国市场。曹德旺闻讯，立马前往洽谈合作事宜。两年之后，双方签约，圣戈班投资1 530万美元、福耀投资1 470万美元成立合资公司，其中法方占51%股份，中方占49%，曹任总经理。

在曹德旺看来，一个激动人心的"拿来主义"算盘开打了，同时一场新的战斗也拉开了序幕。

应该说，法国圣戈班是一匹狼，也是曹德旺的一块跳板。

按照专家的建议，曹德旺一边砍掉了房地产等外围产业，一边谋求与世界顶级企业进行合资。此时福耀显然已经到了一个"坎"上，很长一段时间增长缓慢，靠曹德旺一己之力已不能使企业迈过这道"坎"，实现质的飞跃。唯有借助最强大的外力，才能在运营、管理、技术、理念上使公司朝世界一流企业迈进。

所以，圣戈班即使是控股，曹德旺也心甘情愿。

1996年，合资协议签订，两家公司举杯相庆。但在觥筹交错的背后，一个最根本的问题被忽视了——圣戈班在全球有300多家公司，福耀只不过是其全球体系中配套中国客户的一枚棋子，它给福耀的定位只是一个大型生产基地；而福耀引进圣戈班是为了求得自身更大的发展，这个发展当然包括将福耀打造成一个全球品牌——这一点，恰恰为圣戈班所不容。

这一点,为两家公司日后的分道扬镳埋下了伏笔。

多年以后,有观察家根据种种迹象分析认为,这里面也许有一段至今尚未被证实的公案。他猜测说,曹德旺应该一开始就知道两家目的不同,迟早会分,但为了全面提升企业素质,必须冒险引进圣戈班;该学的东西学到手之时,两家也必然会在福耀是否发展为国际品牌的问题上产生分歧。

这时,曹德旺的如意算盘是不理会圣戈班,直接从矛盾的焦点入手,自行调整福耀海外市场的运营策略,努力将福耀打造成全球品牌。调整过程必然造成亏损,两家冲突将更加激烈,分手势所必然。分手之后,福耀利用已经逐步完善的海外渠道,应该很快实现强劲反弹。

总之,只要实现与世界巨头合资,福耀就肯定能得到自己想要的东西。

合资第一年,福耀即开始调整海外策略。

先是在美国投巨资购置土地,将原有的工厂改为仓库,做批发分销,3年下来亏损数百万美元。然后改做直销,从中国工厂直接发货给客户。1998年,福耀再施重手,彻底清理美国公司库存和有关资产——这成为福耀集团该年巨额亏损的直接原因,尽管调整使美国业务"柳暗花明",但"为时已晚"。

而圣戈班在北美有自己的工厂,两家立即针锋相对,矛盾激化。

合资前的1995年,福耀净利润为4 800万元;合资第一年,猛然缩水到40万元;1997年有所回升,为1 192万元;1998年又骤降为亏损1 790万元,这是公司上市以来首次亏损,银行不贷款了,3年内从股市配股融资的资格也丧失了。曹德旺顿感危机四伏,合资"前途无望"。

此时圣戈班去意彷徨,犹豫不决。而曹德旺已急切地想重掌大权。双方坐下来谈判,福耀用了很多种语言陈述分家的理由,法国人却面无表情地表示未听懂。曹德旺急了,一拍桌子用汉语大叫:"我不干了!这话总听懂了吧。"至今,曹德旺这一声有些粗鲁的喊叫,仍被福耀人认为是有"民族气节"的表现,让人觉得异常痛快。

1999年6月,曹德旺和福耀以4 000万美元溢价回购了圣戈班持有的福耀股票,"同床异梦"的日子终于结束。

曹德旺兵行险招,用3年时间冒险赌了一个局,最后,果真使圣戈班结结实实地从一匹狼,变成了福耀全面提升企业能力的一块跳板。

戏剧性的结果果然出现了。分手后,福耀立刻恢复了生猛状态,当年就实现利润7 000万元,2000年利润翻了一番达1.5亿元,2001年达到2.2亿元。1999年,美国公司也扭亏为盈;到2001年,重新恢复美国市场10%以上的市场份额,占福耀总销售额的40%。

"这次合资,真是一场艰苦卓绝、斗智斗勇的战斗。"曹德旺长长吁了口气,"重要的是,这次合资确实让福耀产生了质的飞跃,从只能生产跨入了设计、研发领域。从此,福耀真正成长为足以与全球最优秀的汽车玻璃制造商抗衡的大型企业集团。"

## (四)纵横全球与国内布局

经过多年努力精耕细作,福耀在国内市场早已是一骑绝尘,上海通用别克,广州本田、奥迪、一汽红旗、捷达,上海桑塔纳,二汽富康等合资轿车全采用了福耀玻璃,国内另有184家汽车制造商让福耀为之配套。50%的市场占有率,换句话说,"中国大路上开的汽车,每两辆就有一辆用的是福耀玻璃",这成了曹德旺一生的骄傲。目前,"福耀"是中国汽车玻璃行业唯一的"中国驰名商标",拥有国内同行规模最大的研发中心,全国有500多家连锁专卖店,与中国人寿、太平洋、平安三大保险公司长期稳定的合作,使公司有着更健全的销售网络……2004年,福耀玻璃销售额达到24亿元,利润达到创纪录的5亿元。

2001年,美国福特汽车公司将"全球最佳供应商"金奖颁给了福耀。与此同时,福耀在全球市场大显身手,在加拿大、日本、澳大利亚、俄罗斯、欧洲、中东等地和中国台湾、香港地区已占有相当的市场份额,它的一举一动已开始牵动全球汽车产业链的神经。

当然,崛起太快也引起了国际市场的不安。福耀在美国市场12.5%的占有率和 25% 的净利润率，让全行业亏损的美国本土企业感到痛苦不堪。美国人终于决定"奋起抗争"。2001 年 3 月，全球第四大制造商美国 PPG 向美国商务部申请对福耀进行反倾销调查，并加征 11.8% 的反倾销税。

消息传到国内，曹德旺瞠目结舌，热血上涌！这意味着福耀集团一半的营业收入在将来可能成为泡影。"屈辱""蔑视""尊严"等感情色彩强烈的词语全跳了出来。

"我没有倾销，我一定要打官司，我要据理力争！即使打输也是赢，我要告诉全世界，美国人是怎样的不公平。"脾气一向火爆的曹德旺，像一头易怒的公牛，先后不惜血本砸了 300 万美元请了国际律师，挺直腰板飞到美国与他的"巨无霸"对手"硬碰硬"去了。

长达 3 年的马拉松官司最终在 2004 年以福耀的胜利告终。整个过程，曹德旺对美国人是"又打又拉"，先是不依不饶据理强攻，让美国人认识到不合理的"反倾销"不能从根本上解决问题，同时福耀 2003 年加大力度，使其在美国的销量不降反升，比 2002 年上升了 30%。美国人感到有点束手无策了。

此时，曹德旺不失时机地采取了具有东方智慧的外交手段，台上唇枪舌剑，台下请客吃饭。曹德旺对 PPG 老板说："我这全球老六与你这全球老四打架，肯定会打得前三名高兴死了。我们两败俱伤，得利的其实是他们。"曹德旺给美国人讲了中国成语"鹬蚌相争，渔翁得利"的含义之后，说："我们应该握手言和，合作双赢。"PPG 也认识到，即使把福耀挤出美国，国内的高成本也不会让自己的日子好过。最后双方达成协议，由 PPG 向福耀提供技术、设备支持，福耀完成中国工厂的浮法玻璃（汽车玻璃原料）技术改造，负责生产产品，PPG 负责北美市场的物流和销售渠道。然后，美国停止了对福耀的反倾销调查。

一对势不两立的"官司冤家"，就此化干戈为玉帛，皆大欢喜。

至此，这场官司非但没将福耀从美国扫地出门，反而使美国市场完全打开，更多的美国汽车制造商陆续成了福耀的客户。

它的"国际广告"效应，还为福耀开辟了通向欧洲市场的新路径，福耀在日本、俄罗斯、澳洲的市场份额，也分别迅速扩大到7%、10%、30%！曹德旺一脸得意："这就叫化腐朽为神奇。"

其实，曹德旺一直深信"经商就是做人"，他也相信这条中国人的商业哲学放之全球而皆准。他每次出差欧洲，第一站必往法国圣戈班看望其总裁，双方友谊非同寻常。所以至今，福耀还在不断获得圣戈班的技术支持。"即使是对手，你也首先应该尊重他们。"

全球市场棋行天下，国内市场的战略布局也是紧锣密鼓。面对来自海外同行在国内市场上的竞争，具有王者气概的曹德旺，用了一句话来表达了他的不屑："我眼睛都不看他们一下。"他向记者列举了一家著名的日本企业，"它进入中国已十几年了，是占中国市场份额最大的外国玻璃商，2004年利润是2 000万人民币。"曹德旺在鼻子里"哼哼"了两声，"但仅仅是我的1/25！"

话虽这样说，但按企业自身发展规律的要求，该做的事一点不能松懈。从2001年开始，福耀在东部上海、西部重庆、北部长春、北京陆续投入数十亿元资金建立大型生产基地，布局掌控全国市场，以满足各大汽车厂商就近配套的要求。这几大基地，已成为福耀稳定的"铁三角"，全部投产之后，福耀的整个中国市场将成为一盘联动棋局……

2005年6月1日，欧洲市场新的路径打通，德国奥迪本厂正式采用福耀玻璃。这让曹德旺很是兴奋了一阵，因为欧洲人的严谨苛刻使其市场比美国市场更难以撬动，"那才是真正的高端市场"。为了成为真正的国际化大企业，福耀一直在面向全球大力招聘人才，公司里忙碌的外籍工程师随处可见，日本人、美国人、法国人正在进入总经理和核心技术阶层。

"福耀真的是越来越强大了。相信三五年之后，福耀将进入全球第四甚至第三名……"

曹德旺一边说，一边抱着双臂在他巨大的办公室里来回踱步，表情坚毅而轻松。

### （五）一个善良的性情中人

福耀新落成的办公大楼前，和曹德旺的奔驰轿车并排停着的，是一辆小小的白色敞篷电瓶车。"这是保安的车吗？"记者好奇地问。陪同人员笑了："不，那是曹总去后面工厂检查工作时开的车。工厂太大，走路太远，他就自己开这个车去。车是他从高尔夫球场弄回来的。"

记者这才知道，曹德旺是福建高尔夫球协会会长，打球是他唯一的业余爱好。别人都将打高尔夫作为交际方式，这个奇怪的老头却只打球不理人，从来都是一个人三下五除二打完就走。曹德旺也从不出现在时下走红的企业家们常出没的各种沙龙聚会场所。他像一个苦行僧，抓紧一切时间工作，没有休息日，每天早晨4点钟就起床。日复一日对脑力和体力的透支，使他看上去比实际年龄要苍老许多。

曹德旺甚至连吃饭的时间也不放过，他的用餐时间一般是5—6分钟，往往是中层干部们还没遛达到餐厅，他就已经吃完饭开始看报纸了。曹德旺的秘书告诉记者："他就是这么努力，从原来需要查字典才能看完一份报纸，达到现在能给专家和财会人员讲课的知识水平。"

他的确很努力。他还写文章，福耀集团内刊《福耀人》每期的重点栏目"总裁寄语"，都由他亲自撰文谈自己对经营管理和做人做事的感悟。"教导后生，是我的责任。"

曹德旺以身作则，很多中层干部也在工作中不断自觉给自己施压。据盖洛普公司统计，普通公司只有20%的中层干部会有这种"带自虐倾向"的施压，有30%—40%的人如此，就已经是非常优秀的公司了，而福耀集团的中层干部内，这样的人达到80%！这也从另一角度解释了福耀集团能迅速崛起的原因。有不止一个中层干部这样向记者解释："不断给自己施压，是受了曹总充满了社会责任感和民族责任感的企业家精神的感染；另外，因为曹总帮助困难员工总是很慷慨，这让员工们对他非常尊敬。"

曹德旺性格奇倔，但又是个善良的性情中人。他谈到自己的母亲时会哭；谈到当年穷得没饭吃，一个掉得只剩两颗牙的老人递过来一个红薯，想了想又掰回半个的陈年旧事时，也会哭。有困难的员工重病住院，几万十几万元的费用他全部承担；他已记不清自己资助了多少穷苦孩子从中学读到大学毕业。他年轻时吃过太多的苦，知道穷困会从精神到肉体给人带来多么大的摧残打击，所以他对社会困难有求必应，他给所有员工创造最好的工作和生活条件。

他是一个真实的人，从不矫饰内心的想法；他是个坦荡的人，没有什么不可以推心置腹地与人交谈，他可以充满爱意地谈他大字不识的结发妻子。他想力所能及地造福社会，普度众生。他信佛。他说："人生在世，就是为了给他人带来幸福。"

## 何享健："美的"号舰长

党的十一届三中全会之后，对中国人来说，赚钱发财已不是什么不可告人之事。想发财的"何享健们"也终于可以甩开膀子大干一场了。1980年，他们偷师学艺，用手工敲制出了第一台风扇，并给这个摇摇晃晃的宝贝，取了个动听的名字："美的"。接着，他们重新注册成立了美的风扇厂。何享健这才有了个好听的称呼：厂长。

### （一）"航空母舰"

何享健是珠江三角洲腹地的顺德市（今须德区）一家乡镇企业的老板。在当地，他有个雄赳赳的绰号，叫作"舰长"。这个"舰长"指挥的"美的"号，在中国多如恒河之沙的乡镇企业中，恐怕可以称得上是艘"航空母舰"了。

这艘"航空母舰"的外观气势，连财大气粗的日本人见了，也啧啧称奇。广珠公路边上的"美的工业城"内，投资5亿元建成的十几幢现代化的四层高大厂房，每幢的每一层，都有一个标准的足球场那么大！日本人说："我们日本大公司的厂房，也没有这么先进和气派。"

这城市花园式的工厂，这全中国最先进的生产线，这豪华程度足可媲美五星级酒店的办公楼，会是乡镇企业？太让人难以置信了！

不错，这正是乡镇企业。只不过，还用乡镇企业来称呼它，似乎又不太确切了。作为中国第一家股票上市的乡镇企业，它的正式名称叫作"广东美的集团股份有限公司"，是深圳证券交易所当仁不让的龙头股。

"美的"不仅是一艘"航空母舰",还是一支"特混舰队"。截至1995年,它的旗下有19家全资和控股企业,在中国轻工行业100强中排位第七,资产总值23亿元,年销售额20亿元。这里一年出产50万台空调器、50万台电饭煲、50万台小家电、100万台微电机、600万台电风扇。内地不少县级甚至地级城市全部的工业加起来,怕都难以与之抗衡。

何享健的"舰长"绰号,是在纷飞战火中打出来的。他不仅指挥着"美的"号投入了10余年来在中国大地上爆发的空前激烈的"风扇大战""空调大战""电饭煲大战"等历次重大战役,一路攻城略地,还驾驶着"美的"号乘风破浪,开赴远洋作战,在欧美市场抢滩登陆,大显英雄本色。

且让我们来看看这位"舰长"的几段战斗经历。

## (二)扁舟起航

"美的"的历史可以追溯到1968年,只不过那时候它还不是一艘舰,充其量只能算是一叶小舢板——23位北镇居民掏尽腰包凑齐5 000元钱,办起的一间塑料加工小作坊。何享健是这23人的带头人。那时他当然也不是什么舰长,也没人称他为厂长,因为他们办的作坊连厂都称不上,他的头衔叫组长。

23个想发财又怕发财的老百姓,23个心中装着恐惧、悲哀和难以抑制的生存欲望的普通人,团结在何享健周围。在当时那种环境下,他们的追求也不高,有活干、有碗饭吃就可以了。

竹木油毡纸搭就的简陋厂房,手工操作的简单机械,便是他们的全部家当。原料是收购来的废旧塑料,产品是塑料瓶盖。

这23个人至少比别的人提前了10年开始涉足商品经济,并品尝市场的酸甜苦辣。因为没有谁来"计划"他们。他们要上门去向别人推销自己的货,若是产品卖不出去,他们就得自己"消化"掉。他们还得频频"根据市场变化调整产品结构"。塑料瓶盖没销路了,他们为汽车运输公司加工汽车挂车刹车阀。刹车阀没人要了,他们又开始为广州的电风扇厂加工零配件。

他们混到了碗饭吃，也学会了几下敲敲打打的毛糙手艺。但重要的是，他们更早地经受了市场的冲刷洗礼。他们这种人，文化不高，本事不小，只怕没有机会，一旦机会来临，就会令人刮目相看。

假如中国不改革开放，何享健就永远只能是个组长。

不是机遇看上了何享健，是何享健抓住了机遇。

十一届三中全会之后，对中国人来说，赚钱发财已不是什么不可告人之事。想发财的"何享健"们也终于可以甩开膀子大干一场了。1980年，他们偷师学艺，用手工敲制出了第一台风扇，并给这个摇摇晃晃的宝贝，取了个动听的名字"美的"。接着，他们重新注册成立了美的风扇厂。何享健这才有了个好听的称呼：厂长。

"美的"的帅旗一挂起，就奋战在硝烟弥漫的战场。

20世纪80年代以来，中国的企业进行了若干次先是一哄而起，然后又自相残杀的市场大战。第一场，便是20世纪80年代初期点燃的风扇大战。

"美的"出世的时候，市场上的风扇牌子已经不少了。就像后来中国每个省都有彩电厂、冰箱厂一样，也是遍地都有风扇厂。那时，从外国引进生产线的情况还比较少见，很多地方还没能力生产彩电、冰箱，当时中国人还买不起那些高档家电。然而，风扇却是人人可以生产的，因为它技术不高、工艺简单，而且大家都买得起。

生产厂家过多，品牌五花八门，大战不可避免。初时，战况还不算激烈，刚刚"下水"的"美的"号，在何享健的指挥下加入战团，左冲右突，一番苦战之后，总算凭借广东人的"高明"和顺德人的"大胆"，在群雄混战中攻下不少堡垒，争得了自己的一块地盘。

战争愈演愈烈，打到80年代中期时，孰强孰弱，孰优孰劣，也应该分出个高下了。战争的结果，必然是弱肉强食，由那几个能战斗到最后的霸主来重新瓜分世界。这时候，全中国的电风扇，还能在各地的商店里见得着的，还能在中央电视台天天做广告的，数来数去也就只剩那么几个牌子了，除了不倒的

"长城",不谢的"菊花",其他还有啥?

那么,"美的"呢?莫非也已经"壮烈"?

非也!此时的"美的"号已经按照"舰长"何享健的战略部署,冷静地、令人惊讶地退出了国内风扇市场之争,远涉重洋开辟第二战场去了。

何享健以大将般的口吻说:"天下之大,何苦要自相残杀!"

国人正在同室操戈、兄弟相煎之时,何享健却已探得消息:欧美国家的风扇业已经由于人工成本过高,走入了低谷,世界风扇市场正被韩国和中国台湾的企业占据着。

何享健当时的想法再简单不过:韩国和中国台湾企业能靠低的人工成本打败美国、日本,我为何不能以其人之道还治其人之身?咱们是很穷,工资还很低,但这就是咱们的优势。

然而,在当今世界,要与人争雄,光有浑身是劲的"大兵"不行,还得有精良的装备。为此,"看准了就要干"的何享健,不惜以"美的"的全部家当做抵押,向银行大规模贷款,引进了国外最先进的技术设备,在国内率先推出了全塑型"彩虹"系列风扇,再经过一次又一次的技术革新、一项又一项的质量攻关,使产品质量达到了国际先进水平,同时又把成本降到了最低限度。

坚船利炮铸就之后,"美的"号便在摸清了"水情"的何享健的指挥之下出击了。

这才是真正的世界大战!角斗的结果,韩国企业大势渐去,中国台湾企业优势不存,都不得不拱手给北镇人让出不少地盘。"美的"出击第一年,出口值就一举达到5 500万元,次年更突破亿元。以后,"美的"在世界风扇市场的战果越来越辉煌,美的工业城每年生产600万台风扇,70%以上出口,销往36个国家和地区,年创汇超千万美元,成为国际机电产品出口基地,荣获全国乡镇企业出口创汇"飞龙奖",把那些沉溺于"内战"的国内同行远远地抛在了后面。

很多年以后,当人们回顾起"美的"的这一段精彩的战略转移时,有人说,当时谁也没想到能把风扇打到海外市场去,可以说根本就没这个意识,因为国门才刚打开不久，海外市场是个啥情况，大家都是一抹黑，何享健这个小镇上的"土老帽"能想到这点，不过是因为广东毗邻香港，他们又有亲友在外面，因而信息灵通，近水楼台捡了个便宜。

不管怎样，超前一步就是胜利。后来，这成了"美的兵法"的重要一条。

美国哈佛大学一位经济学教授来到"美的"考察时，对何享健1985年的"风扇战略大转移"推崇备至，认定可将它作为市场学的一个成功案例，写入哈佛经济学的教科书中。

## （三）实力之战

20世纪80年代中后期开始，伴随着广货的大举北伐，中国的经济结构和区域实力对比发生了深刻的变化。过去，中国人是"开大会上北京，买东西到上海"；到后来，开会还在北京，但全中国做生意的人都往广东跑了。

"可怕的顺德人"，就是从这时候开始叫响的。之所以有此一说，就在于顺德人充当了"北伐"的中坚力量。顺德人生产的家电产品后来居上，大规模攻占国内市场，令上海人大喊"狼来了"。顺德人的胆识和魄力，让曾经的"老大哥"广州人也自叹弗如，惧他三分。

光是"美的"的大本营北镇，一个传统的鱼米之乡，就足以令人汗颜：世界最大的风扇生产基地，亚洲最大的饲料生产基地，中国最大的微波炉生产基地，全国出口创汇最大的乡镇……

何享健领导的"美的"，在北镇自然是当仁不让的大哥。但也就是在这个镇上，"美的"仍有不容忽视的竞争对手，一直对"美的"虎视眈眈。北镇光是年产风扇百万台以上的企业，就不少于3家。

何享健并不惧怕竞争。但是，在他"经常出国去转转"之后，他对经济发展的规律似乎有了新的认识。他渐渐意识到，当初美欧退出风扇市场，后来韩国、中国台湾又相继退出，这接力棒式的传递，与其说是我们打败了人家，不如说是人家主动拱手让给了我们。因为经济发展到一定水平后，再干这种劳动密集型的产业，是没有出路的，必须向技术密集型转变。因此，"美的"也必须及时而主动地把这个接力棒传出去，另辟蹊径，谋求新的发展。

在"舰长"的指挥下，1989年，"美的"号开始了第二次战略转移。

何享健选择了发展空调。和风扇一样，这也是市场上的大路货。并且从一开始，何享健就预测到，按经济发展和人民生活水平提高的速度，不出几年，空调就会成为中国人家庭的普及品，但这也同时意味着几年之后，中国必会爆发一场比风扇大战更加惊心动魄的空调大战。

各路诸侯都在磨刀霍霍，准备一决雌雄。仅在顺德，就有几家大空调厂在筹备上马。

抢先一步永远是市场竞争的重要法则。然而，正如当年生产风扇时一样，"美的"开始搞空调时，市场上的牌子已经不少了。但何享健对此却不以为然，他要抢别人没有抢的先机，那就是在生产技术和产品质量上领先一步。

一开始，何享健就决定同外资合作，把规模搞大，把档次提高，即所谓的高起点、高投入。不料，由于某种政治原因，空调公司刚上马，外资就退出了，庞大的基建工程几乎马上陷入瘫痪。怎么办？不少人主张"缓行"。何享健分析了大局：空调热潮将至，如果缓行，就会错失良机；空调大战将临，出击晚了，只有挨打的份。无论如何，必须坚决地上！

何享健创造了奇迹。在一年多的时间里，"美的"多方筹资，引进德国、日本、美国、瑞士等国家的先进设备，快速建成了一座年产能力为50万台各式空调的现代化工业城，第一时间完成了大战前的武装准备。

1993年，是空调大战的关键一年。何享健应战的各项战略技术措施也相继出台。"美的"在与日本芝浦公司合作生产微电机之后，紧接着又与日本东芝公司签约，在空调器上进行技术合作。这两个项目的实施，缩小了"美的"在空调制造技术上与世界先进水平的差距，提高了产品在国际、国内市场的竞争力，不啻为"美的"增加了火力强劲的大战武器。

此时，下海多年的何享健已经明显地感受到，如果说前几年还多少有些比机遇、比胆识的话，现在可以说是比实力、比硬功的时代了。什么是实力？资本就是实力！他认识到，一个现代企业，与其说是在经营产品，不如说是在经营资本。企业发展的过程，就是不断壮大资本的过程。

1993 年 11 月 12 日，"美的"成为中国乡镇企业中第一家上市公司。何享健在深圳证券交易所大厅里，亲手敲响了"粤美的"上市交易的大铜盘。

"美的"发行股票筹集到的巨额资金，既为大战积蓄了资金实力，又能对其他方面进行投入，丰富和完善了企业的产品结构，分散了投资风险，使企业在竞争中多了几种手段。

一切准备就绪。"美的"号吹响了出击的号角。

"美的"空调的电视广告里，巩俐那温情脉脉的笑容倾倒了不少观众。笑容是温柔多情的，竞争却是残酷无情的。那笑容背后，你是否感受到一股杀气？那不是巩俐的杀气，那是"美的"的杀气。

腥风血雨，尸横遍野。

经过 1994 年的一轮大比拼，中国的空调大战，鹿死谁手还未见分晓。到了大决战的 1995 年，表面看上去战况尤烈，局内者却都早已心知肚明：局势已渐明朗，尘埃基本落定！

市场是最后的法官。1995 年，"美的"集团销售值突破 20 亿元，其中空调占七成以上，第二次战略转移大功告成。

战争的硝烟未尽，但是，大浪淘沙势所必然。强者，挺过了这一关，曙光就在前头；弱者，此番一旦落败，恐怕连翻身的机会都没有了。这就是竞争的无情。

不消说，中国的空调市场，将像彩电市场、冰箱市场一样，最终为几个强者霸占和瓜分，其他的要么被侵吞，要么从此退出历史舞台。

## （四）掌舵之道

何享健和珠江三角洲这片热土上涌现出的许许多多的乡镇企业家一样，有着几乎是"标准化"的经历：出身贫寒，学历很低，白手起家，艰苦创业，抓住机遇，飞黄腾达。时代在进步，人也要进步。残酷的市场竞争，对企业的经营者不断提出新的更高的要求。翻开一部改革开放以来的发展史，尤其是乡镇企业的发展史，就不难发现，国内许多名噪一时的"企业家""改革者"，最终都"虎落平阳"。并非时代对这些"草莽英雄"不公，而是他们自身的素质没有随着时代的进步而提高，最终只能成为历史的匆匆过客。

从23个人、5 000元资产的小作坊发展到员工6 000人、资产总值23亿元的大集团，从一个小镇上的乡镇企业发展到一个一举一动都牵动若干人神经的上市公司，"美的"走过了一段激越的历史，"舰长"何享健也走过了一段不寻常的路——一个现代企业家的成长之路。

何享健有超乎常人的魄力和才能，但他说，他只是个指挥员，起掌舵、协调、监督的作用，"美的"号要打胜仗，还必须要有一批英勇善战的精兵强将。

企业家们都知道人才重要，不少人更意识到人才是企业生存竞争之本。但真正能抛开一切私心杂念用人的，又有几个？

不少乡镇企业发展到一定阶段后，停滞不前了，成不了大气候，原因就在于乡镇企业家们不善用人，既爱才又怕才。他们往往摆脱不了"草头王"的习气，就像水泊梁山上的王伦一样，对才学高过自己的不敢引进，生怕人"功高震主"，自己压不住阵脚；同时，对当年一起创业打江山者，不能用理智取代感情，无论才能高低，都让他们坐上一把交椅，以维护乡镇宗族在企业中的绝对权威。

何享健不是王伦，他不安于当"草头王"，他要把"美的"造为一艘大船，去扬帆远航。他清醒地认识到，"美的"要发展为"集团化、多元化、股份化、国际化"的企业，不能光靠北滘人，也不能光靠顺德人和广东人，要靠全中国甚至全世界的人才。"美的"要走出乡镇企业的樊笼，必须和"山大王"观念彻底决裂。

当年一起"桃园结义"的 23 个北镇兄弟，经过 20 多年的磨炼，有的好学不倦，积累了企业管理的经验，成了难得的将才；有的则还停留在原来的层次上不求上进。这天，何享健把他们召集起来开会。尽管他意识到他的谈话要得罪乡亲、得罪元老们，十分难于启齿，但他还是硬着头皮说了。

茶话会的气氛相当紧张，何享健的话惊动了所有在场的人。他说，现代企业不同于聚众结义、大斗分银、大碗吃肉的绿林山寨……接着，他分析了现代企业的要求和世界著名企业的成功之道，讲述了国内某大集团公司因搞世袭制而导致破产的悲剧……最后他说，没什么价钱可讲，不行的就得下来。他指着会议室里摆着的一台电脑说，你们谁服气，可以来玩玩这台电脑，会玩，算是过了第一关，但还要过五关斩六将，合格的才能继续留任。

在场的人面面相觑。

何享健又说，大家可以放心，公司在生活上会尽可能照顾你们，"美的"人永远不会忘记我们 23 个人艰苦创业的光荣史……

何享健"杯水释兵权"。元老们得到了好的照顾安抚，他们理解了何享健为了企业前途的良苦用心，没有埋怨他"忘恩负义"。有的人退下来后，仍主动承担起自己力所能及的工作。有的在美的工业城扫街，有的在看管仓库。

"我宁可放弃可赚 100 万元利润的生意，也不放弃一个有能力的人才。"何享健不仅说到了，也做到了。"美的"从全国各地招募进来的有专业技术职称的 730 人中，光是博士、硕士就有 40 多人。"美的"的管理人员中，竟有九成是"说普通话的"外地人，其中还有两人进入了 7 人组成的集团董事会核心领导层。有的高级专业技术人才一来，就当上了高层主管，拿董事级的年薪。有人问何享健，你怕不怕管不住这些人才？何享健回答道：汉高祖刘邦，论治国平天下不如萧何，论运筹帷幄、决胜千里不如韩信，但他能把这些人才收归麾下，既有容人之量，又有识才之智，还有用人之术，所以天下是他的。

何享健正是一个专门领导人才的人才。

和不少广东企业人才走马灯似的来了一批又走掉一批的情况不同，大多来了"美的"的人就在这里扎根了，很少有"炒老板鱿鱼"辞职走掉的。

因为英雄有了用武之地——科研人才甚至可以申请组建"个人实验室"；因为这里有公平的分配机制——"能力工资制"；因为这里有舒适的工作和生活环境——花园般的工厂、花园般的住宅区、丰富完善的娱乐设施……

更重要的是，这里有一套民主的管理制度。

何享健大权在握，却并不独裁。他说："专业化的工作，要由专业化的人才去干，通才要信任专才。"何享健欲使"美的"空调更省电，他问博士马军能不能解决这个问题，博士想了想说："能。""好，给你钱，给你腾个地方，你想办法搞出来。怎么搞是你的事，我不管。"

何享健还经常到国内外去"潇洒走一回"，一是为了解市场的大走势，以便制定新的竞争策略；二是想看看自己离开"美的"后，这部大机器能否正常运转。

"舰长"回来之后，发现并没有什么疑难问题在等着他来裁决和处理，"美的"人各司其职，"美的"号在正常航行着。他不在，地球照样在转动。他放心了，"美的"的机制建立起来了。

这难道不是企业管理的一场深刻革命？

20世纪80年代中期以来，"美的"销售值以年均70%的高速度增长，由一叶风雨中飘摇的小舟成长为一艘劈波斩浪的航空母舰，成为中国乡镇企业的明星和骄傲。

"美的"号，愿你一路顺风。

## 徐文荣：横店集团的"冒险史"

1978年，中央推出农村改革政策，鼓励农民兴办乡镇企业，但严格规定，一要为农业服务，二要为国营企业拾遗补阙。徐文荣又启动了他的超前思维：农村市场经济虽然比自给自足的封闭式经济要好，但这一市场毕竟还很狭小，它不可避免地要制约企业的发展；若想大发展，看来非闯入国民经济大市场中去不可。

### （一）一个农民企业家的"冒险史"

浙中丘陵地带的一个山包下，建有南宋状元陈亮的坟墓。陈亮是12世纪著名的思想家、文学家，杰出的爱国主义者。他的坟前有大片田畈，每到春天，绿的小麦、紫的草籽、金的油菜、白的梨林、红的桃花交相辉映，美不胜收。几百年来，当地人一直把这片田畈叫"状元文章"。

离"状元文章"不远的地方，就是横店。这个在今天号称"中国农村最富裕乡镇"的横店镇，30年前，不过是一片群山加溪流的穷山沟。农民们"开门望见八面山，薄粥三餐度饥寒"，不仅家无储粟，而且人无远志。这里是昔日金华大地出了名的穷地方。

人们说，几十年来横店最出息的人名叫徐文荣——今天的横店集团董事长兼总裁。1997年，当中央电视台摄制组来横店拍摄专题片时，这里的父老乡亲们拉着记者们的手说：是徐老板给了横店人好日子。

徐文荣，1935年出生在一个贫寒的农民家庭。他自小灵气，少年时就学会了耕耘收种一应农事。但是做一个侍弄土地的行家里手，绝不是他少年时的梦想。

浙江东阳人多地少，素以"百工之乡"著称，由于历史上受"浙东学派""重工商、重事功"的影响，向来有"拜师求艺、从技谋生"的传统。徐文荣的父亲就是一位农忙种地、农闲亦工亦商的手工匠人，他从事的是字画装裱和胡琴、箫笛等乐器的制作与买卖营生。

徐文荣3岁就跟随父亲四处做小生意，15岁就挑着货郎担走村串户，18岁脱产做了商业干部——一脉相承的生活履历，使他很早就隐约明白了"无工不富，无商不活"的真谛。

"无工无商，穷得叮当。"三年困难时期，徐文荣回乡务农，旋即又被推选为村支书。在那片人均半亩地的土地上，徐文荣眼看着乡亲们年年"大干"却年年填不饱肚子，岁岁辛劳却岁岁面有菜色。即便是收成较好的1974年，横店农民劳作一年后的收获，也不过是300多斤稻谷，人均年收入不足75元。

"祸兮福之所倚"，被人遗忘本是人生最悲惨的坏事，但是在特定的时空里，徐支书将它变成了好事。

徐文荣领着村民们悄悄地搞手工业，把做出来的东西卖到外地，换回粮食。这是横店人第一次认识到什么是"生意"。

随后，徐文荣又"得寸进尺"，"胆大包天"地建起了五金厂、木雕厂、粮食加工厂……横店村的劳动日值很快从两角提高到八角；有了钱，村里很快修了桥，挖了水井，还红红火火地盖起了大会堂……

让周围农民羡慕得恨不能迁居于此的横店村不再被人遗忘，"四清"工作组的人敲开了徐文荣的家门："作为横店村党组织的领导，为什么不带着社员走社会主义道路？"

徐文荣坦然相对："什么叫社会主义？譬如我家5口人，分到103斤大麦，要吃100多天，一直到割稻，一天平均只有2两口粮，难道这就是人们所希望的社会主义？"

"农村不能办厂，以粮为纲，这是上面的指示。"

"我办厂也是上面的指示，毛主席讲过，发展社办企业是农村光明灿烂的希望所在。"

工作组大为光火："你这个人胆子也太大了，要好好从思想上解决问题。"

徐文荣理直气壮地回敬道："思想是空的，肚子才是实的。"

这就是徐文荣著名的"103斤大麦理论"和"主义论战"，然而在理论上站起来的徐文荣却并不能战胜一切。"不搞运动搞经济，不抓革命抓钞票"，逾矩出界，证据确凿，徐文荣"理所当然"成了横店乡最大的"走资派"，被关押，受批斗，坐"牛棚"，最后只好冒死从"牛棚"逃往外地。在他浪迹他乡的日子里，妻子何彩仙被逼擎着以他为模型的稻草人游街达150多次。

难道梦想富裕的中国人一定得如此多灾多难吗？几年后回到家乡的徐文荣面对备受折磨的妻子，面对死寂的企业，面对再度贫困的乡亲，流下了一生中唯一的一次眼泪。这回，他更放手带着大家办厂，一个接一个：无线电元件厂、土农药厂、蘑菇菌种场、竹编厂等。正等待着二次进"牛棚"时，命运却开始向他微笑了。

1975年，邓小平开始着手各行各业的全面整顿工作，努力恢复濒临崩溃的国民经济。徐文荣看到了机遇和希望，他以最快的速度办起横店第一家经过省轻工局批准的"正经"企业——横店缫丝厂。当地农民积压的1 000多担蚕茧立即找到了出路，缫丝厂的产品在市场上也立即找到了销路。投产当年，盈利7.6万元，超过当时全乡农业税的总和。

缫丝厂开工那一天，成了横店人有史以来最盛大的节日。1万多人欢欣鼓舞地从各个村庄汇聚到缫丝厂，庆祝属于农民自己的大喜日子。徐文荣却心情沉重，为争夺238个招工名额，他家说客盈门，有来自各大队的，也有来自其他公社的。他心底明白，这不仅仅是在争招工名额，而是在争"农民务工权"，是贫困者在争夺脱离贫困的权利。

从成功的农民企业家徐文荣身上，我们可以看出他有很多特点，但他最大的特点在于抗阻抗压、敢作敢为的超前行为——这话是横店集团常务副总金钦良说的。

粉碎"四人帮"的第一年，市场上尼龙、腈纶针织品畅销。囿于社队企业种种政策限制，徐文荣已不可能再办一个针织厂。于是他又一次"踩上政策的钢丝"，在缫丝厂里办起针织车间，生产五颜六色而价格低廉的尼龙衫、腈纶裤。这些产品被一车一车地运到附近的中等城市出售，常常是后一车未到，前一车已卖完了，仅有的几辆汽车昼夜不间断地跑都来不及。在那个各类商品极其紧缺的年头，徐文荣用这种"母鸡怀里孵小鸡"的办法，先后办起了针织、内衣、建材等好几个车间。招工越来越多，影响越来越大，实力越来越雄厚。

1978年，中央推出农村改革政策，鼓励农民兴办乡镇企业，但严格规定，乡镇企业一要为农业服务，二要为国营企业拾遗补阙。徐文荣又启动了他的超前思维：农村市场经济虽然比自给自足的封闭式经济要好，但农村市场毕竟还很狭小，它不可避免地要制约企业的发展；若想大发展，看来非闯入国民经济大市场中去不可。

一次，他听说有一个在西安某大工厂工作的东阳女婿回来探亲，觉得这是一个捕捉信息的好机会，于是他就开着拖拉机，把那位东阳女婿接来横店，向他请教：现在全国市场上最需要什么产品？这位女婿告诉他：目前国家紧缺磁性材料。徐文荣毫不犹豫，立即远赴数千里外的陕西引进了磁性材料生产线。他认定，全国那么多电视机、收录机，那么多高音喇叭、发声玩具，都会需要磁钢磁片的，这是一个广阔的市场！实践证明了徐文荣决策的正确，磁性材料生产业不久后就成为横店的支柱产业。

自然，徐文荣这种为更多农民争取"务工权"超越了政策的行为，受到来自方方面面的打击；在当时的中国，这本身就是拿自己的命运冒险。有人说："企业发展了，修正主义也培养起来了。"又有人说："徐文荣这个人，论本领，可以当皇帝；论罪行，可以枪毙！"

然而，"论罪当斩"的徐文荣又一次得到了改革开放政策的支持：1984年，中央转发农牧渔业部《关于开创社队企业新局面的报告》，取消了对乡镇企业发展的多种不合理的政策限制，徐文荣创办的无数家"非法企业"一夜之间都合法了。"这不仅说明徐文荣的超前思维是正确的，并且还说明中央的政策本身就来自人民群众的创造。"接受采访的东阳市委领导将徐文荣的"幸运"上升到了理论的高度。

大浪淘沙，经过几年的沉浮，这些在计划经济夹缝中生长、"无爹无娘"、生死存亡全凭自己本事的企业，在市场中有了相当顽强的生命力。它们成了横店日后发展的基础和骨干。

这时的横店人在铁的事实面前，已清楚地看到了工业文明对于农村脱贫致富的重要性。1982年，横店工业产值超过了全乡农业产值的两倍多，而从事工业劳动的人口仅占总人口的6%。

1981年，徐文荣把以缫丝厂为主体的6家企业联合在一起，成立了东阳县（今东阳市）横店轻纺总厂；1984年，横店工业公司成立，徐文荣出任总经理；1987年，横店公司工业总产值突破亿元，横店镇成为金华地区第一个亿元镇。

## （二）横店模式

创业谈何容易。除去"政治风险"外，徐文荣又开始为行政干预给企业经营带来的严重掣肘深感苦恼——办厂要用能人，上面有人偏偏要塞进"关系户"；企业要有自主权，上面却动辄指手画脚。久而久之，徐文荣不买账了，于是"资产阶级独立王国"的大帽扣了下来。

1983年，东阳县专门组织了专案组前来横店查账，理由是想当然的：徐文荣办了那么多厂子，岂能没有经济问题！结果查来查去，横店的财务制度非常健全，徐文荣不仅没有一分钱的经济问题，相反还有部分招待费和车费是自己垫着的。

因猜忌、诽谤而受审查，这几乎是早些年中国成功的企业家人人都得跨越的一道"绊马绳"。徐文荣"为人不做亏心事，半夜敲门心不惊"，轻轻松松地

"过关"了。但是这么搞专案，却给企业带来了不可估量的损失，仅据6个月的统计，横店两家大厂在查账中的直接损失就达15万元。

"这样搞法，乡镇企业会毁于一旦，刚刚得到温饱的农民兄弟又要过苦日子了。"徐文荣大发牛脾气，"轰"走了5位拉帮结派、暗插亲信、干扰生产的横店镇干部，主动上访，一次、两次、三次……终于争得了县、镇两级党委的支持。

1984年初，横店镇撤销了镇工业办公室，其职能全部赋予横店工业公司，实行彻底的"政企分开"。相比全国各地，徐文荣提前10年吃下了这只国内许多企业至今也吃不下的"螃蟹"。

企业摆脱行政干预后，马上就显示出了强大的活力。横店工业公司刚刚成立时，恰遇国家银根紧缩，许多乡镇企业纷纷下马。而横店却通过内部调整，集中资金搞技改，开发新产品，使公司产值反比上年翻了一番，利润增长了58%，"横店奇迹"一时间轰动国内。

徐文荣吃下的第二只"螃蟹"就是向高科技进军。比大多数国人至少早20年搞"市场经济"的徐文荣，也幸运地比别人更早意识到外向型经济和科技含量的重要性，他告诉手下的销售厂长们："乡镇企业不仅要突破农村小市场，还要突破国内市场，到国际市场去搞竞争。"他在看过日本的一次科技博览会后不无感慨："别看今天我们生产什么就能卖掉什么，如果不面向世界，不发展高科技产业，不'求高图洋'，我们的产品迟早要被别人赶下舞台来。"

几次出国考察后，徐文荣摒弃了原有的"母鸡生蛋孵小鸡"的企业扩张手法，提出了"高价钱买高科技，高科技出高效益"的思路，人称"徐文荣定律"。

徐文荣威望极高、胆魄非凡，当他拿出几乎是横店的全部家当建设磁材工业基地，将劳动密集型产品结构导向科技产品结构，先后进行了三轮技改大投入时，横店公司几乎没人表示异议。1987年，当他冒着亏损500万元的风险，卖掉300多台织机，并将回收的1 200多万元资金全部投向高科技项目的开发时，横店人鼓掌赞成。

他出资100万元，买下了西安交通大学花了8年时间研制的"高压赋能铝箔"成果；出资60万元，拥有了提高大屏幕彩电清晰度的"YC/亮色度分离器"的独家生产权；出资20万元，获得了生产抗癌新药"乌比美克"的专利。横店人像迎接自己的亲儿子一样迎接这些自己压根不懂的新鲜事物。"大不了从头干起！"对苦日子记忆犹新的横店人和徐文荣一样具备了"拿得起、放得下"的开放心态。

1993年，经国务院经贸办审批，横店正式成立我国第一家综合型乡镇企业集团。顺时应势，徐文荣果断提出了"非高科技不上"的口号，两年下来累计向高科技项目投资达5亿多元，不仅购买技术，而且还自己试验开发。在横店目前拥有的高科技产业中，有10个项目为国内首创，有100多种产品远销欧美等世界各地，并且拥有全国第一、世界第二，以"中国磁都"美名享誉世界的磁材工业基地……踏上高科技的跳板，短短几年时间，横店集团的产品竞争力已经远远地走在了无数实力雄厚的国有企业之前。

高科技需要高投入，两年投入5个亿，徐文荣哪来这么多资金？各界人士对此众说纷纭。但是横店员工却知道，"老板"手上有三张王牌：第一张是"市场导向，外向型"；第二张是"高科技养大鸡"；第三张则是"集团化，多轮滚动"战略。而正是企业早期的迅速集团化，保证了横店今天对高科技产业的高投入。

早在3年前，横店集团就已经形成了六大支柱产业，拥有100多家紧密型企业的规模。投入高科技的资金来源，首先当然要依靠100多家企业自己的积累。横店集团的利润中，除1/3作为职工奖金外，其余部分全部投入再生产。其次便是依靠调整。行业有兴衰，企业有盈亏，这是市场规律。徐文荣曾经用关闭3个绸厂和其他5家滞销企业、拍卖2家亏损企业、出租11家微利企业的办法，筹资1 000多万元投入高科技项目。第三则是依靠银行贷款。企业的高速发展，使得横店对银行而言堪称有了AAA级信誉；实行集团化后，某一个甚至几个企业的兴衰都已不能动摇集团的根本,"东方不亮西方亮,黑了南方有北方",被国有企业的呆账、坏账弄得焦头烂额的银行因此格外青睐横店这样的"投资保险柜"。

集团化的优势,不仅表现在高投入上,在其他方面也是受益匪浅。譬如说,它便于企业间的互相支持、帮助。1990 年末,集团刚刚成立时,下面有 17 家亏损企业,但是在其他几十家企业的连动作用下,其中 16 家在第二年便扭亏为盈。又譬如说,它还便于企业统一规划、统筹市场。1989 年,横店工业公司旗下的 3 家磁性材料厂,为争夺用户,互相残杀,竞相压价,使总厂一月下来减少了 60 万元利润;集团成立后,实行"分散生产、统一经营"的办法,磁性材料子集团第 3 年盈利高达 2 500 万元。再如原针织三厂,产品质量好,外贸额高,但成衣力量跟不上;针织七厂则成衣力量强,但针织质量不行,无法在外贸市场竞争。一个美国客商来到横店,看了情况,仅仅订了 18 万元产品便走了。1991 年,集团促成两厂优势互补,使横店针织品生产整体上了一个台阶——那位闻讯而来的美商便一口气订了 720 万元的产品。

对于近年来国内民营企业风起云涌然而败多胜少的现象,有经济学家曾经下过一个定义:"1+1 < 2"。然而,徐文荣却认为,"真理总是具体的",就横店集团的发展来看,"1+1"是大于 2 的,100 多个"1"相加所带来的好处显然远远大于产业多元化所冒的风险。而且,徐文荣多年来始终牢记一句话,"在战后日本经济增长过程中,起先导和加速作用的不是别的,恰恰是具有较强抗震能力的企业集团"。

进入 20 世纪 90 年代后,对企业界来说,恐怕没有比"改制转轨"更热门的话题了。承包制曾让中国企业趋之若鹜,股份制也曾使无数人幻想"一股就灵"。

1992 年,浙江省开始搞股份合作制改革试点,政府有关部门找到徐文荣,希望他在横店率先搞起来,并承诺只要横店一搞股份合作制,徐文荣个人就可拥有当时全部 10 亿元资产的 10% 股份。

转眼间就可坐享亿万富翁的生活,这份诱惑对于今天的每一个人都是难以抗拒的。然而,徐文荣拒绝了,他说:"经营之道,法无定法,'一刀切''一阵风'是中国人的误区,企业目标的实现方式并不是唯一的,而且横店也不能成为少数几个人的私有财产。""横店不是谁家的",横店人都明白,"徐老板"考虑最多的,是怎样让大多数人都过上好日子。

时隔数月,有上级领导见横店集团没有一点搞股份制的动静,就亲自跑来做徐文荣的思想工作。徐文荣借此机会,阐明了自己的观点:搞股份制的主要目的,在于明晰产权关系,增强企业活力,或者是筹集社会闲散资金来发展规模经济,而作为社团经济形式的横店集团早已解决了上述问题。更重要的是,这种所有制形式已经能够调动社团成员强烈的奉献精神,而且也更有利于企业利润的集中调配……

在这里,徐文荣首次提出了"社团所有制"的概念。1993年4月29日,在北京钓鱼台国宾馆举行的中国乡镇企业横店之路研讨会上,徐文荣阐述了"社团所有制"的核心内容:……1984年的政企分开,明确了横店集团的资产不归政府所有;1992年不搞企业资产量化到个人的股份合作制,明确了集团的资产也不归任何个人所有。从所有制角度看,横店的产权归全体员工共同所有,任何个人离开企业都不得带走资产;从企业地位看,它完全独立自主,不依附于任何权力机构;从组织形式看,对外实行有限责任制,对内则是资产一体化运作;从运行机制看,它是自负盈亏、自主经营、自我积累、自我约束的市场经济主体;从地域关系看,它含有较强的社区性,负有社区建设的责任……在中华人民共和国的最高讲台上,面对100多位中央领导和专家学者,徐文荣侃侃而谈,第一次详细地回顾了从"政企分离"到"科技兴企"、从"集团多元化"到"社团所有制"的风风雨雨。此后不久,人民出版社围绕"横店模式"一连出版了五本专著。理论界对横店的这份执着眷眄与热切厚爱,令创业30年、年近花甲的徐文荣隐然有了三分学者气质。

1990年,横店的工业总产值为1.8亿元,1994年增至17.5亿元;1996年,横店的总资产达到28亿元,工业总产值37.6亿元,其中出口净值占70%以上。

### (三)农民的最高理想

如果将横店称为中国农村实现现代化的试验场,可谓毫不为过。

如果把徐文荣看作中国农村经济改革的先行者,也堪称名副其实。

在横店镇政府大门两侧,6块金光闪闪的大铜匾聚集着国务院30多个部委对我国农村社会经济发展的关注和期待:国家社会发展综合实验区、国家星火技术密集区、全国2000年小康型城乡住宅示范区、全国乡镇企业示范区、全国小城镇建设试点镇、全国小城镇综合改革试点区。而在横店的土地上,又折射着徐文荣对21世纪农村生活的精心规划和长远理想:一片片绿油油的农田和一道道蓄满水的水坝交相辉映,一栋栋现代化标准厂房和别墅式农民住宅连片成群,一条条宽阔的水泥路和一道道桥梁构成四通八达的交通网,一座座小山上散落着建筑风格各异的大型文化村、娱乐村、农民度假村、电影拍摄基地和大型公园……日本NHK电视台慕名而来,两次派摄制组到横店拍摄专题片,当记者们登上满目葱茏的八面山,把镜头摇向美丽的南江之畔时,他们被震撼了——这哪里是中国的农村,这分明是一座歌山画水、缀满文化与科技珍珠的现代化都市。

到1996年底,横店集团普通员工年均收入超过1万元,决策管理者年均收入突破10万元;集团内部建立了9个基金会,基金总额逾2.5亿元,为集团内28 000多名员工的幸福生活提供了基本保障。与此同时,横店农民的人均年收入达到4 810元,2.6万农户平均每户拥有一辆摩托车,几乎家家都盖起了三四层高的楼房……接受记者采访的东阳市委书记杨守春说:"在社区建设上,横店集团8年投入资金4.5亿元;在带动一方富裕上,横店8年兼并了68个村。徐文荣做了政府多年想做但没有力量做的事情!"

回眸30年的艰辛创业,徐文荣感慨万分。如果说当年的"自发改革"源自一种生存的本能,那么在企业战车的"隆隆"推进中,徐文荣渐渐有了一种坚韧不拔的理性。

"中国革命的成功，是农村包围城市，中国要在 21 世纪中叶成为发达国家，也要走农村包围城市这条路。这是因为，只有农村实现了现代文明，中国才有希望实现真正的现代化。"

"我的追求，是要让横店的农民兄弟都成为有钱、有文化的现代文明人，要让横店的现代文明与世界的现代文明对接。"

说出这番话的徐文荣，已不仅仅是个企业家。

然而，另一方面徐文荣又看到：中国的农民，只有摆脱了贫困，才会活出生活质量，才会提高自身素质，也才会去主动追赶和接近现代文明。所以从这一个角度来看，横店集团的存亡兴衰就有了一种非同小可的意义。

然而，这毕竟是一个号称"第三次世界大战是商战"的时代，也是一个人与人、国与国、市场与市场的距离变得近在咫尺的时代。徐文荣清醒地意识到，在今天的市场风云中，没有一个中国企业家有资格睡上安心觉。

人生忧患企业始。徐文荣自创业开始就充满忧患，所以他一直努力超前，时至今日，却似乎站得越高，忧患越多：

——中国乡镇企业的传统优势正一天天地丧失，政策的襁褓渐渐解除，衍生的问题日益堆积，有些方面的优势甚至已丧失殆尽。横店如何寻找新的支点，向现代企业的纵深迈进？

——横店论其规模，已经是中国乡镇企业最大的"航空母舰"。小企业需要壮大，大企业需要养生，横店是否已经做到布局上的完美无缺及调控中的合理有效？横店 360 多个产品中，几乎没有一个响当当的全国品牌，原因和对策是什么？

——当全中国的企业都在甩掉"办社会"的包袱时，横店却投入了大量人力、物力、财力大办社会，保持企业持续快速发展的目标与建设社会主义新农村的理想是否能够并行不悖、互为补充？

……

忧患中的徐文荣日益深切地意识到两件事：其一，把握市场经济规律越来越需要货真价实的学问；其二，"徐文荣就算浑身是铁，也打不了几颗钉子"。作为集团总裁，他的工作重心开始逐渐向网罗、培养与使用人才方面转移。

徐文荣的人才战略分两部分：首先是有针对性地引进、培养经营管理人才和科学技术人才，这是集团在新形势下良性发展的基本保证；再就是不分类型"萝卜白菜一把抓"，徐文荣称为"引进人才掺沙子"，以带动当地农民抛弃旧观念，接受现代文明，提高整体素质。这是横店集团发展的后续保证。

几年来，徐文荣大规模引进的各类人才已达1 200多名，其中大多数都被安排到重要的管理和科研岗位。

以人才战略为基础，徐文荣孕育出了他的"文化力培养及开发思路"。

数十年前，毛泽东主席曾说过："中国最重要的问题是教育农民。"在徐文荣看来，即便是今日的中国，现代化的难点仍然在农村。

徐文荣指出，所谓现代化，是一个社会在经济、政治、社会、文化和思想等层面统一的整体推进过程，而且多个要素互相连动，互为因果。就当代中国农村而言，落后的文化对经济和社会发展已经形成了根本性的阻碍和制约。千秋嶙峋的中国农村，世代躬耕的中国农民……一个"农"字，使具有五千年文明史的泱泱大国，经济风景线上平添了多少沉重。他告诉记者："横店人尽管已经率先拥了楼房、彩电、摩托车、新式家具……但假如他们的文化水平不提高，他们的价值观不发生转变，横店集团的生存环境仍然得不到改善。"

多年来，徐文荣先后选派了上千名青工到全国各地大专院校读书学习，这些人学成后成了企业的技术、管理方面的骨干。在"外培"的同时，徐文荣还强化了"就地培养"措施，从现代化的幼儿园到小学、中学、中等技校等一应俱全。1994年，"中国横店大学"隆重"开张"。这所中国第一所由乡镇企业创办、国家承认学历的全日制大学，凝聚了徐文荣一个雄心勃勃的口号：让横店人扫除"大学盲"。

"冬霜夏雨金秋果"，徐文荣的苦心孤诣换来了令人欣慰的回报——企业员工的整体素质蒸蒸日上，管理层的领导决策水平迅速改善，科研能力大大加强；从幼教到高教，健全的员工教育体系为企业在今后更为激烈的市场经济竞争中取胜奠定了良好的基础。

同时，横店集团由文化力思路派生的新兴文化旅游产业也风姿初露。在徐文荣的运筹中，整个横店可利用的山山水水，都将融入具有多元文化特征和价值的中国农民旅游城——其蕴藏的社会效益和经济价值，在不久的将来势必成为横店集团新的经济增长点，达成企业效益和社会效益的完美统一。

从文化的角度，用文化的办法来改造乡镇企业生存和发展的自然环境，堪称徐文荣在近年来诸多不同凡响的改革举措中极为亮丽的一笔。

10多年前，一位著名的报告文学家写道："农民阶级是一个没有前途的阶级。"徐文荣却用自己的实践告诉人们："假如我们不自我设限，则世界上没有什么能限制我们的发展。"

100多年以前，卡尔·马克思用他那支改变历史的笔，为我们描绘了一个集体和社会的理想状态：庄严和勤劳、智慧和善良、秩序和理想、繁荣和欢乐……这个古今中外多少仁人志士为之流血奋斗的目标，在横店，在徐文荣的视野里，已经浮现了它的雏形。

## 梁庆德：从鸡毛掸子到格兰仕的世界第一

1978年，在中国历史上具有里程碑意义的党的十一届三中全会召开以后，沉睡的中国终于从"以阶级斗争为纲"的误区中解放出来，重新驶入经济建设的快车道，全国各地掀起了经济大比武的热潮。当"大干工业"之风吹到广东顺德桂洲这个穷得叮当响的农业镇时，当地政府急了，连着几夜开会研究，壮着胆子提了一个"10年建一个亿元工业区"的设想。可谁来具体操办？他们想到了镇上的"能人"——镇工交办副主任梁庆德，此人有三大"优势"：成熟——42岁；文凭高——中专；有经验——在镇办小厂做过厂长。

### （一）细滘河边背水一战

一旦生活汇编成册后，其生动性就会有所流失，像生动的表情在面对镜头时的骤然生硬。

1978年，在中国历史上具有里程碑意义的党的十一届三中全会召开以后，沉睡的中国终于从"以阶级斗争为纲"的误区中解放出来，重新驶入经济建设的快车道。全国各地掀起了经济大比武的热潮。当"大干工业"之风吹到广东顺德桂洲这个穷得叮当响的农业镇时，当地政府急了，连着几夜开会研究，壮着胆子提了一个"10年建一个亿元工业区"的设想。可谁来具体操办？他们想到了镇上的"能人"——镇工交办副主任梁庆德，此人有三大"优势"：成熟——42岁；文凭高——中专；有经验——在镇办小厂做过厂长。

1978年9月，老实巴交的梁庆德辞去公职，开始筹备办厂。没有资金、设备，没有项目、技术，甚至连一块好地也没有——好地都种了庄稼以解决镇里人的吃饭问题，划给他的仅仅是细滘河边一片长满荒草的滩涂。他身无长物，只是相信了一位风水先生"依细滘河水而建，倘能背水一战，必大胜"的话。于是他带着十来个人在河滩上搭了几个窝棚当作厂房。

天下事，或激或逼而成者十之大半。当然，你首先得明白自己能做什么。起初，他们到附近的农家去赊购些鸡鸭毛来，做成鸡毛掸子，拿到城里去卖。其间梁庆德了解到一个信息：目前国外羽绒需求量大，国内许多外销单位货源紧缺。回来大家一合计：桂洲镇唯一不缺的是鸡鸭鹅毛，收购成本低，技术含量不高，销售上又不用自己操心，能行。

梁庆德说服镇里破天荒给他贷了30万元，成立了桂洲羽绒厂。他招了几十个人，全体出动，走街串户收购羽毛，经手工洗涤后供外销单位出口，劳累了一年多，1979年产值就有46万多元。梁庆德和兄弟们高兴得几夜没合眼。

"好风凭借力，送我上青云。"就这么个小作坊，几年下来就攒了几百万元。走出了第一步，梁庆德开始不满足于近乎原始的原材料加工业。

1983年，他与广东省畜产品进出口公司合作兴建了华南毛纺厂，引进日本新型毛纺生产线，年产300吨毛纱，真正实现了工业化生产，当年出口创汇达200万美元。1984年，由于手工洗涤的羽绒含脂量高，容易生虫，被日、美等国客商纷纷拒于门外，中国羽绒加工业遭遇沉重的市场打击。一时间，国内羽绒大量积压，没受过多少市场洗礼的大批小企业立马陷入困境。梁庆德却抓住这一良机，短短两月之内，倾其家当筹集400多万元资金，购买了日本先进的羽绒脱脂洗涤设备，使产品迅速适应了海外市场需要。同时全面低价吃进积压羽绒进行再加工，争取到大量国内同行无法完成的高档水洗羽绒订单，年产量猛增至600吨，当年产值达到3 000多万元。

当人们意识到"亿元工业区"不再是一个遥不可及的梦想的时候，梁庆德丝毫不敢懈怠，触角开始向下游利润较高的成品业延伸，以每年开一家厂的速度迅速扩张。先后与港商合资建成华丽服装厂，与美商合资建立华美实业公司，生产羽绒被和羽绒服，直接出口。1988年，梁庆德集中所有合资厂，联合组建桂洲畜产品企业（集团）公司，统筹安排生产，相互协调作业，在创业的第10个年头，总产值居然真的突破了亿元。此后又接连建成桂洲毛纺公司、华诚染整厂，开始涉足染色纱业务。与此同时，其生产的"格兰仕"牌羽绒被、羽绒服打着时髦的"出口转内销"旗号，尝试着进入国内部分市场，由于质量过硬、款式新颖，上市即成俏货，当年国内销售额超2 000万元。1992年6月，公司正式更名为广东格兰仕企业（集团）公司。同年，集团总产值达1.8亿元，出口创汇2 300万美元，成为国内羽绒加工业首屈一指的名牌企业。

## （二）行到水穷处，坐看云起时

成熟发展的时代是平实的，创造商业轰动和奇迹越来越困难。20世纪90年代初，国际羽绒制品市场日趋饱和，贸易壁垒日益加重。再加上走到一个高点的格兰仕，却一直拿不到自营进出口权，羁绊渐多，企业发展速度明显放缓。梁庆德开始把眼光放到业界之外去寻找企业新的利润增长点，以图开辟第二战场。

当时，随着国民生活水平的提高，国内家用电器消费量打着滚地往上翻，顺德家电工业群迅速崛起，华宝、神州、万家乐、爱德等家电品牌在格兰仕身边一个个地树起来。梁庆德也想借势完成企业战略转移。但上马大家电项目还没这个实力，选什么小家电项目好呢？

1991年，梁庆德去拜访上海朋友俞尧昌，俞提出了搞微波炉的建议。这位中国农工商实业总公司的要员、四家企业的法人代表分析说："微波炉在发达国家的家庭普及率相当高，国内市场虽然还没培育起来，但趋势是明显的。因公出国人员，按规定回国时可在免税商场买件小家电，许多人买的就是微波炉。"

有需求就有市场。梁庆德眼前一亮，接下来的几个月，他调查了全国市场后发现：微波炉在国内尚属高档商品，售价都在2 500元左右，全国年销量也就20万台，主要集中在上海、北京等大都市，而且基本处于原始自然的出货状态，市场培育几乎为零。业界老大顺德蚬华的市场重点在海外，国内竞争压力不大，可以进入。

但隔行如隔山。梁庆德对微波炉完全是两眼一抹黑。于是他五赴上海，诚意邀请微波炉制造专家加盟，均无功而返。单就生活环境而言，华南的偏远小镇怎能与上海大都市相比？"美国旧金山原来不就是一个渔村吗？"当执着的梁庆德第六次敲开他们的家门时，诚心和信念打动了包括后来被称为"格兰仕技术三兄弟"等在内的业界专家。他们来到那片滩涂上，开始撑起格兰仕的脊梁。

1992年9月，梁庆德组建格兰仕电器有限公司，与日本东芝签订了5年技术合作协议，并斥资400多万美元引进当时最先进的微波炉自动生产线。两月后，第一台"格兰仕"微波炉下线。

然而，市场较量并非纸上谈兵那般容易。当时上海微波炉销量占全国销量的70%，这是非攻下不可的市场。梁庆德亲自到上海设立办事处，直接指挥进店工作，但产品没有知名度，认牌不认货的上海商家谁买你的账？梁庆德"低声下气"和他们商量：货卖掉了我再收钱，卖不掉我自己搬走。

于是每天他的业务员把产品一台台扛进商场，向还没有微波炉概念的消费者挨个讲解产品的用法和妙处。1993年一年下来，一个个累散了架，也只艰难地销售了不到1万台。

这样的成绩被"老大"蚬华着实嘲笑了一番，说梁庆德是"盲人骑瞎马"。松下、惠而浦等列强也断言：不用他们出手，不出一年，格兰仕就会自己倒下去。没想到，梁庆德在厂区正中央竖起一块硕大的"耻辱牌"，把对手的攻击言词写在木块上，要求员工每天上班之前到牌前集合，默想两分钟。他动情地对全体员工说："什么时候能摘下这块牌子，就看大家了。"

知耻而后勇的做法，让格兰仕人群情激昂，大家为着同一个目标奋勇争先。

1994年1—5月，格兰仕微波炉产销量突破3万台。正当"耻辱牌"被员工们亲手摘下来的时候，一场"灭顶之灾"却悄悄降临到他们的头上。

6月，百年不遇的特大洪灾席卷整个珠江三角洲，细滘河滩上多处出现严重管涌，洪水一刻钟之内迅速淹没了格兰仕全部厂房，厂区积水深达2.8米。梁庆德当即下了一道死令：人员全部后撤，设备物资不去管它。年近六旬的他在水里连续战斗48小时，直到最后一名员工安全撤出。他将员工们安置在镇上最好的宾馆住下，对他们说："大家从全国各地到我这里来，我感激不尽。可企业已成这样，如果有要求回家的，我发路费。祝一路平安。"说完，抹一把老泪，转身投入抢险工作中。当他回头一看，所有员工一个都没走，都流着泪，自觉加入抢运物资设备的队伍。士为知己者死啊！

半月后，洪水退去，人们开始重建家园。清除齐腰深的淤泥、清洗设备、晾晒受灾物资，梁庆德始终与大家战斗在一起。为把损失减少到最低程度，员工们没日没夜拼命地干着，实在困了，就地一躺，休息几分钟，爬起来又接着干。就这样，水退后不久，第一条生产线开工，3个月后全面恢复生产。

一场大水冲出了格兰仕人的凝聚力和拼劲。从此以后，"梁总"的称谓没有了，员工们亲切地叫他"德叔"。为抢回失去的时间，大家一致要求实行两班倒，每天工作12小时，机器24小时运转。8月，还带着洪水污迹的销售员们，铆足了劲扑向各中心市场。那阵势把其他厂家的业务员给吓坏了，"这哪是销货呀，分明是在拼命"。

奇迹出现了，这一年，三军用命，"格兰仕"微波炉产销量超过10万台，产值、利润双超历史纪录，并跻身行业三甲。更令梁庆德欣慰的是，"格兰仕精神"经过血与水的洗礼之后，得以延续下来。

## （三）如虎添翼，博取第一

1995年，五请未至的俞尧昌，受抗洪精神的感召，终于投到格兰仕麾下。梁庆德如虎添翼。

俞尧昌提出，在几十万台容量的狭窄市场上，企业很难有所作为，要实现规模效益，就必须进行大规模消费引导，迅速扩充市场容量。中国的消费者是先入为主的，当多数中国老百姓还不知道微波炉为何物的时候，谁能在第一时间让他们接受，谁就是赢家。

他联络全国150家新闻媒体，以合办栏目的方式，做豆腐块大小的"知识窗"，系统介绍微波炉的好处、选购、使用、保养方法等。舆论界产生连锁反应，有关微波炉的文章铺天盖地而来。他还组织国内专家编写微波炉系列丛书，免费赠送100多万册；精心制作数百万张微波炉知识光碟，免费送出，使"微波炉"概念得以迅速普及，"格兰仕"品牌也随之叫响全国。

蚬华明显感觉到了格兰仕突飞猛进带来的巨大压力，决定不惜一切代价封杀之。当蚬华与美国惠而浦合资的消息传来，格兰仕人无不大惊失色。要知道合资后的蚬华资金充裕，随时可以动用上千万美元在市场上给稚嫩的格兰仕以致命的一击。

在企业的生存智慧中，忧患意识和战争艺术是必须具备的。一次漂亮的情报战中，梁庆德得到消息：蚬华合资后尚在调整期内，内部矛盾重重；而且每一项市场推进方案，必须先传到香港分部，再传到美国惠而浦总部去审批，一个来回要拖两三个月。然后，梁庆德笑了笑，大声说道："塞翁得马，又焉知非祸？蚬华命已休也！"

他指示俞尧昌组织最强阵容成立企划部，每一个半月推出一套重点针对蚬华的全新促销方案，主动出击。这下蚬华顾不过来了，针对格兰仕前一个市场方案的反击对策还没批下来，格兰仕新一轮的促销活动又拉开了序幕，完全打乱了它的战略部署。蚬华有力没处使，只好按着格兰仕设下的局疲于奔命。

1995年年终盘点，格兰仕销售20万台微波炉，市场占有率升至25.1%，以0.6%的微弱优势首次盖过蚬华，荣登微波炉市场第一的宝座。

### （四）壮士断腕，格兰仕乱中求存

1996年2月，为探国际市场虚实，俞尧昌受命参加了德国科隆家电国际博览会。然而，俞看到，中国家电行业的精英阵容，在德国西门子的展厅映衬下，像一个"地摊"。德国同行现代化的设施和高效率令他沮丧万分，如此对手，一旦直接在中国本土投资，格兰仕怎么活？

事实上，国外高手已经兵临城下。美国惠而浦已收购了格兰仕最大竞争对手蚬华65%的股份，而日本松下、夏普、韩国三星、LG等跨国巨头已如虎环视。他们甚至已经扬言要将格兰仕消灭。松下的市场占有率在1995年直线上升，一度超过格兰仕近6个百分点。

回到顺德，俞尧昌悄悄向梁庆德提了两条建议：现在不少外资企业正争相摇起橄榄枝，不如趁机合资转让，资产变现，什么也不问、不想、不深究、不负责任，故而不沉重，也不痛苦；第二条路，收缩战线，握紧拳头，集中一切优势兵力，在微波炉上与洋品牌一决雌雄！

权衡再三，梁庆德最终选择了后者。

为尽快腾出厂房、人员和资金，梁庆德将苦心孤诣经营10多年、总价值8 000多万元、年利润800多万元、订单相当稳定的羽绒、毛纺、服装等企业全部清仓大甩卖，出让价仅为200多万元，无异于拱手送人。这悲壮的一幕，令许多格兰仕的元老泪流满面。

关键时刻，对手又抛出数百万元高薪挖人的损招，直接导致格兰仕10多位高级营销区域经理集体跳槽。国内营销界有一个常见现象：一个好的区域经理辞职，企业对这个市场的驾驭能力也就会崩盘。危难之际，梁庆德在稳定军心的同时，大胆起用新人，给他们充分的信任和空间，使其尽快进入角色。

所谓大乱大治，梁庆德分析，"功高震主""过于集权"是此次"集体跳槽事件"的主因。于是趁此机会对营销系统进行了权力结构再分配，把营销系统分解为一条管理流水线，形成多重监督机制。

原来各区域经理"占山为王"的格局被打破，各地办事处只负责与当地代理商的日常销售和服务工作，企划、调研、广告、促销、结算等职能被收缩到总部直接管理，并按流程分解到不同的部门、不同的岗位完成。调研、推广、结算部门的各班人马分别组成"流动工作组"在各区域市场"鱼贯而行"，每个工作组从不同的角度"发现问题、汇报问题、解决问题"。

在格兰仕巩固后方、年产能力达到60万台的时候，蚬华、松下等厂家的大规模广告攻势也接踵而至。梁庆德避其锋芒,采纳俞尧昌"价格战晚打不如早打,尽快拉开与同业差距"的建议,于1996年8月,发动首次全面降价行动,旗下所有产品一律降价40%。同时加大市场培育力度,合办"知识窗"的媒体达到400多家,全面覆盖全国各大省会城市。

强力拉动市场的降价策略收到奇效。当年,格兰仕微波炉销售65万台,市场占有率狂升至53.2%,上海等重点市场占有率一度达到50%以上,将蚬华(18%)、松下(9.8%)远远地甩在后面,一战奠定在中国微波炉市场的霸主地位。此战不仅将众多杂牌企业清理出局,更重要的是,极大地鼓舞了格兰仕人的信心和士气。从此,格兰仕走上了一条"降价—市场扩容—扩产—成本降低—再降价"的良性循环之路。

### (五)乘隙而入降服太极虎,拿来主义腾飞中国龙

观尘阅世如登高望远,极目一览无余。国内市场上风头正劲的梁庆德,未雨绸缪,开始把目光转向更广阔的国际市场。

多年来,国际微波炉市场一直被韩日企业把持着,1996年它们的出口量分别达到1 600万台和800万台,占有全球市场份额近80%。格兰仕几度试探进入,均告失败。

然而,此时的格兰仕已非板上鱼肉,数年国内铁血征战,使它已经甩掉了食草动物的主要特征——温和、迟钝、赘肉、用于炫耀虚荣的角,开始蜕变为一头猎豹,背依国内市场,静静守候机遇。

1997年,在东南亚金融危机的狂飙进逼之下,韩国企业顿时陷入困境,高达百分之几百甚至上千的企业负债率,令它们对现金的渴望成为第一需求,开始不计成本谋求变现,微波炉以超低价格充斥欧美市场。在中国企业一时出口严重受阻、纷纷抱怨韩国人低价抛售、出口越来越困难之时,格兰仕却处在扩军备战、调兵遣将的临战状态之中。因为梁庆德明白,他的机会来了。

果不其然,1997年6月,欧洲国家联手对LG等韩国微波炉巨头实施反低价

倾销案。韩国企业顿成强弩之末。

梁庆德闻讯大喜，按预定部署暂时放弃正在开拓的国内东北市场，一来缓解国内同行对格兰仕的敌视情绪，二来集中兵力，抢进欧美市场。在价格上走日韩中间路线，同类型产品价位比日本产品低8%，比韩国产品则高7%左右，既免去了高价的曲高和寡，又规避了低价倾销的政策风险。格兰仕有备而战，迅速弥补了韩国产品退潮留下的大部分空档，1997年出口额超过2 300万美元。

生意走出了国门，细心的梁庆德发现，欧美企业劳动力成本相当高，工人一天工作6小时，一周工作4天，在价格上难敌韩日产品，日子并不好过，不少美国企业开始转产。梁庆德就拿出2 000万美元，轻而易举挖到它们的一流专业人才，在美国设立格兰仕微波炉研究中心，针对欧美市场迅速开发出大容量微波炉、车用直流电迷你型微波炉、遥感遥控系列微波炉等全球领先产品。"洋为中用"的策略使格兰仕摆脱了"中国商品低档化"的惯有概念，跳到了一个更高的层次，产品顺利挤进了法国巴黎最大的名牌连锁店。

变压器是微波炉的重要零部件，日本产品的价格是20多美元，可欧美企业的成本就需30多美元，食之无味，弃之可惜。梁庆德就与美国公司谈判：你把最先进的生产线搬到我那儿去，我帮你生产，以每台8美元的成本价向你供货。不过设备的使用权归我，在保证你的需求之后，其余时间任由我支配。

于是美国人痛快地把生产线搬过来。梁庆德心里有笔账：我的工厂实行三班倒，设备24小时运转，一周工作6天半，实际上每周只有一天在为外国人打工，其余时间都在生产自己的产品，既节省了大笔引进设备所需的外汇，又及时扩大了产能，进一步增强了企业的技术支撑，为迎接更为惨烈的市场决战赢得了时间和资金。

由于中国的人力和土地成本比日本低得多，此举很快打得日本企业痛苦不堪，变压器也成了日本人的鸡肋。梁庆德巧施连环计，又与日本企业谈判：你把变压器交给我做，我以5美元的成本价向你供货。在格兰仕的市场威逼和利润诱惑之下，日本企业也把变压器生产线搬了过来……

梁庆德又把这一计谋反复克隆在微波炉其他零部件乃至整机的生产企业之上，先后与近200家国际跨国公司合作，年产能力迅速扩充到1 200万台。昔日竞争对手的防御链条逐渐断裂，一个全球化的微波炉巨人逐渐站立起来。

### （六）降低垄断市场，铁血铸就辉煌

格兰仕的发展史，就是一部斗争史。

梁庆德还清晰地记得，1997年在珠海召开的微波炉行业协会年会上，几乎所有企业的代表都指着他和俞尧昌的鼻子骂他们是"屠夫""价格杀手"。他却说："我们没有能力使人民富裕起来，但要竭尽全力使广大消费者辛勤的劳动成果更富有价值。这是我们打价格战的初衷。"

1997年5月，格兰仕面向全国推出买一赠三（电饭煲、鸿运扇、微波炉专用饭煲）的变相降价促销活动，销售形势火爆异常；10月，格兰仕再次突然大幅降价，降幅超过30%，引得国内同行集体"跳水"。1997年，格兰仕产销量198万台，市场占有率达47.6%。

此时格兰仕已占据半壁江山，是否还要降价？"要！"梁庆德坚定地说，"降价是为了提高行业进入门槛，以确保企业安全经营系数。况且我们有充裕的资金和产能储备做后盾。"

他首次提出了"保本价"观点：当产能达到100万台时，就把出厂价定在50万台规模的成本价以下；达到1 000万台时，就把出厂价定在500万台规模的成本价以下。"500万台是一个什么概念，相当于世界第二的规模。我的规模是1 000多万台，在价格优势上，国内企业没法比。"

天雷勾动地火，一发不可收。此后梁庆德的"价格屠刀"屡试不爽，1998—2000年间，累计降价达6次之多。一时间，格兰仕身前一片狼藉，身后片甲不留。到2000年，市场占有率超过74%，四分天下有其三。更为神奇的是，除了每年培育市场所需的1 000多万元专用资金外，格兰仕几乎没做过硬性广告，高达101亿元的品牌价值都是其历次降价风潮所产生的轰动效应逐渐沉淀下来的。

格兰仕在国内市场一路高歌猛进，国外市场也是捷报频传。1999年在广交会、巴黎家电展、科隆家电展上连续拿到百万台以上的订单，出口额达到1.1亿美元，成为继海尔（1.4亿美元）之后中国家电行业第二大出口商。"格兰仕"品牌的全球占有率逐渐逼近30%的产业垄断线。

形势一片大好，老谋深算的梁庆德却渐显忧虑之色，他思考的是更深层次的问题。虽然格兰仕产品的国外售价比国内高出20%—100%，基本避免了倾销的嫌疑。然而一旦全球市场占有率超过30%，则极有可能被久候时机的国际同行提起反垄断诉讼。全球巨无霸微软尚且无法全身而退，何况格兰仕？

如何才能既最大限度占领市场，又有效规避政策风险？梁庆德决定以退为进，从竞争走向竞和。他谦虚地提出"全球微波炉生产车间"的概念，有意识把"格兰仕"品牌出口量控制在企业总出口量的50%以下，其余产能用于为其他国际品牌提供OEM（贴牌生产）。

消息一出，紧张局势顿解。美国通用、日本松下等世界一流品牌纷纷与之合作。如此一来，虽然格兰仕自有品牌的全球市场占有率有所下降，但市场影响力和美誉度却直线上升。梁庆德得意地说："他们利用我们的劳动力资源和规模化生产，我们利用他们的品牌和市场销售渠道；我们在整合对方资源的同时，也被人家整合，形成一个你中有我、我中有你的安全保护障，大大增强了企业竞争力和经营安全度。"

市场总是没有平静的时候。国内同行又开始声讨格兰仕"通敌卖国"。梁庆德不以为然：2000年全球微波炉销量3 600万台，格兰仕就占了1 000万台，出口创汇1.5亿美元，全球实际市场占有率达到30%，为国争光的事怎么就变成"卖国"了？通过与跨国公司合作，年生产规模逐步扩大到1 500万台，在国内把微波炉从两三千元一台的高档商品降成几百元一台的大众消费品，而我卖到国外一台最高可达200多美元，受惠的是国内广大消费者，我怎么就"卖国"了？格兰仕年产值57亿多元，上缴利税数亿元，为上万人提供了饭碗，养活上下游关联企业和经销商达几十万人，我怎么就"卖国"了？

事实上，策略不论优劣，关键是能否为己所用。

很多人说梁庆德是个怪人，他总爱在别人认为已经没有多少利润空间的夕阳产业里较真。除了众所周知的微波炉之外，格兰仕还拥有年产量达1 200万只的豪华电饭煲制造中心，2000年销售500多万只，市场占有率已名列国内第三；还有年产量达800万台的电风扇生产中心，市场占有率也居国内前列。

这些都是经过无数次激烈的价格战和市场拼杀而利薄如纸的产业。许多厂家难以为继，纷纷转产，避之不及。梁庆德却大胆地进入，整合国内外闲置资源，通过规模化经营，硬是从中"挤出水来"。在1997年、1998年微波炉降价最高峰，多数厂家苦苦支撑，就连国内家电巨头海尔、荣事达、万家乐也无奈之下撤出战场之时，格兰仕平均利润率仍然能保持在10%左右，同时每年还能拿出上亿元资金用于新产品研发，显示了极强的生命力和战斗力。

梁庆德对竞争对手勇猛果敢，毫不留情，在企业内部却如慈父般循循善诱。竞争对手对他咬牙切齿，恨之入骨，而员工却将他奉若神明。

他60岁高龄，却在每次抗洪抢险中冲在前面，把骨干人员撤到最安全的地方；他宁可让前来洽谈业务的跨国公司总裁等上半个钟头，也要先陪自己的心腹爱将去检查身体；他舍得拿出集团20%的股份作为骨干股发给大家，可以悄悄地向特困员工家里寄去慰问金，却只给自己定10万元的年薪；他求贤若渴，经常破格提拔员工，而对自己的儿子梁昭贤却百般严格，儿子大学毕业后，让他在香港公司锤炼了近10年，才准回到自己的身边……

对经销商，梁庆德更是"视同己出"。国内很多企业的做法是，先依赖经销商开拓市场，待市场成熟后，就一脚踢开他们，自己做终端。梁庆德首先承诺：格兰仕自己不做终端，永不涉足流通领域。对别人抛弃的经销大户，他待若上宾。

梁庆德启用"小品牌政策、大品牌炒作，保险公司的承诺、个体户的进取"运作原则，厂商专业分工协作，实行区域代理制，大家在各自的自留地里精耕细作，争取高产。所有有关产品实际销售及渠道建设——"推动"工作由代理商量力而行，而有关产品广告及品牌宣传市场"拉动"工作由总部全力以赴。运用价格及奖励政策坚决鼓励代理商"夯实自留地"，"绝不让老实人吃亏"，要让商家的腰包鼓起来，真抓实干者也因此成为分销产品的主力。

梁庆德的心依旧很大，他说在他有生之年还要做几个全球第一出来，微波炉是第一个，空调器将是第二个，还有第三个、第四个……他说，格兰仕的事业才刚刚开始。

# 宫学斌：中国果蔬加工大王

改革开放轰轰烈烈，砖瓦厂里激情飞扬。就这样，1986年，宫学斌的砖瓦厂年利润达80万元，成为莱阳县建材企业中集产品质量、销售、产值、利润、固定资产5个"第一"于一身的优秀企业，山东省优秀企业家等殊荣也接踵而至。

## （一）时代背景与非市场因素

一个人的生命其实就是一段社会历史的缩影。我们看过宫学斌身上的时代烙印后，会发现一些成功把握人性后留下的斑驳印痕。在社会的洪流中大起大落，却能洞幽烛微，宫学斌的才能与时代机遇撞了个满怀。

莱阳人宫学斌世代务农，便只能扛着锄头长大。与村里别的青年不同的是，他在大城市青岛当过几年工人，此时"文化大革命"如火如荼，工人身份受人景仰。阴差阳错，三年困难时期，宫学斌不得不回乡务农，而幸运的是，天资聪颖和生性好胜使他在繁华青岛活得也算不赖，在乡下更加被烘托得鹤立鸡群。

而且他犟，换句话说是有自己的生活原则和主张。村支书找上门来，让他去当"孩子王"，宫学斌一口拒绝："不行，我脾气躁，我要打学生。"不几天，队里会计不幸被雷劈死了，他顺理成章补了缺。于是，刚20岁出头的宫学斌当过农民，了解农民对土地相依为命的感情；当过工人，知道城市和农村的巨大差别和城里人的所思所想；当了会计，他学会怎样通过农民对他的曲意逢迎和领工分时的复杂心态去揣摩农民的心理。

那个时代，绝大多数人的生活和思想犹如一潭死水，日复一日没有动静，唯有好表现的宫学斌成为村里的公众人物：各种新闻、政策，家家户户的根根底底，他的发言总是比别人更加权威。而且，他总是把会计工作做得让人心服口服，按他自己的话说，是"以便不至于糟蹋了自己与众不同的身份"。于是，他有了一种理想和责任感：关心村民的疾苦，让他们活得更滋润。

1975年前，年富力强的宫学斌以一种高蹈的姿态行走在十里八乡的小路上，潜意识里有了一种干事业的冲动。他肩扛着农民的锄头，思考着改善民生的问题，渐渐为村民所拥戴。

其实，能人和庸人仅仅一步之遥，能人干事业，庸人做事情。而事业和事情之间的区别也仅仅在于是否有一种理想和信念支持自己的行为，使其更具有社会性，有益于更大的群体。

1975年后，宫学斌成了镇办砖瓦厂厂长。十来个人，几眼因严重亏损停火数月的土窑。为什么亏得一塌糊涂？宫学斌心里很清楚：没有物质奖励，工人必然消极。新官上任三把火，宫学斌大胆行使厂长决定权——按工计酬，多劳多得。砖瓦窑破天荒变得热火朝天，产销量猛增。"资本主义尾巴"越长越长，前任厂长耿耿于怀。不久，宫学斌被告到镇上，镇长一笑置之。宫学斌心生一计，提着水果、礼物去拜访前厂长——戒骄戒躁，谦虚谨慎，全面汇报工作，虚心听取意见。他听完意见，回到厂里我行我素，紧接着将前厂长安插的一位心腹能人委以重任，而跟随自己多年志同道合的一位朋友却被委屈下贬。

宫学斌笑言："这就叫选贤任能，不避亲疏。"

不久，宫学斌就成为前厂长家中上宾，言笑晏晏，宾朋交心。前厂长安插的人也已对宫心悦诚服。自此，青天大道，畅行无阻。

在规范的市场经济中，游戏规则其实很简单。但其中一旦掺入非市场的某些因素，事情就变得糟糕起来。那么，怎样把握做人和做生意之间的关系，则需高屋建瓴，细心感觉。谈笑间，宫学斌事业前途上的障碍灰飞烟灭。

宫学斌在领导艺术上利用猛劲加巧劲，成功地将砖瓦厂带入盈利状态。当年底，他将赚到的 25 万元交到镇上，镇长喜上眉梢，给全镇 3.6 万人每人发了 7 元过年费。1976 年农历大年三十，龙旺庄镇家家户户的欢笑都比往年多。这一年，农民宫学斌令全镇人民景仰。

历史悠远得如同岁月，砖瓦窑一烧就是 10 年。

10 年间，中国发生着翻天覆地的变化。这一切所蕴含的意义早已为宫学斌及其助手透彻把握，他们早就在按照市场规律规范自己的行为了，虽然只是一种潜流，但正好迎合了未来中国的方向。"我逐渐眼明心亮，两手抓，而且两手都要硬：眼睛盯着政策环境的变化，然后两手勤奋工作，一手抓生产，一手抓市场。"

改革开放轰轰烈烈，砖瓦厂里激情飞扬。就这样，10 年后的 1986 年，宫学斌的砖瓦厂年利润达 80 万元，成为莱阳县建材企业中集产品质量、销售、产值、利润、固定资产 5 个"第一"于一身的优秀企业，山东省优秀企业家等殊荣也接踵而至。

但就在"砖老大"的事业走向巅峰之时，一个不得不面对的难题，却让宫学斌日益忧心忡忡。

"是进亦忧，退亦忧。"宫学斌第一次感到了生存的压力。

## （二）战略定位：给事业一个高度

生意的哲学是顺时应势，成功的哲学往往是不破不立。宫学斌否定自己的时候，就是重新给自己定位的时候。此时，他从事的已不仅仅是生意，更是一项纵横四海的事业。

中国人的生存哲学是知足常乐，于是绝大多数人过着困窘而自得的生活。但是，当社会"道"的精神核心变为以市场经济"齐家治国平天下"时，人们便开始不知足。这里面包括宫学斌。

1986 年，山东省优秀企业家宫学斌日渐感到一种揪心的疼痛，因为他敏锐地看到了摆在企业面前的困难：随着砖瓦厂规模的日益扩大，周围的黄土资源却越来越少，以至砖瓦厂已到巧妇难为无米之炊的境地；更严重的是，取过熟土的地里已长不出庄稼。这显然破坏了土地资源。为了让农民致富，却损害了农民赖以为生的根基，这岂不违背了办厂初衷？

宫学斌如坐针毡。年创80万元利润的砖瓦厂在他眼里已不是成绩和荣誉的象征，而是一种莫大的耻辱。这种耻辱感像一块烧红的铁，烙在他焦虑的心上。宫学斌意识到，经营砖瓦厂只是权宜之计，积累了足够的财富之后，企业必须进行战略转型，寻找新的出路。但做什么呢？宫学斌冥思苦想，无计可施。他东奔西走，足迹遍及山东，企业却前途渺茫。

1986年，已近天命之年的宫学斌来到深圳。来到这个全国经济发展的航标城市，他哪儿也没去，成天往大超市里钻。他惊讶地发现，超市里从国外进口的保鲜瓜果蔬菜价格高出普通蔬菜至少10倍。在深圳的大超市里，一道绿色之光使宫学斌混沌的大脑突然清晰：让砖瓦厂转产保鲜果蔬！

这些外表精美、价格昂贵的保鲜果蔬，不都是土地生长出来的吗？胶东自古就是大菜园，其生产的瓜果蔬菜销往大半个中国，连千里之外的山西太原每天都得自山东寿光市购进10多万公斤蔬菜。"在莱阳，要别的没有，可莱阳梨、烟台苹果闻名中外，鲜绿的蔬菜遍地都是。外国人能把这些东西加工成昂贵的产品送到中国，我们为什么不能把它摆到外国人的餐桌上？"此其一。其二，除当地消费和供应全国各地外，山东大量过剩蔬菜烂在了田间地头，收购价格极为低廉。其三，南风日渐，改革开放纵深发展，山东半岛与日本、韩国一衣带水，相互间外贸生意一派兴旺，加上日本、韩国人讲究吃新鲜营养的果蔬，但其国内昂贵，从价格极低的山东进口顺理成章。

宫学斌进一步展开市场调查。当时国内从事果蔬保鲜业的企业极少，几乎没有竞争。而经营方式有多种选择：一是经营单一的冷冻保鲜业务，向加工企业或商业部门出售冷冻食品；二是兼营冷冻和粗加工业务，产品的销售由外贸部门去完成；三是从原材料的生产、冷冻保鲜到加工和销售等过程全部自己完成，即实现农工商一体化。

以上三种形式所获利润不同，第三种形式最为理想。各类产品生产加工过程中实现的附加值均为自己占有，盈亏可以互补，风险较小，但对企业硬、软件配套要求也最高。在国外，一个经营有方的食品加工企业，由单一的产品经营形式发展到农工商一体化的综合经营形式，一般要经过5—10年或更长的时间，利润一般在10%—30%。

宫学斌的理想是做自己的农工商一体化企业，但达到最高目标只能从最基本做起。决心既下，一切就都豁出去了。

转产的标志性举措是：炸掉砖瓦厂！

他告诉闻讯哗然的农民："眼光向外，不破不立。你们支持我，就是支持你们自己。"

一声巨响，刷有"无工不富"四个大字的砖瓦厂百米烟囱轰然倒地。数百农民立即投入轰轰烈烈的冷库建设热潮中。砖是现成的；设备由10年积累的资金和银行贷款解决；没有钢筋，宫学斌对拿钱买砖的客户说："拿钢筋来换。"工程技术遇到难题，宫学斌一股脑从各地请来一大批专家；保鲜难关不能攻破，宫学斌三顾茅庐请来山东省外贸专家朱春泗女士。朱春泗提出半年才能完成的技术设施和质量要求，宫学斌带着农民们1个月完成了。

4个月后，2 700吨大型恒温保鲜库和300吨低温库建成，在出入境检验检疫局顺利注册。海关抽查样品后允许出口。

1987年3月，莱阳市果蔬保鲜公司正式成立。宫学斌的冷库里贮满了莱阳梨。此时资金所剩无几，做广告肯定不够。宫学斌想出一个至今令人叹为观止的促销办法：全乡男女老少，不管是谁，只要从莱阳火车站拉来一个购买莱阳梨的外地客商，当即奖励20元现金；若生意成交，还可提成。此举一出，全乡蜂拥而动。那一年，著名的莱阳梨几乎全经宫学斌之手销往全国各地；更重要的是，各路大小客商几乎都知道了"山东有个宫学斌"。

没读过几天书的宫学斌有一种农民式的狡黠。正因为是在最原始的求生环境下挣扎成长起来的，宫学斌的生存逻辑同他脚下的土地一样质朴而实用，决策作风稳准简洁、切中要害。就这样，他学会了两条腿走路：内销水果，外销蔬菜。

4月，进出口公司一张订单传来。27吨保鲜蒜苗漂洋过海直达日本。宫学斌和这群砖瓦厂里日晒雨淋的农民，第一次见到了绿色的美元，总计5万美元。

项目选准，市场洞开。芦笋、菠菜等产品相继发往日本，芋仔发往韩国，美国和西欧人喜欢的青刀豆也源源不断地装船从青岛港运走。农民们得到的利润以高出烧窑几倍、几十倍的速度滚动起来。宫学斌似乎一夜间成了莱阳农民的靠山。宫学斌顺时应势，终于找到一条属于自己、属于山东农民的致富捷径，无意间，还闯进了中国农业产业化的先驱行列。

但此时，宫学斌比任何时候都更清楚企业的缺陷：一是当初三步走的规划现在仅迈出第一步，企业实际上只是为国内外商业或加工部门提供原料，附加值很低。27吨保鲜蒜苗只赚了一点零头，大部分利润被进出口公司一纸合同揣进了腰包。如果要加快发展，必须实现真正的农工商一体化，实现自营出口。二是从1988年开始，国内经营果蔬加工出口的企业骤然增多，竞争一夜间变成刺刀见红的白刃战。宫学斌知道，再按照惯性不思变革地做下去，无异于坐以待毙。但要在国际市场站稳脚跟，就必须兴建大规模、高标准的精加工车间。然而投资动辄数千万元，一些重要设备和仪表又必须进口，没有外汇，问题就难以解决。

前有汪洋，后有追兵。宫学斌必须率先向纵深发展，引进外资势所必然。

## （三）与外商交战拿自己开刀

龙大集团的纵深发展，从一起步就路途艰难。首先，突破小农意识，必须有来自灵魂深处的震荡；其次，既要通过外商赚外国人的钱，又不能让外商掌握自己的命运。

中国经济的发展很大程度依赖于外资的刺激，它不仅解决了资金问题，还带来了国际先进管理经验和技术；同时，外国资本在本国运作成本过高时，尤其是果蔬加工类劳动密集型产业，最好的办法是向外转移到成本最低的国家或地区设立加工车间。这时，两种需求不谋而合，具有明显原料来源和成本、区位优势的山东半岛成为外商寻求合作伙伴的焦点。

20世纪80年代末90年代初，带着资金在山东半岛东奔西走的外商不计其数。

宫学斌拿定主意：借力打力，利用外国人的资金赚外国人的钱。

1989年底，由美国客商权宁才出资11万美元，宫学斌以设施、厂房投入并控股的"烟台新味食品有限公司"成立。第一笔生意即出口创汇40万美元，疑虑重重的美国人笑逐颜开。

第一个合资企业的成功引来了日本人大间知彻三，此人被产品的优质倾倒。很快，"烟台龙大食品有限公司"成立。"龙"取龙旺庄之意，"大"则指大间知彻三。大间知彻三利用自己的外销渠道和关系网络，积极拓展市场，生意出人意料地兴隆。开业半年出口创汇251万美元，龙大进入前所未有的高速发展阶段。

谈到这里，宫学斌满脸豪爽与自信，他轻松地往椅背上一靠："赚外国人的钱其实很简单，我们采取了一种'嫁接'的方式，将国内的原料和生产优势与国外完善的营销网络和市场终端相加，一个完整的市场生物链就立即鲜活起来了。与国内其他苦苦建立营销网络的企业相比，我们是幸运的，我们进入了一种产销的自由境界。"

宫学斌突然凝住笑容："但是，1992年初的第一次日本之行，却让我感到了差距和耻辱。"

这一年，心情舒畅的宫学斌决定到日本去看看，他给自己定了两个任务：拜访日本最大的客商并争取拿到更大的订单；了解日本终端市场和龙大产品的销售情况，巩固信心和制定新决策。不料，排队等了一上午终于见到了那位著名的大老板后，交谈没几句，一脸鄙夷的日本人拿出中国台湾生产的牛蒡，往宫学斌面前一扔："你们做得出来吗？"

中午，宫学斌得到的市场方面的消息更令人震惊：日本人将从龙大进口的各类大包装速冻蔬菜全部拆开，重新做成小包装。再三追问原因，得到的回答是："一、你们龙大加工车间达不到技术标准；二、你们的检测设备太差；三、你们的人员素质达不到要求。"宫学斌坐立不安，立即拽着日本客商川上邦利来到超市，遍寻货架，果真不见龙大产品。等宫学斌找累了，走累了，日本人才指着身边一袋印着日本品牌、标价为龙大出口价10倍以上的蔬菜小声说："这就是龙大……"顿时，宫学斌一脸苍白，无言以对。

这一天，宫学斌彻夜不眠。

从日本回到莱阳，他紧急召开公司高层会议。会上，宫学斌痛心疾首，几天来一直忍着没敢掉下的泪水，在乡亲面前夺眶而出："伙计们，日本人不把咱们的产品当产品啊，这比当面打咱龙大人的耳光还难受！但这怨谁呢？只怨我们自己不争气。我们必须走深加工道路，缩小差距，将龙大自己的品牌做到日本去，在国际市场上找到我们自己的位置！"

打击接踵而至。出口日本的数十吨菠菜被打上"不合格"印记，原因是播种方式和质量有问题；接着，收到一封来自日本的加急邮件，里面是一个精致塑料袋和一封短信。塑料袋里是几根头发丝，"这是在贵公司加工的韭末里发现的，为此我方要求赔偿40万元……"

问题出在哪里？但问题似乎处处都有。宫学斌辗转反侧：整个企业素质太低，从车间工人到宫学斌自己，全部是刚刚洗脚上田的农民，小农意识未能彻底摆脱，谈什么与国际接轨？

这一年，龙大迅速走向辉煌，然后迅速遭遇危机。宫学斌很清楚，欲速则不达，国内的粗放和国际的精细相结合，其间必有一个艰难的磨合过程。好在发现了问题，就意味着问题已解决了一半。

企业仍在快速运作，出口生意仍供不应求。宫学斌整改的速度必须快过企业运作的速度。"加长最短一块木板会使木桶盛更多的水"。1992年，宫学斌制定了整改措施：

其一，将卫生检疫达标作为企业生存的基本工作，全员提高卫生意识。其二，将提高员工整体素质作为追求产品质量的终极手段。采取"请进来，送出去"的办法：请新加坡、日本、德国、加拿大专家来龙大展开长期广泛的培训工作，其中4位专家常驻龙大；与日本伊藤忠株式会社合资创办的山东龙藤不二食品有限公司让日方控股，以便直接获得日方先进的生产技术和管理经验；"送出去"则是将企业员工派往全国各地先进企业和高等院校深造，将优秀车间工人分期分批送往日本农水株式会社培训一年，回来后传帮带，言传身教。其三，下决心引种外国蔬菜。必须将牛蒡、小菘菜、黄秋葵、脱毒草莓、红根菠菜的种植和加工做到国际最先进水平。其四，引进当代达到世界先进水平的速冻设备，安装超液膜杀菌水处理装置和臭氧杀菌设备，建立微生物化验室，投资1 000万元建设全封闭无菌车间、食品质量检测中心，将速冻食品由粗加工向精加工转化，推出高附加值产品。

从1992年底开始，龙大员工们觉得领到的工资越来越多了，但制度的管理约束也越来越严格。这一年，宫学斌卧薪尝胆，殚精竭虑，始终在外奔波，筹资、基建、出国、考察，数次深夜回国过家门而不入，直奔公司巡视，第二天就会提出新的制度或想法，连企业中年轻的高层都觉得快跟不上这位年近六十的老年人的思维了。

1993年，合资企业达到4家，龙大集团宣告成立。"过去我拼命做企业，只是为了发家致富，让山东农民生活得更好；现在支撑着我的，还有一种为国争光的精神力量。最终，我要从外国人手中赚更多的钱，来养活中国农民。"

## （四）25年只为同一个梦想

刚柔相济，顺时应势。龙大集团一头连着国际市场，一头连着国内万千农民，其间是一条致富之路。这时，速度和质量的统一成为企业的命脉所在，而企业的管理，宫学斌笑言，是"拿来主义"。

如果把企业比作一部运行的机器，那么管理就是润滑剂。龙大成功了，人们在思索：龙大是如何依靠管理来保持这种高效运作的？

宫学斌笑言："管理的理论和方法不是随便发明的，一不留神就成了哗众取宠。只要遵循人性和个性的原则，成功就八九不离十。要说龙大的经验，八个字：拿来主义，见好就学。学海尔的日清日高管理法，学邯钢的成本管理，学亚星的购销比价法。"

为了建立现代企业制度，从1993年开始，龙大就实行了企业内部股份制改造。龙大员工工资共分为四块：基本工资、加班费、超产奖和年终胜利奖。基本工资按月发给大家，后三块不发，累积起来作为员工的股本金。这其中，年终胜利奖占的比重较大。龙大规定：你在龙大干，年终胜利奖则有份，一旦离开了则没有。全集团约有200名部门主任级员工享受股份。年底，根据企业效益按股分红，红利的部分发给员工，剩余的部分再累加到原来的股本上，形成新的股本金。以此类推，个人的股份便越来越大。

发给员工的那部分红利，则按该员工当年股本额与当年银行贷款利率相乘，所得数即为发放额，等于员工贷款给企业。假如员工股本为10万元，当年贷款利率为7分5厘，所得现金红利则为7 500元。如果现金少，则股本多；如果股本少，则现金多。怎么算都对员工有利，因此皆大欢喜，人心稳定。经过6年的积累，企业员工股已占企业总股本的45%。 龙大集团的骨干已成为企业真正意义上的老板。至此，宫学斌带领农民致富的初衷，他一生的梦想，经过25年风雨坎坷，已逐步成为现实。

做企业如庖丁解牛，以无厚入有间，游刃有余，关键是找准规律，这样，做企业就是一种乐趣。对于未来，龙大主要做好三件事：首先，调整出口产品结构，争取更高的产品附加值；其次，加大内贸力度，充分发挥网络的价值；第三，大力抓好有机食品的种植、养殖及加工，适应国际市场需求。"短期内有两个想法：一是将企业总部迁到济南，这样既可为企业寻得更多人才，又可使信息沟通更为顺畅，企业更加现代化；二是吸纳更多的年轻人进入领导班子。毕竟，我已60多岁了……"

宫学斌像一只工蜂，从青年飞到中年，从中年飞到老年，一生都在不停地为中国农民酿造生活的蜜。"人生之乐，不外事业之乐"。宫学斌喜欢到一望无垠的菜地里转悠，看看蔬菜长势，听听地里农民谈笑；每到上下班时间，他就爱站在办公室窗前看工人们井然有序地在厂门进进出出；他更爱看集装箱车队将产品源源不断运出企业大门时的壮观情景。"他们都是我的孩子。"

宫学斌宽厚仁爱又争强好胜。龙大人都知道他还有一个习惯，他每天用一个半小时学习各类文件和企业经验，末了还要到新厂房建筑工地上走走看看，工人们常常同他大声打招呼、开玩笑："宫总，来学咱修房子吗？"

宫学斌会笑答："如果要学，咱这把老骨头，肯定比你们谁都干得好！"

## （五）控制生存的核心环节

龙大在国际市场披荆斩棘，后院却突起狼烟。身心疲累的宫学斌连连感叹赚外国人的钱，还真得先填平自家后院的坑。

"子夜，是今天和明天的交接，谁抓住这一段时间，谁就抓住了未来。"一年的治理整顿，员工精神面貌焕然一新。不久，精加工无菌车间出产的速冻蔬菜终于让日商川上邦利无法挑剔。

这一天，川上邦利拿着龙大送来的样品，仔细检测之后，久久不语。

从此，标有"中国·龙大"字样的精加工保鲜蔬菜，开始大规模源源不断地输入日本。

日本人对上市调理食品的评定，分为 A、B、C、D、E 5 级，A 级产品中又分为 5 个等级。1994 年底，龙大加工投放日本市场的章鱼丸、背刀豆肉卷、豆腐包、蔬菜卷、油炸饼等 6 大系列 100 多个品种，全被评定为 A1 级产品；同时，龙大"热处理肉类"食品通过日本农林省注册；国内被烟台市商检局指定为"凭认可检验员记录放行"的出口免检产品；不久，龙大通过 ISO9002 国际质量认证。此时，韩国人以吃"中国龙大"产品为时尚，日本人也在超市争相购买。宫学斌访问日本时，新闻记者挤满走廊等待采访，商社请客已排不上队……

　　前线征战连连告捷，后勤保障有条不紊。10万农户大面积种上了牛蒡、小茴菜等蔬菜，农民人均年收入增加5 000元以上；1万余名来自全国各地农村的车间工人，年均收入超过8 000元。在良性的集团运作中，龙大人积极性空前高涨。

　　不料，就在龙大将企业内部管理和市场终端梳理得井井有条之时，潜在的问题又浮出水面。青刀豆大战、牛蒡大战接踵而至，龙大后院也突起硝烟。

　　1993年，风传青刀豆外商订单骤增，莱阳出口企业便争相收农民手中的豆荚。没几日，青刀豆的价格由0.5元/公斤抬升到1.5元/公斤，对某些企业而言，1.5元/公斤的价格已经濒临赔本边缘，但企业无奈之中仍大量吃进。有意思的是，日本商人来了，只到各加工点转悠，没等日本人开价，库存已久的各企业早乱了阵脚，开始自相残杀，将价格压到低于正常水平。这一年，日本人略施小计，便从中国企业身上剥走一层皮。宫学斌盛怒之下，牵头成立了烟台农产品出口企业行业协会，中国企业间的价格倾轧戛然而止。"面对外商，中国人必须形成统一的应对策略。"

　　一波未平，一波又起。牛蒡大战烽烟再起。这一年，日本国内牛蒡歉收，大量日商拥入莱阳抢购，牛蒡价格迅速由1.2元/公斤升至3.6元/公斤。宫学斌来到田间地头找到与自己签订了收购合同的农民："伙计，今年牛蒡卖给谁啊？"答："谁给钱多，就卖给谁。"宫学斌知道，为了信誉，今年恐怕要赔本了。

　　当年，龙大赔了70万元。

　　来年春耕，尝到甜头的农户成倍扩大了牛蒡种植面积。宫学斌获得的准确消息却是，该年日本不会减产。他数次忠告农民立即收缩种植面积，短视的农民置之不理。果然，农户们最终输得哭天抢地。

　　祸福相依。宫学斌的"福"建立在万千农户的"祸"之上。"农民的固执和对科学的漠视，往往在感到切肤之痛后才会改变。"怎样以此教训为契机，让农民紧紧团结在龙大周围？上百次调查研讨之后，1993年，龙大得到农户彻底信任,深度协作终于达成。

龙大以"果蔬供销合作社"的方式将农户组织起来统一生产。合作社为独立法人,以农户入股方式组成。合作社按出口市场行情与龙大签订供求合同,然后再安排入股农户种植生产。龙大除保证收购之外,在物资、技术、运输、信息等方面为合作社和农户提供大力帮助;同时为了巩固原料供应的稳定性,龙大设立了示范性、合同性、协作性基地开发部,加强原料基地的管理和技术指导,发展蔬菜种植基地8666.67公顷,覆盖了7个省70多个县市……

至此,农户利益得到保障,龙大后院无虞。至此,宫学斌实现对农户、产品和外商三个企业生存发展核心环节的真正规范和控制。

1997年,宫学斌开始上马有机食品。这种从未被化肥农药污染过的土地上自然生长出来、绝未受到污染的农作物加工而成的食品,风行西方世界,欧美年需求量以50%的速度递增。

没有观念的更新和角色的转换就没有事业的突破。10多年来的成功经验早已诠释了这条龙大理念。1999年,龙大集团共兼并、控股14家企业,集团实现年产值8.06亿元,出口创汇5 600多万美元。宫学斌本人也被誉为"中国果蔬加工大王",被评为"全国劳动模范",以他为原型的6集电视剧《白领农民》在中央电视台播出……

# 钟华生：20 世纪 80 年代的"农民度假村第一人"

从 1976 年到 1981 年，钟华生放弃了去县水利局当副局长的机会，留在白藤湖任总支书记，继续谱写"开发桑田"的第二乐章。他制定了"一水、二塘、三副、四粮"的发展方针，大力发展开发性农业。6 年间，他们共种树 40 万棵，开发稻田 2 000 亩、鱼塘 2 200 亩、蔗田 2 500 亩、藕塘 3 000 亩，使农民的人均收入由 90 元增加到 400 元。

## （一）大无畏的农民企业家

他原只是个小小的乡镇文书，拿着 50 元钱，从孙中山故乡走出来，鼓捣起他的经营梦。岁月风霜，历尽万难，但他毕竟能力不凡，在荒凉的白藤湖上建起中国第一个农民度假村，继而空手聚财，借水还油，魔术般地把海内外巨资引到珠海的"西伯利亚"。于是，一个现代化港口城市初具雏形。他的格言不同凡响：将军起路，不追小兔……

钟华生无疑是一个传奇式的人物。

有人称他为"中国最大的空手道大师"。他曾用 50 元起家，建起了中国第一个农民度假村；其后他又在一片荒凉的海滩上，靠空手聚财打下了一个现代化港口城市的基础。钟华生玩"空手道"与别人不同，他既没有在商品流通领域买空卖空，也没有在股票和房地产市场上翻云覆雨，他是以精卫填海的魄力和改革家的智慧，向海要地，以地生财，以才生财。钟华生的"空手道"为共和国的版图拓展了疆界，"中国最大'空手道'大师"的称号，他当之无愧。

有人说他是"中国'农民意识'最少的农民企业家"。对此评价，他并不完全赞同，他认为把"农民意识"理解为狭隘、愚昧和保守，本身就是一种僵化的观念。在钟华生的观念和实践中，中国农民具有富于创造性的伟大力量，是改革的先锋，他们一旦掌握了自身命运（自主权），就能够自我解放、自我转型，成为现代生产力的代表。可以说，无论职位和身份如何改变，钟华生那一颗"农民心"始终没有变，这也许正是他富于传奇色彩的另一个原因。

钟华生不是哲学家，但他的思想观念却充满哲理，他关于"泥土与黄金"的辩证法，被国务院农村发展研究中心副主任吴象写成专文加以介绍；钟华生不是经济学家，但他从实践中探索出的"共享经济模式"，在摸着石头过河的中国改革进程中具有惊人的超前性和创造性，以至被专家们称为"钟华生经济学"……

钟华生究竟何许人也？"现代精卫"、"空手道大师"、农民企业家、大工业建设指挥者、"地产大王"、没有著作的经济学家、哲学家和诗人，这些头衔也许都可以安到他头上，但似乎又都未点出他的人格本质。本质上，钟华生是一个有"拓荒癖"的开拓者，一个永不知足的创业家。记者曾目睹一位新闻界的朋友提议为钟华生写传或拍电视剧，他婉言相拒，并淡淡地留下一句意味深长的话，"还是让业绩去写'传'吧"。

## （二）白藤湖沧桑三部曲

1935年，钟华生出生在孙中山先生的故乡广东省中山县（今中山市）。他自幼家贫，家里靠租别人土地为生，父亲远走香港做理发工。钟华生在村里读完小学后，因无钱到外村读书而辍学。解放后，钟华生的母亲成为土改积极分子，少年钟华生在土改工作队的影响下，开始萌发改变家乡面貌的意识。1951年，16岁的钟华生参加工作，先后做过乡文书、区团委委员。1955年入党，到20世纪60年代初，他担任过社党委宣传部部长、公社书记等基层领导职务。在那个火红的年代，年轻气盛的钟华生带领乡亲们治海潮、搞水利、抓生产，干

## 第二章 亦步亦趋——乡镇企业的突围

得风风火火。在"大跃进"的锣鼓声中,他也犯过"放卫星"的冒进错误。在随后的"四清"和"文化大革命"风暴中,钟华生被定为"走资本主义道路当权派",被贬到斗门县(今斗门区)北蕉公社当干事。政治运动的风风雨雨使钟华生的思想变得成熟起来,但同时他也因无法施展实干家的才干而深感苦恼。他后来回忆说:"我这个人,搞生产好像还行,有一套,碰上运动就不行,跟不上。"

1971年初,斗门县成立了根治白藤湖工程指挥部。钟华生被任命为工地现场指挥,率领800人的水利大军到白藤山下安营扎寨。白藤湖位于斗门县南部珠江支流两个入海口的分流处,当时是一个"一片汪洋都不见"的不毛之地,被当地人称为"鬼仔角"。当地民谣曰:"白藤沧海水连天,霞影朦胧渺渺然,潮水洪碱风浪险,农家渔户泪涟涟。"去白藤指挥围垦,被人视为避之不及的苦差,钟华生却甘愿去"鬼仔角"战天斗地。没有人料到,连钟华生也不曾想到,白藤湖的开发有朝一日会成为闻名全国的事业。他当时只抱着一个单纯的念头,到一个远离政治旋涡的地方去干点实事。钟华生通往著名农民企业家之路正是从这里起步。那一年,他还不到36岁。

随后的4年多,钟华生他们战台风、斗海潮、移山填海,溃而复垒,终于筑起了一道8千米长的拦海大堤,围垦出20平方千米的土地和湖面。"治理沧海"的乐章就此结束。从1976年到1981年,钟华生放弃了去县水利局当副局长的机会,留在白藤湖任总支书记,继续谱写"开发桑田"的第二乐章。他制定了"一水、二塘、三副、四粮"的发展方针,大力发展开发性农业。6年间,他们共种树40万棵,开发稻田2 000亩、鱼塘2 200亩、蔗田2 500亩、藕塘3 000亩,使农民的人均收入由90元增加到400元。白藤湖解决了当地人的温饱问题,但钟华生并未因此满足,他要在这片桑田上再谱写一首"人间乐园"的第三乐章。时值20世纪80年代初,改革开放的春风正在神州大地劲吹。通过打开的国门,钟华生还受到来自港澳的"南风"熏陶,新的观念和冲动在他心中萌生。他认识到,农民要致富,光靠单一的传统农业不行,必须改革产业结构,大力发展二、三产业，把农民从小生产的束缚中解放出来。那么，产业转型的突破口在哪里呢？白藤湖发展工业不具备资源条件，但这里湖阔天高，环境幽雅，物产丰富，加上地接特区，毗邻港澳，水陆交通方便。何不让人们来白藤湖吃莲藕、吃虾蟹，连吃带玩，农产品也可就地增值？思路确定后，钟华生推出了"住水边、食海鲜、玩水面"的旅游业发展方针。于是，中国改革大潮中的一个新生儿——旅游农业，在白藤湖诞生了。著名经济学家于光远后来说，旅游农业是个创造，是个新概念，应该给钟华生发奖金。

1982年秋，白藤湖在简陋的"知青楼"里搞起了旅游业，次年旅游收入即达180万元，接近农业收入的2/3。初步领略到旅游业的魅力后，白藤湖于1984年建立了中国第一家农民度假村。农民办度假村，当时在世界上也是破天荒的事，不少人表示怀疑。首先，资金从何而来？白藤湖底子还薄，要办具有规模的旅游业力不从心。度假村开业不久就赶上国家收紧银根，从银行贷款的路也被堵死了。面对骑虎难下之势，钟华生突出奇招，利用白藤湖土地是由农民在政府支持下围垦出来的自主权优势，向投资者提供无偿使用土地、房产权永远归投资者所有等6项优惠待遇。这些优惠措施一出，很快就吸引海内外的投资者接踵而至，短短几年间，偏僻的白藤湖竟引来内地和港澳80多个单位的2亿多元资金，使度假村建设保持平均每年竣工几万平方米的速度，酒楼宾馆如雨后春笋般冒出来。白藤湖"以地生财""以水生财"，以超常速度腾飞起来，名声远播海内外。到1988年，由钟华生挂帅的白藤湖联合发展总公司资产达到1.3亿元，农民年人均纯收入达1 620元，农户平均拥有资产5万元，70%的农民转入非农产业。白藤湖度假村成为广东四大"拳头景点"之一，拥有客房900多间，床位3 500个，年接待游客80多万人次。当游客跨入度假村的大门——由钟华生题名的"好景门"时，呈现在眼前的是绿荫红瓦、鸟语花香，好一副人间乐园的景象。在度假村成立4周年之际，一个苏联记者代表团访问了白藤湖，所见所闻令见多识广的洋记者们震撼。一位记者感慨道："法国有位作家说过，要想贫穷，你可以接触三样东西：女人、赌博、农业。现在我认为，白藤湖的事实可以推翻他说的第三条。搞农业未必贫穷。"

　　白藤湖何以致富？钟华生向国务院扶贫领导小组负责人林乎加介绍经验时，把他的思路概括为这样一句话："荒凉，黄金成为泥土；兴旺，泥土变为黄金。"那么，荒凉和兴旺的区别在哪里呢？钟华生的解释是，在于流动——人、财、物的流动。首先是人的流动，人流动了，人来人往了，就会带来资金流动、商品流动。如何促进流动呢？一个字——利。钟华生的利益观很特别，他多次强调，我们在与他人的经济交往中，不仅要坚持平等互利、共同获利，同时还要坚持你先利，我后利；眼前让利，长远得利；直接让利，间接得利。外人来白藤湖投资，地皮不要钱，产权归投资者，这不是太亏了吗？但钟华生算的是这笔账：既然来我这里建房，就要用我的劳力，用我的材料，泥土不就变成"黄金"了吗？设施建在这里是搬不走的，其发展必然招来更多的人，必然给这里带来兴旺，我的农产品可以就地升值，还不用说人才、信息这些无形的财产！算起总账来，难道不是很划算吗？"直接赚钱不是真本事，间接赚钱才是大本事。"钟华生如是说。好一个大智若愚的钟华生！比起那种处处精明、锱铢必较的生意人，究竟谁更高明呢？

## （三）今日借君一杯水，来日还您一桶油

　　正当钟华生准备再接再厉，在度假村基础上投资10亿元兴建一座多功能旅游城时，另一项更富挑战性的艰巨事业使他走出了白藤湖。

　　1988年9月，珠海市委扩大会议做出了开发西区的战略决策。经过国内几十名专家论证，西区高栏港可以建成比香港维多利亚港大1倍的深水港，对于工业发展受港口制约的珠海来说，大港口可以带来大工业、大经济、大繁荣，实现"一港带全局"的发展战略。"开发西区，死不回头！"市长梁广大一锤定音。俗话说："三军易得，一将难求。"梁广大慧眼识才，大胆起用钟华生去挑开发西区这副重担。1988年12月，珠海市成立三灶管理区（即西区），钟华生被任命为区委书记兼区长。跨出"好景门"，奔赴荒海滩之际，他给继任者留下这

样一首诗:"耕耘十八载,难得半朝闲。喜见民间乐,又踏万重山。"

西区号称"珠海的西伯利亚"。钟华生来到西区,面对茫茫大海和杂草丛生的海滩,他手里有的只是70名干部编制和40万元开办费,任务却是在这里建起一座现代化的港口城市,听起来简直就像天方夜谭。无怪梁广大幽默地说:"西区这仗打的是'空手道'。"

不仅如此,西区开发偏偏生不逢时。当时国家刚开始3年治理整顿,到处都在抽紧银根、压缩基建。同时,外商的投资意向减弱。紧接着,一场强台风横扫西区,造成2000多万元的损失。

西区开发陷入了困境,各种议论沸沸扬扬。

"困境不等于绝境,低潮不等于死水","低潮中勇于抓机遇,高潮中善于抓机遇"。喜欢逆水行舟的钟华生没有知难退却。

机遇在哪里?钟华生认为,银行没钱,政府没钱,不等于民间没钱;全国经济紧缩,囤积在老百姓手里的7 500亿元储蓄必然要寻找出路。问题在于通过什么办法和途径把民间的巨额资金吸引到西区来。

钟华生再次搬出在白藤湖屡试不爽的优惠让利政策。这次,他把它提炼成一句动人心弦的话:"今日借君一杯水,明日还您一桶油。"

一个向民间招股围海造地的集资方案出台了:投资5 000元为一股,两年后,西区向投资者提供100平方米住宅用地,迁入一个户口并安排工作。算下来,西区土地每平方米仅50元,而珠海市区是2 000元,香港繁华区达50万元!

果然不出所料,投资者纷至沓来。不久每股由5 000元涨到10 000元,半年后再由10 000元涨至15 000元,投资者依然蜂拥而至。仅仅一年间,便有上万人集资入股,西区因此获得了启动资金近2亿元。西区把这笔钱的一部分"投"进海里,填出6平方千米土地,其中1平方千米给入股者建房,其余的土地和资金用于招商和兴建城市配套设施。钟华生给这块面积相当于澳门半岛的新土地取了一个流金溢彩的名字——金海岸。

同时，钟华生又抓住全国压缩基建后大批施工队伍停产窝工的机遇，把各地工程队吸引来西区。他们自带资金、机械和技术，工程完成后再结算。这一招，等于又引进了上亿元资金。在南水至高栏的连岛大堤工地上，挂着全国各省牌号的汽车川流不息。当其他地区偃旗息鼓时，西区却正在进行震天动地的大会战。

1990年起，外商陆续重返中国，中国台湾企业也在闽粤登陆。西区看准机会，先后在香港、澳门、深圳和珠海等地召开新闻发布会和招商会，宣传西区，推出项目。目睹西区巨大变化的外商和港澳台商人疑虑渐消，大量外部资本也流入西区的钱柜。

靠让利战略和自身的投资价值，西区把民间资金和港澳台资本、外资源源不断地吸纳进来。平均每天流入西区的资金，1989年为10万元，1990年为50万元，1991年为100万元，1992年达300万元。随着人、财、物的流动和基础设施的日臻完备，昔日荒凉的土地迅速升值，金海岸遍地"黄金"，当初围海造地投入的几千万元滚出了10多亿元的价值。钟华生没要国家一分钱，不仅创造了举世瞩目的"西区速度"，而且使投资者们赚得盆满钵实。香港富商吴亚伦先生第一个到西区投资500万元围海造地，不到半年就赚500万元。

西区腾飞了，全国来西区参观取经的人络绎不绝，他们都想了解西区成功的奥秘何在。其实，西区成功的奥秘就醒目地写在建设工地的标语牌上："集天下之人才、钱财、经验建设西区！"

## （四）钟氏"人才马缰论"

西区开发之初，如果说钱很稀缺的话，那么比钱更稀缺的是人才。在钟华生看来，人才比钱财更重要，有了人才，就会有钱财，就可以创造一切。在那句"集天下之人才、钱财……"的著名口号中，他把人才放到了第一位。钟华生说："西区建设前无古人，要建设一流的现代化企业，建设一流的港口城市，需要引进、发掘、培养、造就一大批一流人才。"

要想集天下之人才为我所用，首先必须兑现人才和知识的价值。钟华生在一次大会上宣称："现在是轮到科学家富裕起来的时候了。科学家富裕之日，就是点亮全国人民共同富裕的希望之时"；"科学家、发明家是有功之臣，他们应该凭贡献成为百万富翁、千万富翁"。"我们的目标，是争取在今后 10 年造就 200 个百万富翁，造就一批上千万元的富翁。这样，工作、生活在金海岸的人就会有凝聚力，就会感到有前途！"

钟华生说到做到。西区筹资 1 000 万元成立了专门重奖人才的"龙人基金会"，每年拿出 100 万元奖励有突出贡献的人才；西区投资 2 000 万元，兴建有 30 幢别墅的"科学家新村"；西区还决定，凡带高科技成果来西区者，可用技术入股，股权最高可占总股本的 25%。

在钟华生的人才观中，兑现人才价值是器才，而器才的前提是知才和用才。人才有帅才、将才和英才之分，必须使各种人才各得其所，各谋其事，各展其能。钟华生认为，要为人才提供大展身手的舞台，关键是要解放人，使其真正掌握自己的命运。他有一个"马缰论"，形象地说明了这个问题："要让万马奔腾，首先要做到马缰归主，不能骑马的是一个人，牵马的是另一个人，赶马的是第三个人，要让骑马人自己把握缰绳。"

"士为知己者死"。西区尊才、爱才、器才、用才的氛围，产生了巨大的磁场效应，各路人才慕名而至。浙江金华专利技术研究所所长、曾三次获得国家发明奖的倪雪丰，带着他的盘式电焊条和电焊机专利来西区创业，产品投产后当年就创汇近百万美元，他个人也获得重奖和 25% 的技术股权。曾任鞍山化纤毛纺厂厂长、纺织局局长、市经协委主任的孙生泉，毅然放弃副厅级干部的优厚待遇，南下投奔西区，被钟华生委以工业开发总指挥的重任。据不完全统计，三灶区建区 5 年来，前来求职的各类人才达 5 万多人，相当于全区人口的 2 倍多。

钟华生的人才战略是跨世纪的。他提出到 20 世纪末要引进和培养高科技发明家 500 人、经营管理专家 500 人。在经济大发展到来之前，西区现有机构不能容纳这么多人才，于是钟华生先在基层建起人才储备库。1992年夏，广州的高等院校中刮起了一股"西区旋风"，100多名大学毕业生自愿签订合同到西区去当"村主任助理""厂长助理"，先在基层锻炼3年，一旦西区大发展，他们就将成为"顶梁柱"。钟华生把这称为自己的"中期人才库"。

得人才者得天下。钟华生麾下聚集了数千名来自四面八方的俊才。他们中有硕士、博士，有发明家、企业家……他们甘愿抛开繁华的大都市，离别亲人，来西区跟随钟华生"追梦"。钟华生还聘请了100多名海内外知名学者、专家、企业家和新闻界人士，组成了咨询决策委员会，成为西区开发建设的智囊团。西区不愧人杰地灵，难怪钟华生情不自禁地发出"江山美在人才"的感叹。

### （五）"共享经济"联合舰队

钟华生犹如一股旋风，走到哪里，哪里就发生巨大变化。他的力量来自他那独特的思路和崭新的观念。

钟华生常说，思路决定出路，观念指导行动。有了新的观念和思路，就能够四两拨动千斤。"小平同志视察南方谈话，他带了多少亿元下来？他没有给钱，为什么启动了全中国呢？因为他掌握了时代的脉搏。"这是钟华生最爱举的例子。

钟华生所有的经济观点都可以用一条线串起来，这条线就是他提出的"共享经济"理论。

什么是"共享经济"？钟华生有一段通俗的解释："大家都是企业的股东，也是企业的主人。建立一个企业，我们认为出钱的是老板，出科学技术的是老板，出资源的是老板，出劳力的是老板，出信息的、出管理的也是老板。软件和硬件六个方面组成了企业的股本。根据你的贡献拥有企业股权，给你分红，退休不退股可有继承遗产权。这样就解决了分配不公，解决了短期行为。在这里，我们划了几条线：要共同富裕，不要平均主义；要价值规律，不要僵化模式；要自主权，不要无政府主义。我们要建立的就是这样的共享经济模式。"

尽管有人怀疑"共享经济"带有空想社会主义色彩，但必须承认这种模式是社会主义市场经济的一种大胆创新。它的核心是通过股份制形式实现各种生产要素的结合和多元经济主体的联合，使投资者、管理者、劳动者、发明家形成休戚相关的共同体。特别是"管理入股"和"劳力入股"，突破了一般股份制的股本概念，承认企业家和劳动者的创业精神和经验也是一种资本，突出了人在生产力诸要素中的主体地位和价值。

钟华生不是经院式的理论家，他朴素的理论是为实践服务的。1991年6月，钟华生邀请全国16个省市的私营企业主、个体大户、发明家及集体企业和国有企业的代表聚会于白藤湖，会上他发表了"树大招风、树多抗风"的著名演说，提议按"共享经济"模式组建一个股份制企业。这一提议得到与会者的热烈响应。同年9月，珠海市群星实业股份有限公司在西区挂牌成立。群星公司由企业家、科学家和经营家组成，股东来自全国20多个省的100多个市县，"成分"包括全民、集体、私营和个体（仅个体户就达3 000多家）。该公司被人称为"中国超级股份公司"。群星公司以开发房地产起步，逐渐成为拥有上亿元固定资产、有相当知名度的大公司。

1993年12月，钟华生与著名的南德经济集团总裁牟其中在广州举行了会晤，共商联合大业。他们宣称，中国即将迎来第三次经济发展高潮，中国企业应当冲破地域和体制的分割，走大联合之路，组成"联合舰队"，浩浩荡荡出海参与世界竞争。北牟南钟，一个以"99度+1度"理论起家，一个以"借水还油""共享经济"创业。南北两大企业家的握手，在新闻界引发了场轰动。它的意义也许不仅表明中国企业在市场经济大潮中开始走上自觉联合的道路，还昭示着中国企业家阶层正在萌发自立自强的意识，他们将由必然王国迈向自由王国的新天地。

### （六）将军起路，不追小兔

钟华生由一个农民企业家一跃成为珠海市委常委，但他从不为乌纱帽所累。

他淡泊于官场，汲汲于事业。为了宣传改革，宣传西区，他广交朋友，重视舆论，从不拒绝新闻界的采访。也许有人认为他爱沽名钓誉，但他有自己的道理。他认为，改革是一场大革命，是产业革命、生产力革命、市场革命、体制革命、管理革命。对这样一场大革命，没有舆论，就换不了脑筋，就不能动员千千万万人民群众投身于这场伟大的事业。因此，他响亮地提出"舆论开路，软件起步，硬件致富"的口号。西区的起飞，舆论宣传确实起到了鸣锣开道的作用。而钟华生通过与新闻界、理论界的交往，自身也吸取了丰富的养料，思想在碰撞中不断升华。

钟华生是一个"创业狂"。他对事业的追求永无止境，绝不甘于"见好就收"。他曾对记者说："人生最可贵之处，是不断地追求和创造。冒险、开拓已成了我的生命冲动。我已工作了40年。回顾人生，展望前路，我总结了四句话——四十春秋伴艰辛，风雨同舟浪里行。人生何处不惊险，贵在难中奏凯旋。"

1994年，在西区开发3周年之际，钟华生抚今追昔，赋诗言志："三年一瞬间，盛事几翻番。前茅期待席，赶潮莫等闲。"

# 第三章
## 巨人黎明 | 国企改革的尖兵

在计划经济体制下，国有企业的生产经营政策完全由计划部门制定，企业没有生产经营的自主权，盈亏全部由国家负责。因此，经营管理人员的积极性不高。

随着党的十一届三中全会的召开，国企改革被提上日程。此时的国企改革主要还是围绕着"放权让利"这个核心主旨进行，国家提出了多种国企改革的方式，先后推进了扩大企业经营自主权、利润递增包干等政策试点。

这一阶段的改革，主要以调整国家和企业的关系为核心目的，不过，从另外一个层面而言，以"放权让利"为核心的国企改革并未真正突破传统的"大锅饭"制度，所以说这个阶段的国企改革并没有真正触及传统企业制度的根本。这也是党的十二届三中全会以后确定进一步深化国企改革的时代背景。

但是这些措施从实际效果来看，很大程度上激发了企业的经营活力，为后续的企业市场化奠定了牢固的基础。

虽然中国这个时候在改革开放上走过的路程还很短，但是大家已经感受到了"摸着石头过河"的不易。

## 钟信才：中国灯王

在计划体制下，购买设备超过 5 000 元，就要上报立项，层层审批，有时画圈、盖章就要搞上一两年。钟信才嫌这套程序太麻烦，悄悄地"简化了一下"。在"佛山照明"，几万元、十几万元、上百万元的设备，由钟信才批了就可放胆去买。于是乎，他一人签名顶几十只章，背着领导就迅速地把 20 世纪 60 年代的单机、半机械设备更新为比较先进的联动生产线。

### （一）一匹黑马

1964 年，被"发配"到佛山的江苏佬钟信才，领导他的"佛山照明"，在旧体制下八面突围，标新立异，被状告"贪、乱、霸、专"。上面查下来，大吃一惊。中国灯泡出口价由他说了算，逼得老外"哇哇"直叫。老外开出年薪 40 万美元的条件，钟信才仍拒绝给他们当总经理。他让佛山灯泡直逼世界大牌。墙内开花墙外香，他被外国人誉为"中国灯王"。

钟信才的王国是一个灯的王国。今天，在世界各地的高楼大厦里，钟信才属下的佛山电器照明有限公司出品的灯泡，正闪烁着耀眼夺目的光芒。

早在 1992 年底，美国佬就打着白旗到佛山来了。闻名世界的跨国集团美国通用电气公司的总裁小约翰·韦尔，向"佛山照明"的董事长兼总经理钟信才服软："你们的产品在国际市场上咄咄逼人，追得我们喘不过气来了，许多市场均告败退，节节失守……"

心怀叵测的美国佬比较财大气粗，一番考察之后，立刻亮了底牌：此番东来，目的很明确，就是希望购买刚刚组建为股份有限公司的"佛山照明"51%

的股份，出价是 5 000 万美元。

韦尔总裁还表明，如果组成合资公司，仍要任命钟信才为总经理，年薪不少于 40 万美元。

谈判最终未能成功，原因且不细说。

美国人一计不成，又生一计。韦尔先生向佛山市市长试探："能否把钟信才借到美国帮我们管一个厂？我们宁愿用技术转让做补偿。"

钟信才，何方神圣，竟受洋人如此青睐？

美国人走后不久，钟信才出访日本，考察国际上节能灯的生产情况，他已立意投巨资开发这一项目。

没料到，"中国灯王"的名声也早已扬威东瀛。在著名的东芝公司，敬业崇道的日本人以最高规格的礼遇，来表达他们对钟信才的深切敬意，免费接待，车间、工艺流程、产品均任随参观。目的不外乎一个：希望与"中国灯王"合作。

就这位在国际市场上翻江倒海，把不可一世的美国人和日本人给征服了的"中国灯王"，此时，在国内竟然并没有多大的名气，可谓"墙里花开墙外香"。

广东人关注到此公司、此人，是在 1993 年春天。当时，佛山市公布了上一年度的企业排行榜，利税超亿元的"巨富"共 3 家，分别是大名鼎鼎的合资企业"健力宝"、生产家喻户晓的"容声"冰箱的乡镇企业珠江冰箱厂，以及"名不见经传"的国有企业"佛山照明"。令人惊叹的是，前两家企业，产值均过 10 亿元，而"佛山照明"产值才 4 亿元，效益优劣立判。

不消说，在珠江三角洲，自 1980 年以来，"三资"企业和乡镇企业异军突起，凭借其灵活的机制迅速发展，大展雄风，似有一统天下之势。相反，笨拙负重的国营"老大哥"们，却老态龙钟，步履艰难，十分不济，纷纷"退居二线"，能像"佛山照明"这样与前者争雄打擂、分庭抗礼者，似无二例。

中国人关注到此公司、此人，则是在 1993 年底。各地股民们吃惊地发现，深圳股市杀出了"一匹黑马"，一飞冲天、大受追捧，股票一上市就越众而出，悠然坐上了最高价的龙头股宝座。此"马"姓甚名谁？正是"粤照明"！

事实上，钟信才并未刻意追求这种"不鸣则罢，一鸣惊人"的轰动效应。其在国外成名，鸣于市场；而在国内成名，鸣于股市。这种成名的方式本身，就说明了它不是一种目的，而仅仅是一个结果。这几年，中国企业界出了不少风云人物，炒得火爆，四处做报告，语惊四座，掌声雷动，响彻云霄。到头来，却大多昙花一现，能立住脚的没几个。是非功过，后人评说。有的斥他们骄傲自满了，腐化堕落了。成功时众星捧月，吹得天花乱坠；退场时口诛笔伐，故作痛心疾首之语。

对此，钟信才感慨尤深。在他看来，许多改革先锋的失误，不外乎两条：第一，人被新闻记者这个"杀人不眨眼的刽子手"捧杀了；第二，企业让无情的市场抛弃了。

钟信才不想出名，也怕出名。

珠江三角洲许多企业看重宣传，热情接纳各类记者，敬之为上宾。而在"佛山照明"，这些年上至中央下到地方的记者们，不知吃了多少闭门羹，要想见到钟信才，简直比见市长还难。

"无冕之王"们少不得恼羞成怒，有人破口大骂："你们钟信才，有什么了不起，企业不大架子大，真不识抬举！"

就这样，当钟信才把他的王国越筑越大、越筑越坚实，垄断了国内同类产品出口市场份额的一半以上，并在国际市场上与美国人、日本人一较高下的时候，始终有堵围墙挡住了外人的耳目，除了同行之外，谁也摸不清他的真实实力。因此，也才有了"企业不大架子大"之说。

商界真正的高手，正是这种在市场上呼风雨、掀波澜，而又不动声色者。

是火，就不会被纸包住。市场和股市上的风云，终于掀开了笼罩在"佛山照明"头上的那层神秘面纱，"中国灯王"的名声不胫而走，钟信才10余年来的许多非凡之举，终于被挖掘"出土"。

此时的钟信才，似乎已不能再刻意潜藏了。他淡淡一笑说："消费者和股民，有权了解这个企业，也有权了解它的掌门人。"

## （二）一个奇人

集江浙人的精明灵巧和广东人的"大胆妄为"于一身，这就是钟信才，一个被"发配"到广东的江苏佬，一个奇妙的"混血儿"。

记者们果然妙笔生花。"灯王"出名后，有人吹捧"钟信才，这位南京无线电工业学校毕业的高才生……"云云，不巧又恰好让他的一位老学友读到了，不禁哑然失笑："要真是高才生，当年又岂会被分到广东去？"

这话只说了一半，但透露了两层意思：第一，老钟当年读书时表现并不怎样；第二，当年广东也很落后，是个没人愿意去的地方。

钟信才一毕业就到了佛山灯泡厂（"佛山照明"的前身），干了15年后，从技术员、生产技术股长、副厂长一路走过来，于1979年接掌厂长职务，成为全佛山市第一个工程技术人员出身的厂长。

此时的佛山灯泡厂，产值、效益在全国同行业中，位列倒数。

70%的中层干部对钟信才的任职投了不信任票。不信任，就是对他以前一贯表现的否定、对他能力的怀疑。

否定与怀疑，绝不是因为钟信才平庸，而恰恰是由于他的"离经叛道"。此人许多标新立异、擅越雷池之举在当时的社会环境下，着实令人难以理解。

向职工抛出一句"不成功便成仁"的誓言之后，钟信才便"独断专行"地按自己的思路干了起来。

在计划体制下，购买设备超过5 000元，就要上报立项，层层审批，有时画圈、盖章就要搞上一两年。钟信才嫌这套程序太麻烦，悄悄地"简化了一下"。在"佛山照明"，几万元、十几万元、上百万元的设备，由钟信才批了就可放胆去买。于是乎，他一人签名顶几十只章，背着领导就迅速地把20世纪60年代的单机、半机械设备，更新为比较先进的联动生产线。

此一招，大有广东人敢作敢为之气魄。

在计划体制下，一个萝卜一个坑，"装酱油的瓶子不能装醋"，经营范围划得泾渭分明。钟信才是做灯泡的，他偏要"不务正业"搞房地产。早在20世纪80年代中期，炒家们还未"醒水"时，钟信才就带了几个精明人才跑遍佛山市，在每一条马路边、每一个闹市区，分散性地买下了1 000多处临街铺面，美其名为"工厂门市"。这样，不声不响就占下了2万平方米的"旺地"。6年后，房产猛涨，这些铺面租金每平方米涨到1 000元以上，钟信才乘此良机抛出1万平方米，轻轻松松赚进1 000万元。

最精彩的，莫过于"赞助40万、反赚50万"的故事。世界女足锦标赛选定佛山为一个赛场。体育场的人找到钟信才，希望赞助一套全场的电器照明设备（约值20万元），另给赞助款20万元。当时，全市都鼎力支持这场赛事，有钱出钱，有力出力，你照明公司也不能太小气吧。钟信才眉头一皱，计上心来：支持，但有个小小的条件，把你们体育场临街的一个铺面租给我们，租期定为10年，马上付款。对方一听乐了：多得一笔款。于是，双方签约。

两年过去后，体育场周边成了闹市，铺面租金打滚似的上涨，每平方米直蹿8 000元。待涨到最高价时，钟信才不动声色，将10年租约转让出去，这一进一出，净赚50万元。

这一招，则大显江浙人精明算计、绝不吃亏之本色。

## （三）一串怪招

1984年初，一条新闻震动国内外：福建55个国营企业的厂长，写信给省委，呼吁"请给我们松绑"，要求扩大自主权。

钟信才也是国营厂长，却从来没说这要求上级"松绑"的话。他说的是："从来都是先闯出了经验，才有红头文件的，所以，不要你松绑，我自己来松。"其策略是"悄悄地进庄，打枪的不要"；其招数是"无刀胜有刀"。

20世纪80年代初，厂长无人事任免权。钟信才不信这一套，先把平庸的人架空，把能干的人提上来。上头不承认，那不要紧，我自己认账就行。

于是，便出现了这样的怪事：钟信才任命的干部，不能出席组织人事部门召开的相同级别的会议，因为他们是"非法"的，档案里没记载。好在厂里效益好，中层干部们也不在乎。直至20世纪80年代中期，允许厂长任免中层干部了，钟信才任命的干部们才从"地下"转到"地上"，由"非法"变"合法"。

"大锅饭"养懒汉，有些人最后懒惰成性，改不了。而按当时的规定，厂长又不能随便开除工人。钟信才决定"送瘟神"，并想出一招妙棋。

他开始找"混混"们谈话，第一位是位出了名的"懒猫"。

"我看你在厂里干活很不上劲，是不是眼红外面的个体户赚钱红火呀？"钟厂长笑眯眯地问。

"是呀！是呀！人家都发达了。我们这几个钱不够人家吃顿饭。""懒猫"趁机发牢骚。"这样好不好，我给你一个机会，干送你4 000元作本钱，你出去干个体，赚了是你的，亏了回来，工龄继续算。"

哇，有此等好事，"懒猫"直怀疑厂长在开玩笑。

"我这是当真的。"就这样，赔送三四千元不等的"嫁妆"把厂里40多个闲散人员欢天喜地地送出了厂门。说是亏本了回来，实际上一个也没回头，"好马不吃回头草"，老钟已经把人性揣摸透了。

接着，他又宣布：不到年龄想退休的、因病经常要请假的，厂里一律发给100%的工资，不用再来上班了。引起一阵轰动后，又一批人心甘情愿走了。

赔钱不多，队伍精干了，人浮于事的现象没有了，扯皮、推诿的事情减少了，企业的效率提高了。

从1980年起，钟信才就只招收中专以上的毕业生为工人，其余一律实行合同制。此举亦算非凡。迄今为止，偌大个"照明王国"，正式职工仅区区600人，其余几千人全是合同工。这叫：永远轻装前进，没有包袱。

对付来自上头的"形式主义"，老钟也颇有奇招。

一次，市有关部门下达通知，要厂里组织一个"工人打枪班"，脱产练武十来天。钟信才犯了难。本来，按规定每个工厂必须设一个人武部与上级对接，他嫌机构太多，就搞了个"假庙"，让团委书记兼人武部长。

这会儿，工厂生产任务这么紧，怎么抽得出人脱产去打枪？左思右想，"破法"出笼：他找来团委书记，让他到社会上招募七八个待业青年，假冒生产工人去"脱产打枪"，每天补助10元钱。事情就这样给应付过去了。后来上头知道了原委，批评下来，老钟理直气壮："全民皆兵嘛，训练了社会青年一样是成绩。"

上头发文件来，某某报刊一律要订到车间班组。钟信才就发通知下去：车间、班组一律不准订报，工厂阅览室可以多订几份。他说："上班时间就是干活，要看报下班再说。"他自己的报纸，也是订到家里，决不占用上班时间。

钟信才"自以为是、自作主张"的事干得多了，终有"原形毕露"的一天。

1989年初，有人投书省、市纪检部门，状告钟信才：贪污受贿、违法乱纪、专制霸道、排斥异己。联合调查组来了，一头扎进"佛山照明"这个"闷葫芦"里摸情况。一查查了数月，钟信才"平生不做亏心事，夜半敲门心不惊"，果然清白无辜，唯一有争议是做事逆于常规，我行我素，但说来说去全是为了企业发展，而企业也确实发展了，厂长自己并未从中谋取私利。

这一查不打紧，钟信才"过了关"，可企业却被曝光了：原来你们改革先行了一步，原来"佛山照明"已是佛山的"超级富翁"。真是不查不知道，一查吓一跳。

查案，查出个"中国灯王"，查出个"全省先进"。

## （四）一个王国

钟信才的"照明王国"，是从一间"要死不活"的小灯泡厂成长起来的。这样的厂，原先全国少说也有几百家可以与之平起平坐。而今，死的死了，活的半死不活，能望"佛山照明"之项背者，屈指可数。

钟信才似已不屑于在国内"窝里斗"，1994年，"佛山照明"90%以上的产品出口国外，年创汇数千万美元。可以说，已到了中国灯泡的出口价格由他说了算的地步。他要升价，全国跟着升；他要降价，全国跟着降。

能达到"会当凌绝顶，一览众山小"的境地，是经过了艰难而自信的跋涉的。

钟信才上任之初，灯泡行业还是属于国家计划保护的，严格按国家计划安排生产。这样，既吃不饱，也饿不死。钟信才不安于此，他史无前例地宣布：我们的灯泡可以直接进入市场。他采取先发货后付款的办法，鼓励来厂直接进货。如此由小到大，企业逐步转向市场，率先一步打开了局面。

1985年，省、市进出口管理部门希望组织"佛山照明"的灯泡出口，价格可观。钟信才思之再三：只有落地生根才能枝繁叶茂，我得先把广东、把中国市场占稳了，否则，一旦出口斗不过别人的产品，再杀回马枪，怕国内的立锥之地也丧失掉。于是，他婉言谢绝了可以轻易到手的财运，狠抓品种、质量，先攻国内，再图海外。

1986年前后，"佛山照明"的灯泡风靡岭南，走俏大半个中国。钟信才决定向外出击了。

进出口公司又适时找上门来，希望代理全部出口业务。"那不是隔山卖牛吗？不行！"

钟信才执意要供需双方直接见面，把生意做踏实，还可以掌握第一手的市场信息。

进出口公司的垄断地位被置之于不理。钟信才走深圳、跑珠海、闯香港，通过一些当时还不合法的民间经纪公司，直接和外商接洽，第一个来的是赚钱技巧世界第一的犹太商人。他不住宾馆，一头扎进工厂，坐在钟信才的办公室亲自"督阵"，不光鸡蛋里挑骨头，还鞭打快牛，手挥一沓沓定单，催促工厂加班加点赶交货时间。否则就威胁：我去上海灯泡厂订货。这一逼，逼得钟信才比张兴让还要早几年在厂里推行起比"满负荷工作法"更来劲的"超负荷工作法"。

犹太人的这一课，使"佛山照明"获益匪浅。"中国灯王"在刚刚迈步走向世界的时候，就领略到时间观念、竞争意识和质量意识等国际市场竞争的原则。随后，美国的"教头"、联邦德国的"高参"、日本的"教练"接踵而至，钟信才如获至宝，孜孜不倦。在走向世界的同时，他和他的"照明王国"，也向世界敞开了胸怀。

接下来，钟信才用钱向有关部门"赎买"了部分产品自销的权利，开始搏击市场。到 1994 年为止，"佛山照明"的年产量从原来的 500 万只直冲 1 亿只，全部自产自销，产品品质直逼世界名牌，在国际市场上咄咄逼人，"龙行天下"，把美国佬也挤得"哇哇"叫。

尽管"佛山照明"在国内同行中已独占鳌头遥遥领先，钟信才的目标却并不止于此。

照明产品 90% 左右的市场在国际上，竞争依然存在并且依然激烈。为了争取时间发展规模经济，提高产品质量，技术改造必须走在前面。在产品设备方面，发展高新技术与改造传统产品并举，拟投资数亿元，重点发展普通灯泡扩产改造、节能灯开发和 H4 汽车灯生产线三大项目。钟信才坚信搞市场经济，不干则罢，要干就得讲规模和效益。

凭着钟信才的"经济脑袋"，他自然绝不会仅仅满足于做"灯王"。股票发行后，收回几亿元资金，可以干更辉煌的事情，搞金融投资、开发房地产、办跨国企业，一切都在有条不紊地进行着。

"少说多干"，依旧是他的行事方针。

## （五）一种境界

和同一时期中国大地上崛起的改革家们相比，钟信才无疑是幸运的。或许，也只有在珠江三角洲这块宽容的土地上，只有在佛山市这样开明、务实的领导的支持下，这位十几年来一步步从计划经济体制下自行挣脱约束的企业家，才得以圆"中国灯王"之梦，昂首走向世界。

"佛山照明"的事业蓬勃发展，"中国灯王"声名鹊起。面对各种纷至沓来的荣誉桂冠，钟信才如是说："虚名于我，不值分文，更不会成为我现在或今后的负担。"

"佛山照明"还是那个企业，那个可以与"世界名流"一较高下的大集团。它有3 000多职工，坐办公室的仍然只有几十人，包括董事长在内，全部在一个特大办公室里办公。任何人都能一眼看到董事长，董事长也可以一眼看到任何人。

钟信才还是那个钟信才，可以与世界跨国公司的总裁们平起平坐谈判，每天却依旧骑着辆自行车上下班。有人劝"灯王"："公司买了'奔驰'车，外出办事的人都可以坐，接你上下班有什么不可以？""灯王"摆摆手："中国人啊，都是上得去下不来，我现在有钱，屁股冒烟（指坐车），哪天不行了，屁股不冒烟了，光口水话都会淹死人，还是趁早有点危机感好。"

无论何时何地，始终保持清醒和警觉，这正是只有高手才能达到的境界。

## 万德明：上海滩上的"扭亏大王"

万德明16岁进厂，从学徒干起，30年中几乎干过毛纺厂所有岗位，在精纺方面已经可以称为"权威"。他到每一个岗位上"现场治病"，手把手教，仅仅3个月，工厂就走上了正轨，在1983年后5个月中竟实现税利600多万元，全年达850万元。"二毛"一举由"小九子"登上了全国精纺行业效益第一的宝座。

57岁的上海第二毛纺织厂（简称"二毛"）厂长万德明待人彬彬有礼。和大多数上海企业家一样，他总是面带微笑，一口吴侬软语，给人的第一印象是非常谦虚、温和。

然而，万德明给人的第二印象却是极其自负。据他自己讲，在1988年夏天一次去北京的列车上，当时任上海市市长的朱镕基同志问他企业兴旺靠什么，他的回答是："靠厂长的经营决策！"

当然，他也有资格这样讲话。万德明最引人注目的，是在企业扭亏增盈方面的特殊禀赋。近年来，他用"二毛"自有资金，一口气在苏、浙、沪、川四个省市接管12家严重亏损企业，并且都做到了当年扭亏为盈，被誉为上海滩上的"扭亏大王"。

他领导的上海"二毛"是一家特殊企业：

"二毛"作为一家大型二类企业，各项主要经济指标连续10年居全国精纺行业之首，却不是国家级企业，甚至不是二级企业；

"二毛"作为一家拥有22家实体企业、职工人数超过1.5万人的紧密型企业、世界级轻纺企业，却不叫集团，甚至不叫总公司；

"二毛"产品80%出口，而且主要出口到被称为"世界最挑剔买主"的日本，却没有一个金奖，甚至没有一个银奖。

万德明很值得研究。

万德明1938年4月28日出生于上海贫苦商贩家庭。父母开一个小店卖菜，他从小起早贪黑帮家里干活，这也影响了他的学业。万德明初中毕业后不得不辍学到裕华纱厂（上海第五毛纺织厂前身）当学徒工，后来又到上海纺织机电厂当工人。

但他还是想念书的，万德明一边做工，一边上夜校，1964年获得纺织专业大学本科文凭，再加上精通业务，被评为上海市四个职工标兵之一。年纪轻轻的他就担任了当时全国最大的毛纺厂——上海"五毛"的厂长（此职务当时未正式公布）。

然而，天有不测风云，"文化大革命"爆发，作为"修正主义苗子"的万德明先是"靠边站"，后是下放劳动。

1972年，34岁的万德明突然时来运转，被召回担任了研制高射火炮自动火炮系统的项目负责人。万德明认为他后来的成功大部分都得益于这段特殊经历。20多年后，他说："我原来只懂纺织，研制自动火炮是毛主席亲自安排的项目。我搞火炮吃了很多苦，但从北航和火炮研究所的老师那儿学到了真本领……中国第一门自动高射火炮试制成功，在东北验收，就是我万德明签的字。"

研制火炮的后期，万德明病倒了，患上了严重的肺炎。疾病影响了他的事业，此后几年中，他的身体时好时坏。这期间他在上海"二毛"担任一般干部。

1983年8月4日，万德明出任上海第二毛纺织厂厂长。

当时"二毛"的情况很糟。次品多，产品严重积压，负债达800万元之多，效益在上海10家毛纺厂中被称为"小九子"。

主要问题是"文化大革命"把人心搞乱了。"二毛"早就建好一个有5 000枚纱锭的新车间，但职工宁愿挤在只有800纱锭的老车间里，就是不肯搬迁。

万德明要求一个星期内全部迁入，立即开工生产。

这一下炸了营。一些职工不敢硬抗，就七嘴八舌向新厂长提出种种诘难。万德明根本不吃这一套，说："你们不要瞎嚷嚷，一个一个来说，有什么困难，我一个一个来解答！"

调皮职工第一次领教了内行厂长的威风。经过几小时"舌战"，所有诘难者被驳得哑口无言。万德明最后说："还有什么话讲？明天给我搬！"

万德明16岁进厂，从学徒干起，30年中几乎干过毛纺厂所有岗位，在精纺方面已经可以称为"权威"。他到每一个岗位上"现场治病"，手把手教，仅仅3个月，工厂就走上了正轨，在1983年后5个月中竟实现税利600多万元，全年达850万元。"二毛"一举由"小九子"登上了全国精纺行业效益第一的宝座。

## （一）"自家孩子自家打"

"上海职工好，但也有许多毛病，"万德明说，"'文化大革命'把人心搞乱了，他们把许多心思用在对付领导上，我不得不花很大精力和他们斗智斗勇。对于这样的职工，厂长必须有魄力和功底，经过三年五载，他们发觉斗不过，才会把精力转到工作上去，逐步成为世界上最优秀的职工。"

万德明开始实施他的长期"人才工程"。

"国有企业干部职工有惰性，不激发不行。"他分析道，"一般来说，老职工对位置不太感兴趣，他们要钱；年轻人则不同，他们往往宁可不要钱，也想要一个好前程。在'大锅饭'条件下，老职工弄不到钱就会疲软，而青年职工觉得没有前程也会疲软。"

"其实厂长只要理解这种心态，就可以激发职工活力。我当厂长后第一件事就是把老职工撒出去，派到江苏、内蒙古、广西、湖南、江西这些毛纺厂去搞技术咨询。这样做的好处很多：首先是厂里挣了钱——每一处可以收10万、20万元的技术服务费；然后是老职工满意，他们可以弄点钱，先富起来；而老职工一走，就让出位置给年轻人，他们肩上压了重担，活力也就出来了。"万德明的"人才工程"是相当成功的。后来，"二毛"兼并、联营、承包、合资21家企业，派了200多人——许多人在"二毛"是一般职员，出去担任厂级或中层干部，一个个都很能干。对这一点，万德明非常得意："我们派出去的厂长大多三十来岁，业务精，拿着上千万元资金独当一面，基本上没有出大问题，这一点别的企业就很难做到。"

万德明对年轻人非常严厉。他常说："自家孩子要自家打。自己打，有恨也有爱；要让别人打，就只有恨，打起来没个轻重了。"他认为企业最容易出问题的是搞基建和跑购销的人员，于是就经常到这些部门走动，时时敲警钟："你们不要贪。工厂一年给你们那么高的工资，没有亏待你们，你们不要吃人家饭，不要拿人家东西！"

万德明的经营方法有些与众不同。他说："工资成本越高，说明厂长越有本事。"在这种理论指导下，"二毛"11年来在为国家积累上亿元资产的同时，把职工收入也提高了10倍。他说，这是"高薪养廉"——工厂不亏待职工，职工也不亏待自己的工厂。"自家孩子自家打"，再加上"高薪养廉"，万德明的"孩子"都很守法，当然也就无须旁人来"打"了。一位中层干部说得好："万德明这个名字，'万'是为国家贡献成千上万；'德'是品德高尚；'明'是明白人，他太精明了！"

万德明的"精明"还表现在企业技改上。当时，"二毛"的设备比较新，但工艺非常陈旧，仅相当于国际上20世纪30年代的水平，这使呢绒产品质量很难上档次。万德明决心将其全部淘汰。这就涉及三个问题：技改所需巨额资金从何而来？原有旧设备向何处去？怎样保持技改当年效益不下降？

这三个问题曾使当时许多企业知难而退，但万德明来了一连串漂亮动作。1984年，国家曾一度放开贷款，鼓励工业企业贷款技改。当时的问题不是能不能拿到钱，而是敢不敢负债经营。大多数企业没有意识到这是一个转瞬即逝的宝贵机遇，坐等上级"拿计划"。万德明与众不同，他来了一个"先斩后奏"，一下举债4 000万元！

旧设备向何处去？当时的普遍做法是折价卖掉，反正是国家的东西，损失就损失吧。万德明却将旧设备用于"投资"。当时，"二毛"在浦东有一个东沟分厂，是乡镇企业，有 600 名职工，3 000 纱锭，设备更破旧。于是，万德明就把淘汰下来的设备作为"投资"来对分厂进行技术改造。

怎样不影响当年收益？万德明发明了一种"金蝉脱壳"式的改造方法："二毛"拆一台旧机器，马上安装一台新机器；而东沟分厂也如法炮制，安装一台旧机器，再淘汰一台老机器。运设备的卡车在中间穿梭，两处流水作业，有条不紊。用半年时间，两厂技改完成，都没有停一天产。

当时，"二毛"有 1 万纱锭旧设备，5 000 纱锭："卖"给东沟分厂后，剩下的给谁？

1986 年秋天，40 千米之外的上海市松江县（今松江区）车墩乡有一家衬衫厂——松江服装厂，发生严重亏损，主动找上门来请求"二毛"联营。双方达成协议："二毛"投入 700 万元设备，将松江服装厂改造成为毛纺厂，占股 52%；松江厂以土地和厂房作投入，占股 48%；"二毛"派人任厂长，负责技术和管理。

这是一次非常成功的尝试。1987 年 7 月，服装厂改换门庭，挂出了"上海第二毛纺织厂松江分厂"牌子。

松江分厂效益很好，当年创利润 502 万元。由于乡镇企业享受免税，不到两年，"二毛"就收回全部投资。

与此同时，万德明又依样画葫芦，于 1987 年"收编"了 150 千米外江苏张家港一家亏损毛纺厂。"二毛"拿出 350 万元淘汰设备作投资，占 35% 的股份，挂上了"上海第二毛纺织厂江南分厂"的牌子。

江南分厂效益也很好，不到 3 年，双方都收回了投资。江南分厂年产值超过 6 000 万元，成为当地最大、效益最好的企业。

经过这番技改，"二毛"拥有了东沟、松江、江南三家分厂，毛纺织能力一下翻了一番还多，达到 2.5 万纱锭，而职工总人数近 5 000 人，实力大增。万德明抓住机遇大干快上。

1987 年，"二毛"成为上海市承包试点企业，承包利润基数为 700 万元。700 万元以内的利润 55% 上缴国家，超过 700 万元的部分全部归企业。"二毛"

抓住这个宝贵机遇，把利润做大到 1 500 万元以上，每年留利超过 1 000 万元，不仅很快还清技改贷款，还积累了雄厚的自有资金。

1991 年，上海推行"转换机制，放开经营"试点，实际是国有企业仿照"三资"企业，扩大经营自主权。最初，"二毛"不在试点的候选之列。万德明进行了测算，如果搞试点，企业税赋率将由当年的实际水平的 10% 上升到 16.5%，按当年的产品结构计算，试点后的几年，企业要多缴 1 000 万元。然而，他更看重的是一个良好的经营机制给企业带来的活力。最后，万德明拍板：全力以赴争"仿三资"试点。这一年的年底，万德明如愿以偿，获得了"仿三资"权。

与此同时，万德明又全力以赴争外贸进出口权。早在 1988 年，"二毛"就采取"借船出海"方式，通过与市投资信托公司联合，成为上海首家以"合作经营，补偿贸易"形式自营进出口业务的企业。

### （二）向下延伸，向外扩展

1991 年初春的一天，美国 HNS 公司总经理济娜女士拜访万德明，并当即签订了 20 万米浅色精纺呢绒的加工合同。

万德明有一个很独特的经营原则：对方亏本的生意不做。这一次，按照惯例，他又询问购买原料的用途。济娜拿出随身携带的几种女式套装，说是要用这批面料加工 12 万件女装，正在上海寻找服装厂。万德明说："那么请您明天还来这里，我为您找中国最好的服装加工厂。"

第二天一早，济娜赶到"二毛"，万德明已经找来了上海第一服装厂和第十二服装厂等实力最强的企业。经过几轮谈判，济娜找到了最好的合作伙伴，对万德明感激不尽。

生意做成了，万德明心中却很不是滋味，他当场就心算出服装厂在这次交易中获得的巨大利润。这个利润为什么不能由"二毛"去赚呢？

说什么也要办自己的服装厂，向下一道工序延伸。但是，这有两大困难：一是投资巨大；二是他不懂服装工艺和技术，怎么办？机会出现了。就在"二毛"不远的地方，有一家服装工业公司下属的光华西服厂，由于经营不善，在1991年发生严重亏损，产品库存积压200多万元，资金周转不灵，已经活不下去，于是主动找到万德明，请求被收编。万德明注意到，这家特困企业所缺乏的正是"二毛"所有的，而它的长处正是自己所需要的。1992年1月1日，"二毛"正式兼并了光华西服厂——西服厂并入"二毛"，"二毛"承担全部债权债务。万德明派出强大的工作组进驻西服厂，"不改牌子，先换脑子"，按"二毛"经营观念进行整顿，同时投入200万元资金，融资170万元解困。4月，西服厂实现扭亏为盈，5月，挂出了"上海第二毛纺织厂西服分厂"的牌子。

万德明做事讲究完全彻底。

西服分厂税利月月递增，效益不错。但也有一些问题，主要是场地太小，设备落后，产品很难上规模、上档次。1993年秋天，万德明开始与日本著名服装商青山商社谈判合资，并另外拿出地皮兴建新厂房。最后达成协议："二毛"出资70%，青山商社出资30%，共同投资300万美元改造西服分厂，引进全套日本设备生产西装，产品80%以上返销日本。1994年9月28日，西服分厂成为中国规模最大、设备最先进的西服厂之一，同时挂出了"中日合资青山服装有限公司"的牌子。

"一个女子生三个外孙"，"光华"下面还有三家分厂——塔汇分厂、叶榭分厂和戬滨分厂。两家在松江县，一家在嘉定县（今嘉定区），都是严重亏损的乡镇企业。兼并"女子"，"外孙"要不要呢？

在这个问题上，万德明显示了巨大的人格。这三个厂的设备是"光华"淘汰下来的平缝机，而它们的市场是由"光华"向进出口公司接订单，加码后提供的。经过这样两道"盘剥"，三个"外孙"都穷得揭不开锅。现在"光华"被兼并，三个分厂便把目光投向了"外祖母厂"——"二毛"，死与活，就听万德明一句话。

万德明的想法是，不仅要管，而且要把三个"外孙"管成中国一流服装厂。

万德明找到一位很要好的港商，请他出资50%改造塔汇分厂，合资办成了"秋明服装有限公司"。

万德明按"秋明模式"，找到日商小泉商社对叶榭分厂进行改造，也是各出一半资金，合资办成了"申泉服装有限公司"，税利超过 180 万元。

万德明投入 100 万元资金扶持戬滨分厂。

就这样，万德明救一家、活四家，名声远播。

1992 年的夏天，成都毛纺厂找上门来，请求联营。"成毛"是一家很不错的现代化花园式工厂。然而，自从 1989 年 10 月投产以来，它就没有过一天好日子。厂长换了一茬又一茬，却未能阻止效益下滑，亏损一年比一年严重。到后来，一直耐着性子提供资金的银行看势头不好，急忙刹车，不仅不再"输血"，还采取回来一笔货款就截留一笔的做法：我只管收回国家贷款，哪管你洪水滔天！

银行的做法是合理的，但"成毛"就只有宣布破产一条路了。这一年夏天，"成毛"所在地双流县（今双流区）派人向"扭亏大王"万德明求援。

万德明听完"成毛"情况后，没有丝毫犹豫，马上给了它两个外贸订单，同时派出 18 人的技术小分队，由总工程师、设备科长带队到"成毛"监督完成加工。他们创造了奇迹——用"成毛"职工、"成毛"设备生产出的呢绒，一级品率达到 92%！

要知道，此前"成毛"一级品率一直没有超过 40%。很显然，问题不是出在设备和工人身上。万德明分析道："'成毛'的问题实际是缺管理人才、缺资金、缺技术、缺市场信用。而我们恰好在这四个方面都有富余，'二毛'应该承包'成毛'，支援西部企业。"

就是这样一个两相情愿的联合，也经历了艰苦的谈判。

争执焦点在于"成毛"的巨大债务。双流县态度明朗："挂起来"，以后企业发展了再说。但银行不干，我们咋办？退一万步讲吧，贷款可以挂起来，但贷款利息，"二毛"应该认账。这个问题也是后来历次"扭亏谈判"多次遇到的难点。万德明认为，在别的问题上可以讨论，但在旧账问题上一律不商量："欠债还钱，天经地义，你此前欠的债与我何干，就该你还。我们承包 5 年要投入 4 500 万元自有资金，再替你还上 3 320 万元利息和折旧费，'二毛'不等于白干吗？"

万德明又说："我们拿出资金、人力和经验帮助你扭亏，使 1 200 多名职工有活干，几年后交还一个有市场竞争力的企业。对国家、对职工而言，这就是最大的'学雷锋'，再要求别的，我们就不干了！"

谈判陷入了僵局。

最终，成都市委的开明态度促成了合作。

1992年8月7日，"扭亏大王"万德明千里入川，签订了为期5年的风险承包合同。

10月6日，万德明派出了20多人组成的小分队，由新厂长带队开始对"成毛"实施抢救计划。"二毛"从外部对"成毛"进行大规模的援救。首先是满足资金需求，包括"二毛"提供的原料折价，短期内援助资金超过计划，达3 000万元以上；其次是满足原料，由上海每月发送两车皮进口澳毛和其他一些辅料；然后是满足市场，"二毛"随时向"成毛"提供充足的加工订单……

而更大的援助，是社会信用、知识产权方面的无偿支援。"成毛"挂出了"上海第二毛纺织厂成都分厂"的牌子。

"二毛"成都分厂迅速扭亏为盈，承包当年即实现收支持平。第二年（1993年）产品一等品率保持在94%左右，产值超过5 000万元，税利超过800万元，职工连续增加了两级工资。一个真正的花园式现代企业在大西南重新崛起。

就在谈判承包"成毛"的同时，上海市郊松江县另一场艰苦谈判也开始了。

兼并光华西服厂及其下属企业成功，生产精纺呢绒的"二毛"终于向下延伸，进入了成衣加工领域。但是，万德明还要向上延伸，进入羊毛毛条加工领域。

当时"二毛"已经做到了两头在外，即从澳大利亚进口羊毛，纺织成呢绒，做成服装，再出口到日本。但是，一个老问题一直困扰着万德明："二毛"本身没有加工毛条的能力，进口的羊毛只好在国内另寻厂家，委托加工成毛条，再纺织。这又引出两个问题：一是毛条质量难以保证，影响"二毛"呢绒质量；二是毛条厂不可避免会"正常偷毛"，发生数量问题。这中间第一个问题最为敏感，"二毛"纵有通天本领，使用的毛条如果达不到世界一流水平，织出的呢绒也就很难成为世界一流。

不能在原料问题上受制于人。这就是万德明的结论。

远郊松江县一家厂房面积达 2 万平方米、又有污水处理能力的上海麻纺厂，找上门来请求联营。

上海麻纺厂建于 1979 年，是为解决回沪知青就业问题而创办的。这家企业也曾红火过，职工人数最多时超过 1 500 人，是华东地区麻纺业"三巨头"之一。但是，由于麻纺织设备工艺十分简单，乡镇企业便遍地开花。到 1992 年，上海麻纺厂已经被风起云涌的乡镇企业挤得溃不成军，亏损竟达 1 980 万元，800 名职工中有 600 多人放假回家。麻纺厂走麦城，松江县社会稳定出了问题，有关部门便找到了"扭亏大王"。

谈判进行了好几个月，焦点仍是那些斩不断、理还乱的债权债务。万德明还是那条扭亏原则，"决不认旧账"。几经周折，双方才达成共识：原来的债务与新厂无关，自己处理，仅将企业有效部分做资产评估；麻纺厂提供场地和厂房，再筹款 200 万元，一共折价 1 050 万元，由"二毛"投入 1 050 万元资金购进制条和毛纺设备进行技术改造，双方各占 50% 股份；麻纺厂更名为"上海第二毛纺织厂华亭分厂"，由"二毛"派出厂长进行全面管理。

万德明很有魄力，在短短的一年之内，先后完成了毛纺厂立项、送审、报批和新企业的设计、改造、施工。近 700 吨老设备全部拆除外运，投入 1 200 多万元资金维修厂房，购进 300 多台/套新设备，全部安装就绪；然后拿出 2 000 多万元流动资金用于初期经营。

这个厂一下被救活了。华亭分厂拥有从制条条染、复精梳、毛纺、毛织，直至修呢的配套工艺流程，形成年产毛条 2 000 吨、染色毛条 1 000 吨、毛纺织坯布 100 万米的生产能力。1993 年 6 月，挂出了"二毛"华亭分厂的牌子，当年产值超过 1 亿元，税利超过 400 万元。

## （三）"2% 的失误"

万德明常说："厂长是不允许犯错误的，主要是不允许犯大的错误、战略性错误。我是名好厂长，98% 决策是正确的。"

是的，他的决策基本是正确的。

1993 年 10 月，科威特政府向上海服装进出口公司订购一批毛料军装，要在中国寻求原料生产厂家，有关部门马上想到了实力强大的"二毛"。这是一笔涉及 315 万美元、织造 44 万米呢绒的大买卖；但是，时间紧、要求高，也是笔有很大风险的生意——仅仅铺垫原料的资金即达 300 万元，交货期只有两个月，如果出问题，后果不堪设想。在接不接单的问题上，众人都拿不定主意，而万德明接了下来。他说："这是一次难得的机遇，也是一次重大考验，看我们究竟实力怎样。"他在每个车间、每个科室，甚至每台织机上悬挂着这个购销合同复印件，以警醒每个职工：如果"砸单"，后果不堪设想……

这个决策是正确的。包括四家分厂，这批衣料一级品率达创纪录的 98% 以上。仅这笔生意就净赚 1 500 万元！

那么，还有 2% 的决策可能出错。

事实上，在帮助别人扭亏问题上，万德明就有过失误。

杭州有一家企业——杭州毛纺厂，由于市场全面不景气，发生亏损，1992 年春天托人找到了万德明，经许多人出面说合，他也就答应下来，只不过思想上有一点保留：合作 3 年，不谈"二毛"利益，纯属帮忙。

1992 年 9 月，万德明派出干部担任"杭毛"厂长，对企业进行整顿，并接了一些订单交给"杭毛"做，当年一举实现了扭亏为盈。

"杭毛"最初是配合的，对万德明很感激、很尊重。后来他们渐渐发现市场好转，生意好做一些了，便想，"二毛"没有太大投入，"企业改革"也就那么一回事，除厂长换了之外，设备还是原来的设备，人马还是原班人马，企业就红红火火，于是觉得合作有点吃亏。

这一年年底，"杭毛"提出了企业经营权的问题——他们要自己派厂长。

"这不能全怪'杭毛'，"万德明事后说，"我们用人也有失误。我过分相信人，深入实际不够，一句话，用人不当，派出的厂长也发生了一些问题。""二毛"撤出后，1993年，"杭毛"效益发生急剧滑坡，上半年亏损达50万元！

不管怎么说，扭亏企业重新发生亏损，这是"二毛"从未有过的事。"扭亏大王"万德明战无不胜的神话被打破了。他感到非常生气。

此时，"杭毛"又找上门来，请求"二毛"按照最初约定，再派一位厂长。

万德明这次没有意气用事。他又向"杭毛"派出了厂长，临行前，他下了一道死命令："上半场球咱们踢输了，下半场你得给我踢赢，至少，这下半场你要给我踢平。"新厂长很能干，经过半年努力，"杭毛"1993年这场球基本踢平，不赚不赔，1994年更走上了良性循环，盈利100万元。这可以说是第二次扭亏为盈，"二毛"名声又回来了。但是万德明感到很不开心，他指示新厂长"见好就收"，合同期满就撤出杭州城。

实际上"杭毛"已经能够自立，过得也有滋有味。但是，由于有了上一次教训，他们反而不那么自信了，又托人找万德明要求续约，希望继续合作下去。

到1994年春天，万德明领导下的上海"二毛"四处出击，已经连续救活苏、浙、川、沪11家亏损企业，集团成员接近20家，家家盈利。

"扭亏大王"万德明闻名遐迩。

"墙内开花墙外红"，"二毛"的顶头上司——上海市纺织公司坐不住了。要知道，此时市场疲软，上海精纺业也不十分景气，"二毛"一家创造的利润远远超过纺织公司下属其他全部企业的总和。

上海市有关部门做出决定，在纺织系统内要求两名著名企业家——"元丰"厂长傅兆智和"二毛"厂长万德明自己挑选企业，再兼一家毛纺厂厂长。傅兆智挑了1993年创税利13万元的"一毛"，而万德明挑了1993年"利润为零"的"十二毛"。

万德明选"十二毛"，有自己的"小九九"。

这个"十二毛"是一家很不错的专业生产粗纺呢绒、羊绒和毛毯的大型企业。11年来，"十二毛"一直是围绕羊毛精纺，朝着纵向发展，逐步形成了从羊毛进口、洗毛、制条、染条、精纺、织造、整理、成衣、出口销售一条龙。而万德明一直有一个夙愿，那就是朝横向发展，涉足相关的粗纺、羊绒、毛毯领域。

2月19日，万德明轻装简从，到"十二毛"上任履新。

"扭亏大王"兼任厂长，"十二毛"职工欢欣鼓舞。不说别的，"二毛"职工的高收入就非常吸引人。

然而，当财务科长汇报情况时，气氛陡然紧张起来。这位科长谈起1993年"十二毛"不赚也不赔，利润恰好为零时，一向轻言细语的万德明突然拍案而起，眼睛盯着他，一字一板地说："你本事不小，利润会做出零来！老实讲，你算得准不准，企业到底亏不亏？"

财务科长当下就变脸变色。嗫嚅半晌，才怯生生地说："……老实讲，去年亏了1 000多万元。"

此话一出口，全厂立即大哗，干部都不相信自己的耳朵。

万德明说："这可能不是你的错。但是，以后是我当厂长，不许你再这样做账了。一定要弄清楚，企业到底亏了多少。"

一查账，不觉又大吃一惊：实际亏损是6 000万元，已经到期的债务即达3 282万元之多。"十二毛"已经破产，问题出在前厂长身上——他下过死命令，财务科长如果不把账"做平"，就不发奖金。

公司领导更加吃惊，他们不敢相信自己眼皮底下有人敢这样弄虚作假。很快，公司派出以财务处长为首的专职审计小组进驻"十二毛"。

这一查，更不得了："十二毛"亏损不是6 000万元，而是7 500万元！

万德明原本是到一家利润持平的企业去兼厂长，现在却发现是一家严重亏损、资不抵债的企业，其心情可想而知。然而，情况又发生了急剧变化——自己忽然变成了被告，要求马上出庭应诉。事情还不止于此，一场更大的风暴即将降临。

原来是《上海经济报》一名记者把"十二毛"严重亏损的事捅了出来。这家有影响的地方报纸以头版头条位置刊出了题为《这六千万元亏损应由谁负责》的报道，指名道姓揭露前"十二毛"厂长欺上瞒下、指示财务科长做假账的行径。

报道一出，上海滩闹得沸沸扬扬。

151

首先是长期受蒙骗的"十二毛"客户急了，登门逼债，急如星火；然后是各家贷款银行急了，急忙追索欠贷欠息；更要命的是，一些一时拿不上钱、拉不上货的客户告到法院，请求法院立即冻结"十二毛"的全部财产。对此，法院立即采取措施，指令开户银行对"十二毛"实行账户冻结，要求"法人"万德明出庭应诉。

"十二毛"开户银行有多少个呢？

信不信由你，一共21个！

这一天，"十二毛"21个账户全部被冻结。"十二毛"可不是一家小厂，它有2 000多名职工，还有1 500名退休老职工要吃饭。说来也巧，冻结银行账户的第二天，就正好遇上要给退休人员发工资。万德明立即指示动用"二毛"资金为老职工发工资，但已经晚了：当天正好遇上"二毛"厂休日，有关人员不在家，领不出钱！

很明显，如果第二天1 500名老职工领不到自己应得的退休金，什么事都可能发生。

万德明也急了，找到法院请求"网开一面"，解冻与退休金有关的一家银行账户，法院当然不肯答应。在这种情况下，万德明只好动用社会关系，最终通过开"现场办公会"使发放退休金的银行解冻了。一场风暴过去了，"十二毛"厂长还当不当？万德明到底还是与众不同。他二话不说当了厂长，并开始埋头工作。"十二毛"落到这步田地，可以说是病入膏肓。万德明发现，它的主要问题还是"吸血鬼"太多。

说来难以置信，在1992年的"公司热"中，"十二毛"除了厂部办公司外，各科室、车间也一齐上，形成大家办子公司、子公司又办孙公司的格局。挂在"十二毛"名下的子公司、孙公司林林总总竟达12家之多，办得都十分红火。

他们开展什么业务呢？说穿了，就是吸"十二毛"的血，吃"十二毛"的肉——他们把持着"十二毛"产品上游和下游，或者低价购进原料，高价转卖给"母厂"，或者压价"吃"进"母厂"产品，再高价卖出去。当然，也有相反的情况，一位台商来订货，他们以 19 元 / 米的价格卖出，而"十二毛"的生产成本即达 22 元 / 米。更可笑的是，上海做出租汽车生意的公司家家赚钱，而"十二毛"与某港商合资办的出租车队，1993 年竟亏损 60 万元，每辆车平均亏 1 万多元！

这哪里是"子公司""孙公司"，分明是一群"吸血鬼"，是个别领导的"储钱罐"。

万德明当厂长后第一个措施就是驱逐"吸血鬼"、砸烂"储钱罐"。他一下就砍掉 9 家子公司，把他们扫地出门，永不来往；留下的三家也做出明确规定：做什么生意都行，但决不允许做与"十二毛"相关业务！

然后，万德明开始治"乱"。

"十二毛"作为一家大厂，产品销路不错，市场占有率不低，订货单络绎不绝，但是管理十分混乱：外面来料加工，因为是熟人，就可以分文不取；原料进货渠道杂乱无章，质量差，价格还往往高出市场价格一成以上；到处摆阔，来客不管生意做大做小、做成做不成，一律盛宴款待，开支动辄成百上千……

万德明说："一个好厂长要卡成本。进原料价格越低越好，卖产品价格越高越好，买入、卖出和生产过程中发生的各种费用越少越好。"他采取十分激烈的措施来降低成本。原料成本一下由原来占六成降到只占三成，每月营业外支出由原来超过 20 万元一下降到了一两千元的水平。

万德明认为企业发展的关键还不是节约开支，而是要把"饼"尽可能做大，也就是要生产出更多、更好的产品，卖更多的钱。

他上任后立即着手调整产品结构。原来"十二毛"生产的羊绒又厚又重，每米重达六七百克，他指示立即停止生产，改做市场热销的轻薄型羊绒。这项措施使原料成本一下下降 20%，加上价格骤升，这样一降一升，使每米羊绒盈利高达 80 元以上，而产品出口比例由原来的 15% 一下提高到 85%！

万德明有一个说法："工资成本越大说明厂长越有本事。不要裁员，不要卡工人，工人收入越高越好。"他着手提高职工收入。

在这方面，万德明可以说是"仁至义尽"。"十二毛"全部银行账户已经冻结。他凭借自己在"二毛"的崇高威望，动用"二毛"的钱来改善"十二毛"职工的生活。

此前"十二毛"连续3年没有给职工提工资，他上任后将工资连升两级，加上奖金，职工每月平均收入增加30元。原来职工医药费长年累月无处报销，他要求财务科做到月月报、月月清，不许拖欠职工。更让职工感动的是，原来"十二毛"搞过一次非法集资，从职工手中集了500万元，包括利息已经将近600万元。"十二毛"资不抵债，职工非常担心新厂长不认这笔账。而万德明二话不说，千方百计筹来资金，迅速向职工偿清了集资款。

与此形成鲜明对照，按照"决不认旧账"原则，他在某些方面又决不让步。经过几番周折，1994年8月，原"十二毛"宣布破产关闭，挂出了"上海春明粗纺厂"的牌子。

万德明成了春明粗纺厂厂长。他常说："'十二毛'原是一家好厂，职工好，干部也好，不能亏待他们。"

在这种指导思想下，他没有从"二毛"派进一个人，放手让"春明"自己管理。他惜才怜才，将原"十二毛"一名副厂长提为常务副厂长，让他主持全面工作，自己仅从旁边协助；原财务科长做假账，犯有严重错误，批评后仍任原职；而原厂级和科室、车间的领导班子原封未动……

这些做法使许多人不解。他说："此前我扭亏了11家企业，基本做法是派出'二毛'干部去管理，现在看起来已经没有必要了。你见过合资厂吗？美国人、日本人到车间转一圈，'叽里呱啦'一顿讲，职工根本听不懂，当着美国人、日本人的面，车间主任就对工人说，刚才总经理讲了你必须如何如何做，不然就炒你的鱿鱼。其实他也听不懂外国话，不过是'假传圣旨'，讲自己要讲的话罢了。但如果他对工人讲是自己的意见，工人就不见得会听他的。这就叫'打鬼借重钟馗'。现在我们'二毛'名气很大，'二毛'的人已经和钟馗差不多了。

"原来成都毛纺厂技术力量很强，他们从新疆、宁夏、湖北挖了许多技术人员来管理，但这些人互相不服，谁也不听谁的，结果产品质量上不去。我们派人去后，一旦发生争论，他们说，咱们别争，听'二毛'的人怎么说。那么我到'十二毛'当厂长，名声比我们派出的人更大——'扭亏大王'嘛，带有一种神秘色彩，一说话有人听，很好管理，就完全没有必要派些'小钟馗'了。"

万德明不向"春明"派人，两个月后，自己也很少去，厂里有重大问题由常务副厂长通过电话向他请示。但是，"春明"一下变得十分红火。他2月19日上任，3月就实现扭亏为盈，首次出现了9万元盈利。此后20万元，50万元，100万元，200万元……一步一个脚印，1994年盈利上千万元！

## （四）万德明说"厂长"

在万德明领导下，以上海"二毛"为龙头，截至1995年，已经形成一个由22家企业组成的世界级精纺集团，职工人数超过1.5万人，具有年产4 000吨毛条、1 000万米呢绒、150万套（件）服装的能力，固定资产超过6亿元，年产值超过8亿元，年利税超过1亿元，是我国第一家从羊毛进口到成衣出口的全能型大企业。也许另外几个数字更有意义：11年来，"二毛"固定资产增长10倍，职工工资增长10倍，企业自有资金超过1亿元；11年来，万德明"接管"、兴办21家企业，流动资金都是使用"二毛"自有资金，目前其资产负债率仅为40%；11年来，万德明扭亏12家企业，目前家家赚钱，效益在本地区或本系统内名列前茅。我们采访万德明，当然希望他讲出有普遍意义的"扭亏经"。万德明说："不会有那种东西。我们的办法别人学不了——他们不会有这样的好厂长。"

那么，什么样的"好厂长"才能扭亏呢？

万德明说："首先，一个好厂长要懂经营管理，懂生产技术，懂市场行情，还要懂财务核算。在这些方面你缺一样，别人都会蒙你、骗你。企业经营就像打仗，与企业家打交道的每个人几乎都在算计他。

"这中间没有什么秘密。'二毛'是一个好厂，但也是长期较量的结果。实际上我比每一个干部职工都强，一些人不服，较量了好几年，最后只好说姜还是老的辣！

"我比我的干部职工都要强。我父亲有一种特殊才能——心算，卖菜的时候，手里拎着秤杆，嘴里就报出了价码。弟兄好几个，这一点只有我继承下来了。'十二毛'财务科长递给我的财务报表，我眼睛一扫就知道他做了假账。我现在管着22家企业，大多在外省外地，许多人奇怪，'二毛'派出去的人几年中怎么没有出大问题呢？说穿了也不神秘，我每天晚上11时到12时在家听驻外厂长经理电话汇报，隔着几百里几千里，有一句假话也能听出来。

"第二，一个好厂长要无私。我不爱财，'二毛'其实就我一个人在管，是一个'独裁者'，弄钱太容易不过，但我不弄。'二毛'攒下了1亿多元自有资金，哪怕平均分，我也可以得好几万，但我不分。

"我不爱当官，不想当局长。一个厂长要是整天想着当局长，许多该干的事就没有工夫，或没有胆量去干了。这么大的摊子，我名片上只有两个头衔——上海'二毛'厂长和高工。

"我也不爱出名。许多企业家有机会就上电视、上报纸，我看不上。什么一级企业、二级企业，什么优秀企业家，什么金奖、银奖，我们都不要。不是不想要，是算过账，不想花太大的代价去要。报一级企业、报优秀企业家、申请金奖银奖要填许多表格，准备大堆大堆的申报材料，要跑许多路、花许多精力去应付评审接待任务。企业家爱名容易误事。如果把这些时间用来研究国际市场澳毛价格变化曲线，每公斤为企业省5美分，一年就是好几十万美元。一些企业家宣传两年就垮了，都是名声害的。

"我还不爱出国。为什么有些企业总是进口最贵的羊毛，总是把产品低价卖出去？因为他们厂长爱出国——逛完了玩完了，总得做点生意才好回国向职工交代，什么样的合同他都敢签。

"第三，一个好厂长要有独立见解。搞股份制好不好？当然好。'二毛'发展以后，上下左右都劝我搞股份制。我不干。为什么？股份制对穷厂有利，可以从外面弄到钱。我们'二毛'是富厂，这些钱是职工的，一搞股份制就成大家的了；再说，炒股腐蚀职工，一名工人一天挣30元工资，炒一天股赚100元，他还有心思做工吗？倒过来，炒一天股赔1 000元，他更没心思做工。"

那么，要把企业搞好，实现扭亏为盈，一个好厂长应该抓什么呢？

万德明说："扭亏重点要抓投入产出。厂长必须要控制住投入产出。

"我常说，做好做坏在工人，做盈做亏在厂长。一个工厂，工人生产的产品再好，厂长也可以把它做亏。'十二毛'产品就不错，但由于原料高进，产品低出，一年就亏进去好几千万；反过来，企业产品不好，厂长也可以做盈。你信不信，我就是倒腾澳毛和呢绒都可以把'二毛'做盈。

"控制投入产出，厂长的责任就是在世界上找到产品的最低成本和最高价格。

"寻找最低成本，不能在职工工资上做文章，要在工资之外去控制，包括低价进原料、减少浪费、节约非生产性开支等。寻找最高的产品价格同样重要。许多人问我，美国人的钱最好挣，你为什么与美国人不太打交道，而把产品卖给最精的日本人？这个答案很简单：目前精纺产品的最高价格在日本。日本原来价格不是很好，但日元升值后，情况发生了变化，一套细呢西装在日本卖四五万日元，现在折合成美元就是四五百美元，美国人是不肯出这个价钱的。

"一定要控制好资金，尤其是在我们国家。俗话说：'害人之心不可有，防人之心不可无。'人是会变的，一个好人也可以变成坏人。金钱很腐蚀人，许多人在金钱面前把持不住自己。企业家不能控制好资金，一害企业，二害职工。有人说：'疑人不用，用人不疑。'这一点我做不到，我用人，也要防人。一个职工在10万元面前心不乱、不胡来，你就能断定他有100万元不胡来吗？我没有这个把握，数额一大，他可能会变，甚至数额不大也可能变——他交上坏朋友了，喝上酒了，学会赌博了，为1万元也可能胡来。作为企业家，你要控制部下的变化，要了解他最近在干什么，在想什么。

"作为一个厂长，你还要控制人才，抓住人才。一般来说，能干人不老实，老实人不能干。我们派出去的厂长都很能干，外界已有定论，他们不老实怎么办？这不是一个空泛的问题，据我所知，许多企业派出去的干部，时间一长就出大问题：我行我素，尾大不掉，自己赚钱，让总厂背黑锅……我的做法是用人才，但也要防人才、控制人才。这也是为他们好，不是害他们。我们有一个干部很能干，但毛病也不少，吃酒，讲'兄弟义气'，我用了他五次，免了他五次。车间主任、分厂副总工程师、总工程师，换了好几个职务让他干。职工说这叫'五擒五纵'，快赶上'七擒孟获'了。管人很不好管，我们前后派出去二三十名厂长，就有两个人出了点问题，主要是不听招呼……

"要顶住上下左右的错误意见。我们有许多厂长是有权无威。厂长是上面任命的，肯定有权；但'威'上面任命不了，要靠厂长自己三年五年以身作则去建立。我们有些厂长朝令夕改，自己说话不算数，今天说对了，明天又说错了，布置下去的工作也不检查不过问，随波逐流，人云亦云，威信从何而来？

"当厂长是很难的。职工随时都在考你，考你是否懂行，是否具有企业家的敏感和直觉，是否具有临场处理事情的能力。比如出席财会会议，你得当场拍板，这个拍板还要是正确的。这很不容易，说得明白一点，你的部下在他的领域都是专家，他在等待你出破绽。职工的话不可不信，但也不可全信，全听职工的可能会上当。有时上面的话也不能全听，上面并不了解企业的全面情况，他们的话对于厂长是一种指令，不是命令。听上面的话出了错，企业垮了，一个厂长没有权利说：'都怪局长，是他让我这样干的。'

"因此，我认为，"万德明最后说，"企业扭亏说到底，是要找到一个懂行、无私、有见解、能控制成本、抓住资金人才而又有权威的厂长。"

万德明显然就是这样的厂长，但他是否已经成为"神医"，能救活任何亏损企业呢？

"有一个好厂长，原则上就能救活，"他说，"没有一家企业会是全烂掉的。这就像重症病人，他要死的时候大多也只有一两个器官出毛病，不会全身都烂掉。我觉得精纺企业我都能救活，但要有一个条件：我要待在'二毛'、依托'二毛'。"

"道理说出来就简单了，"万德明笑着说，"'二毛'有钱，我注入资金给你改造设备，再给你一点流动资金；'二毛'有进口澳毛，我给你好原料；'二毛'有企业形象，我去接赚钱的订单交给你做。有了这些东西，你还会亏损吗？"

## 高丰：骑"鹿"闯天下

1985年春天，高丰另起炉灶，招来17名待业青年，搞起一个羊绒衫厂。包头叫"鹿城"，工厂取名叫"鹿苑"，产品就叫"鹿王"牌。

1985年5月4日问世的鹿苑羊绒衫厂也许是中国最可怜的国有企业。没有钱，没有设备，也没有厂房，只有一张营业执照和几间破车棚。

1986年8月31日，包头市轻纺局党委正式发文，任命高丰为鹿苑厂厂长。人有了，枪有了，名分有了，高丰开始为"雪莲"加工羊绒衫，当年赚了15万元。

### （一）纤维皇后

150多年前，当一群英格兰水兵点燃火药捻，用军舰上的大炮猛烈袭击广州城时，在中亚细亚，一群苏格兰人手持毛瑟枪，向克什米尔山地居民发起了野蛮冲锋。

他们大获全胜，满载而归。英格兰人献给女王陛下的是光彩夺目的广州丝绸睡袍，苏格兰人献给女王陛下的是轻柔华美的克什米尔羊绒衫。相比之下，苏格兰人的礼物更讨女王陛下的欢心：丝绸服装虽然很迷人，但远远比不上羊绒衫高贵，羊绒是迄今为止人类发现的最优良的纺织纤维，价格以克计算，比丝绸高出10倍以上，被人们誉为"软钻石"和"纤维皇后"。

全世界最好的羊绒不仅出在克什米尔，竟然也出在有"丝绸王国"之称的中国。"敕勒川，阴山下"，位于蒙古高原的"鹿城"包头竟然是世界上最大的"纤维皇后"集散地！

虽然如此，"纤维皇后"却一直没有给包头带来财富。中国羊绒生产起步很晚，20世纪60年代出口原绒，70年代出口水洗绒，80年代初才出现三个现代羊绒企业——新疆"天山"厂、北京"雪莲"厂和内蒙古东胜"鄂尔多斯"厂。而且，无论规模还是产品质量，中国羊绒衫在世界上都没有太高地位，财富和荣誉都归了万里之外不产1克羊绒的英国。150年来，总部设在苏格兰爱丁堡的英国道森公司生产的羊绒衫垄断世界市场，每件价格高达300美元！

知道这种状况的中国人都愤愤不平，包头市轻纺局基建科副科长高丰则暗暗下定决心，要在有生之年改变这种状况。

高丰，1936年出生于青岛一个商人家庭，小学文化，中等个，大嗓门。1961年响应"支援边疆"号召，来到包头。1980年夏天，高丰参加了一个重要的合资谈判。当时包头市轻纺局领导的想法是由"鄂尔多斯"每年提供100吨无毛绒，用香港京辉公司的资金建设一家年产30万件羊绒衫的工厂。

谈判进行得很艰苦。1981年春天总算达成合资协议，双方签了字。然而，协议拿上去，一棒就给打死了：按照计划体制下的分工，呼和浩特市只能搞毛纺，鄂尔多斯只能搞绒纺，而包头只能搞棉纺！

生气不解决问题，只能等待。

光阴荏苒。1984年，城市改革刚开始，而农村改革已经进入一个崭新阶段。农副产品市场放开，羊绒也在放开之列。东方地平线终于出现了一缕曙光。

"时势造英雄"，这一年夏天，包头市纺织品经营部亏损9万元，积压商品50多万元，经理被人告了，高丰被派去收拾烂摊子。他用4个月时间处理了积压品，年底净赚8万元，破天荒地给职工发了奖金。

"功高震主"，经理很不高兴，开始处处想让高丰为难。

"惹不起，咱们躲得起！"1985年春天，高丰另起炉灶，招来17名待业青年，搞起一个羊绒衫厂。包头叫"鹿城"，工厂取名叫"鹿苑"，产品就叫"鹿王"牌。

1985年5月4日问世的鹿苑羊绒衫厂也许是中国最可怜的国有企业。没有钱，没有设备，也没有厂房，只有一张营业执照和几间破车棚。

但是，这家工厂有高丰。高丰在合资谈判中结识了一批有用的朋友，他借到7 000元钱，又五进北京，与雪莲羊绒衫厂达成协议：雪莲预付给他300万元资金收购羊绒；代收羊绒不赚钱，作为补偿，"雪莲"替他的工厂培训职工……

这一年，高丰货款两讫，把收来的羊绒如数交到北京。这本是一件稀松平常的事，但"雪莲"对他感激不尽。这一年"雪莲"到各地收绒，被骗得很惨。高丰能够履约，"雪莲"便低价卖给他两台旧分梳机和20台横织机。他又找到呼和浩特纺机厂，凭朋友关系赊进一台价值50万元的洗毛机……1986年8月31日，包头市轻纺局党委正式发文，任命他为鹿苑厂厂长。

人有了，枪有了，名分有了，高丰开始为雪莲加工羊绒衫，当年就赚了15万元。

## （二）羊绒大战

高丰只不过正常履约，却在北京建立了良好信誉。1987年初春，包括雪莲在内，北京3家企业竟打过来2 800万元的羊绒预付款。

但是，此时"羊绒大战"已经拉开序幕，从一个极端走到另一个极端，由只准外贸一家收购羊绒变成了"国营、集体、个体一齐上"。于是，羊绒价格急剧攀升，掺杂使假，坑蒙拐骗，巧取豪夺，什么招都使上了。内蒙古大草原上空战云密布。

高丰只好"走为上"，绕开主要产绒区，跑到一些偏远山区一斤一斤地收，一两一两地攒。

有一次，他的副厂长康仲奎随身带着60万元汇票到陕西榆林，一下车就被绒贩子纠集的几百个农民包围起来，几十吨掺着白糖、面粉的羊绒收也得收，不收也得收，不放下汇票休想走人。

高丰派出另一名副厂长马传高星夜前往营救，没想到一下车又被软禁起来。

绒贩子还调来七辆摩托、两辆吉普，随时准备追捕"逃犯"。

高丰又派出第二支救援队秘密前往。那光景真像侦探片，这两名"地下工作者"趁人不备混进旅馆，偷偷拿走了汇票。绒贩子发现后大发雷霆，竟将康、马等三人扣为人质，严加看管。但是，老虎也有打盹儿的时候。一天深夜，他们把行李扔在旅馆，假装上厕所，溜了出来，悄悄翻过榆林城墙，钻进一片玉米地……

生意没法做下去了。高丰将剩下的600万预付款汇回北京，并付了利息。

这一年，高丰赚了144万元。1988年，"羊绒大战"如火如荼，每吨原绒价由5万元多剧升至30万元。一家大厂发誓要拿出4 000万元预付款挤垮绒贩子。有人建议高丰如法炮制，他说："我们自己没有钱，损失都是别人的预付款，这会失去信用的。和那家大厂相比，我们的40万比他们4 000万还金贵！"

1989年更是险象环生，人们都好像疯了，拿钱不当钱，30多万元一吨的掺假原绒也有人敢买。高丰仍然采取"走为上"，避开风暴区，领着"子弟兵"走向边陲荒漠。青海、陕西、甘肃、新疆、宁夏，以及阿拉善、巴彦淖尔都留下了他们的足迹。他们一户泥屋一顶毡包地收，一个羊圈一块草滩地找，披星戴月，忍饥挨饿……

"羊绒大战"使参战各方元气大伤。1989年底，国际市场无毛绒由每吨120万元跌到50万元，那家大厂损失惊人，有人估计全自治区损失超过10亿元。然而，高丰的17吨无毛绒却卖出每吨18万美元的好价钱。英国希尔公司经理希尔对采访他的记者说："我经营羊绒30年了，这样好的羊绒还是第一次见到！"

希尔先生的话并不夸张。长期以来，由于细羊毛与羊绒很相似，而价格相差10倍，一些人便掺细羊毛做假。世界上最高的羊绒标准是羊毛含量不超过0.2%，而希尔购入的这批无毛绒经检测，含羊毛不超过0.1%——这也许是自羊绒问世以来的最高纪录！

这给鹿苑带来了荣誉，许多外商到处打听"鹿苑"，纷纷来到包头。

不久，世界羊绒业巨头——英国道森集团向鹿苑订购了20吨无毛绒。然而由于轮船公司出了差错，距交货期只有两天时，羊绒还压在天津港，高丰气得破口大骂。但骂完还要想办法，他当机立断：立即租车转运到首都机场，改海运为快件空运。

改空运多花费了50万元，有人认为这样做很不值。高丰说："我花这50万是为了维护中国人的尊严，这些年有些人总是违约，让英国人瞧不起！"

高丰文化不高，偶尔也显得有些鲁莽。

这一天，高丰到职工食堂用餐，发现桌上到处堆着吃剩下的肉皮冻，当下就骂开了："这伙小兔崽子，才吃了几天饱饭，就这样糟蹋粮食！"他定了定神，找来塑料袋一块一块拾，打算拿到职工大会上去做活教材。拾着拾着，忽然发现肉皮上长着不少猪毛，便改变主意，来到卖饭窗口，问："还有肉皮冻吗？"

"有！有！"炊事员忙不迭地回答。

"给我来三大碗。"然后对身边一名职工说："你跑步去把工会主席和食堂管理员给我找来，说我请客！"

客人到了。高丰说："我请你们吃肉皮冻。"然后埋下头，一个人大口大口吞吃带着毛的肉皮冻。

吃完肉皮冻，高丰突然把碗一推，一拳砸在桌子上："我给你们那么高的工资，你们就这样对待我的工人？！"他用最粗俗的山东话骂了个昏天黑地，最后才说："这些工人是我花高价到北京、天津培训出来的，是世界上最好的工人。没有你们，他们到哪儿都当工人；但没有他们，你们就当不了主席和管理员……从明天起，你们轮流到这里吃饭。再发生这样的事，你们给我滚蛋！"

高丰很少对职工发火，他说工人都是他的孩子。北京飞包头的航班大多晚上10点到，他每次出差归来，都让汽车直接开到厂里，看望上夜班的"孩子"们。

这一天深夜，正在国外访问的高丰被一阵急促的电话铃声惊醒了，原来女工陈全叶一只胳膊被机器铰断了，是一位副厂长从包头打来的长途。

高丰马上指示他赶到包头机场，不惜代价包一架飞机，直接送小陈到上海接肢。机场的人说："'运七'飞机来回是90个座位，你得全买下。"有高丰的指示在，副厂长大包大揽："不就 5 万多块钱吗？不商量，赶紧办吧。老板讲了，工人是靠胳膊吃饭的，说什么也要给她接上！"

　　转过身，高丰拨通鹿苑驻上海办事处主任的电话："你马上给我找最大的医院，找最好的大夫，一定要把小陈的胳膊接上；同时派一辆车到虹桥机场门口等着，不能耽误 1 分钟。"

　　办事处主任凌晨 4 点跑到一家大医院联系手术，引起值班医生和护士纷纷猜测：包机飞到上海来，不知是哪位大人物的千金。当他们后来发现手术台上是一位普通女工时，感到非常震惊："姑娘，你可真有福气！"

## （三）投资有限

　　"巧妇难为无米之炊"，鹿苑刚起步时没有国家一分钱投资，虽然年年赚钱，但要与英国道森这样的大公司比肩齐背，真不知得等到何年何月。

　　高丰想到了合资合作。

　　然而世界上任何谈判都必须以实力为后盾，鹿苑没有实力，关于合资的谈判进行了一年多，也没有一点结果。

　　高丰常说："我这个人运气特别好。每当有难，总有贵人搭救。"正当高丰在合资问题上进退维谷时，果然出现了一个"贵人"——香港人余志良。余志良与高丰同岁，好几次高丰与外国人的合资谈判就是他牵的线。眼见着一回回谈判顶牛，他多次发狠道："可惜我是个穷光蛋，我要有那么几十万，就和鹿苑合资！"现在他兴冲冲地跑到包头来了："咱们合资！我什么条件也不要。"

　　进一套意大利先进梳纺设备需要 170 万美元。高丰一分美元也没有，他要余志良出 58 万美元，占 25% 股份，并请他在香港另外拆借 112 万美元。

　　余志良很憨厚，跑回香港就用岳父的房产做抵押借了 58 万美元，并与一家银行说妥再贷 112 万美元。他租一间办公室，雇一个女秘书，在香港挂出了"更达投资有限公司"招牌。余太太张小妹流着泪打电话给高丰："我们先生就是看中你这个人……这可是把我们一家老小的身家性命，还有我老爸一家都交给你了！"高丰很感动，回答说："请余太太放心。我这个人一辈子都不愿欠别人的情，你们两口子的恩情，我变牛变马都要还。"

鹿苑与更达合资，合资企业就取名叫鹿达羊绒有限公司，预计年产无毛绒30吨。1988年6月签订合同。7月，余志良打入58万美元，并于11月向意大利宝尼诺公司开出购买设备的首期预付款10%——17万美元。

其实，早在合资伙伴选定之前，1988年初春，高丰在包头青山宾馆就与宝尼诺香港总代理卡尼迪进行了购买设备谈判。此时高丰对国际行情所知甚少，他抱定一个宗旨：先将对方报价拦腰砍一半，发现对方烦躁、宣布中止谈判时再一点一点往上加。他说："卡尼迪是中间商，厂家的钱一分钱不能少，但一定要把中间商赚的这部分砍下来。"

这种谈判方式使被他称为"老鬼子"的卡尼迪暴跳如雷，一次次上厕所，一次次宣布中止谈判。1988年1月31日是一个星期六，谈到半夜又谈崩了。"老鬼子"说："高先生，您完全没有一点诚意，您的钱太不好赚，您留着吧……我得给太太通个周末电话。"

当时包头电话很落后，几次也没有接通，"老鬼子"十分沮丧，坐在那里默默地望着高丰和他的翻译。高丰抄起电话，对总台小姐说："我是羊绒衫厂的高丰，请你不惜一切代价接通意大利——你有什么事，我们过后好商量！"

两个小时后，电话接通了。打完电话，"老鬼子"兴奋起来："我们刚才谈到哪里了？"

高丰说："我们是一家小厂，钱都是借别人的。你帮我一回，别赚我的钱。我也会回报你——现在鄂尔多斯用的是日本梳纺机，你要打开内蒙古市场总要投入的，就投到我们厂。冒这一回险，我今后不仅要接着买，还要为你在西北打广告，动员别人也买……"

"老鬼子"叹了一口气："高先生，我斗不过你。"凌晨三点，他终于拿起笔，以高丰最后出的170万美元价格，在合同上签了字。

高丰以最低价格买到了世界上最先进的设备，加上香港资金到位，"鹿达"

羊绒在包头名声大振。

1989年9月24日，中外合资鹿达公司正式成立，高丰任董事长兼总经理。1990年梳纺设备安装就绪，1.7万件"鹿王"牌羊绒衫首次进入日本高档时装市场。

"鹿王"牌羊绒衫市场看好，必须尽快扩大生产规模。1990年8月15日，高丰活蛇吞象，以350人的鹿苑兼并了有700多名职工的西装厂，并着手建成合资企业。

高丰通过中国银行找到香港中银建设投资公司副经理侯文藻，此人在大陆办过几十家合资合作企业。谈判很顺利，中建投资150万美元，占43%股份。这次合作购进三梳三纺6套设备，需300万美元，中建还帮助他从香港盐业银行借到150万美元。1992年春天，年产100吨羊绒纱、20万米面料的鹿建羊绒纺织有限公司问世了。

有了这样的实力，乘着小平同志南方谈话的春风，高丰主动找到市政府，提出要兼并他的邻居——包头市木器厂。市领导也很精明，说不能由你高丰挑肥拣瘦，你得同时吃下亏损的针织厂、毛纺织厂、袜厂和纺织供销公司。

这可难住了高丰：当时鹿苑只有1100人，而这5家企业职工达3454人；鹿苑自有资产仅300多万元，而这5家企业亏损额达3630万元！

高丰是有魄力的，1992年4月11日，当包头市领导袁明铎、王凤岐到鹿苑现场办公，同意部分减免亏损款后，他一口应承下来。

这又是一次活蛇吞象，一次高风险赌博。当然，最难的是安排这3454名职工。

高丰不是一个按规矩办事的人。他把3454名职工分30多批分配，每批处理100多人，都领到职工食堂，按年龄、学历、工龄站队，他亲自询问，当场敲定，每次只用半小时。

出人意料的是，这次分配非常平静，平静得令包头市委信访局领导感到惊讶："3年过去了，我们这儿没有一个鹿苑的人来上访，没有见到一封上告信。

这可真不容易呀！"

通过兼并，1992年初夏，高丰一下成了有近5 000名职工的鹿苑羊绒集团的董事长、总经理和党委书记。他提出要在短期内把兼并过来的5家企业全部办成合资。

高丰说："现在有些人要放在解放前就是汉奸，办合资就出卖民族利益，让一些外国二流子把我们的钱骗走了。"他提出了著名的"合资四原则"：

——坚持中方控股，中方任董事长和总经理；

——坚持现汇投入，外方不允许用设备折价；

——坚持自主销售，产品价格由中方决定；

——坚持自主经营，不许外方参与经营管理。

这样苛刻的"四原则"增大了合资难度。但是，此时的高丰已经不是当年那个粗鲁的基建科副科长了，他口齿伶俐，见多识广，合资进展相当快。

香港宏业贸易公司总经理徐洪业是高丰的老朋友，出资84万美元，占50%股份，什么条件也不要，半年内资金全部到位。1992年10月13日，鹿苑第三家合资公司——年产30万件羊绒衫的鹿宏绒衫有限公司诞生。

第四家更顺利。此前，鹿苑与日本唯尔斯通株式会社有业务来往，双方互相信赖，就在与徐洪业谈合资的过程中，唯尔斯通突然插进来，要求合资办一家羊绒服装公司。

这次谈判可以说是"在友好的气氛中进行的"，日方派技术人员来指导生产和设计，投入40万美元，占40%股份，仅仅3个月，就与鹿宏同时建成了年产2万件羊绒服装的鹿通制衣有限公司。

第五家只用两个月，资金就到位了。一年前，高丰曾与泰国一家公司谈过合资，话不投机，吹灯走人。这事不知怎么传到泰国裕华房地产公司总经理刘志建的耳朵里。刘老板是潮州人，在中国内地念的书，为人很豪爽："高老板，我们来办吧！什么条件也不讲，我相信你这个人。"刘志建拿出75万美元，占40%股份，于1993年6月15日办成了年产50吨精纺纱、50吨精纺条的鹿裕泰羊绒精纺有限公司。

第六家合资只用了一个月。协议还没有经上级批准，外方资金就到位了。

3年前创建鹿达时，高丰曾从中国台湾盛美机械公司进口20台"飞虎"牌织机，这家公司的香港地区代理万中杰到包头来谈判，带着一名沉默寡言的随员。然而，当高丰再为鹿建引进设备时，这位随员亮出新名片，摇身一变，竟然成了"盛美公司董事长李宾"。此时李宾知道他有意再办合资企业，便主动说："高老板，我和我的香港朋友出资75万美元，占50%股份，什么条件也不要，你赚钱后分给我们就行了。"

这次合资要进70%的盛美的机器，高丰担心他用设备折价，便说："你得现汇投入。"李宾说："行！"高丰说："买什么机器，我说了算。"李宾说："行！"高丰说："如果进你的设备，价格要重新谈。"李宾说："行！"

事后有人问李宾："你怎么这么爽快呢？"他说："我了解高老板靠7 000元借款起家的历史，他从来没有坑过朋友。"1993年11月8日，年产20万件精纺羊毛绒衫的鹿盛精纺羊绒衫有限公司成立。

第七家合资谈判就很有些浪漫色彩了。

土耳其法贝克国际有限公司总经理比让一次到中国做钢材生意，他太太在伊斯坦布尔开了一家羊绒专卖店。为讨太太欢心，比让便在广交会上采购了一批中国羊绒衫、披肩和围巾。

没有想到，太太后来就天天逼着他到中国寻找生产"鹿王"牌羊绒衫的工厂。比让再次到中国，便找到包头来了。

这次谈判更像一场喜剧：高丰提出要比让出100万美元，占25%股份；他坚持要出200万，占50%股份。高丰担心他占的比例太高会要求经营权，比让说："我是做钢铁的，一点儿也不懂羊绒，要什么经营权？当然，如果你让我太太做黑海地区总代理，我们夫妇就感激不尽了。"1994年2月2日，年产20万米羊绒披肩、围巾和面料的鹿发染整有限公司问世。

第八家的合资方是中国香港达亚能源有限公司。这家公司的母公司是赫赫有名的香港上市公司——荣荣工业集团，这家集团的董事长和总经理是哥儿俩，一个叫林金川，一个叫林金佑。此前高丰曾向他们采购过部分纺织机械，互相都有好感。合作条件相当优惠：林家不参与经营，投资 142 万美元，占 25% 股份，3 年还本付息，此后按 10% 分利。1994 年 3 月 22 日成立了年产 200 吨羊绒纱的鹿金羊绒纱有限公司。

至此，高丰的"鹿苑"里有了 8 头合资的"鹿"，无论从企业规模，还是从设备水平上看，鹿苑集团都具有了世界第一的实力。

## （四）包头鹿鸣

但是，鹿苑集团仍然不是世界第一，至少有两项指标还非常不如人意：它的品牌还远远没有建立，世界最负盛名的羊绒衫不是 King Deer（鹿王），而是有 150 年历史的英国道森国际集团的 Ballettye（巴莱泰茵）和 Pringle（普林格）；鹿王羊绒衫有 70% 出口日本，但大多贴着别人的商标售出，那里的消费者还不认"鹿王"。

高丰得出一个结论：要想在全球，尤其是在日本建立品牌地位，必须与英国道森集团和日本最大的商社——伊藤忠商事合作。用他的话说，就是"让道森、伊藤忠这两个大翅膀带着鹿王的肚子飞"。

其实，道森集团也有意在内蒙古搞家合资公司，早在 1991 年就派人找过当时的自治区主席布赫。布赫主席态度很明朗：欢迎道森合作投资，你们与内蒙古几家大羊绒衫厂具体谈条件，无论选中谁，我都支持。

因此，从 1991 年开始，高丰就与道森进行合资谈判。这是侏儒与巨人的谈判，当时鹿苑年产羊绒衫仅 6 万件，道森集团派出的代表董事彼德先生很牛气，提出的条件不容商量：道森出资占 25%，技术和品牌再占 15%，与鹿达合资，共占 40% 股份；部分原料出口权归道森。高丰不同意道森技术占股和控制原料。彼德说："请你计算一下再和我谈。你们的羊绒衫只要使用我们的商标，在国际市场上价格就可以增加 30% 以上，占 15% 技术股多不多？"

高丰说:"我们也有三个优势:使用世界上最好的机器、有世界最好的原料和工人,替代你们仅仅是个时间问题。你也计算一下再和我谈。"

第二次谈判来的是道森公司总裁昆斯勃格。这已经到了1993年,鹿苑年产30万件羊绒衫,并列为中国四大羊绒衫厂之一。昆斯勃格的一名翻译私下里问高丰:"你们这么大、这么好的工厂,为什么要和我们谈合资?"高丰说:"道森日子也过得很不错,你们为什么要和我们谈呢?""这是不言而喻的,世界最好的原料出在这里,如果你们再搞出好的成品,我们的日子就难过了。"这一次昆斯勃格降低了谈判条件,放弃原料控制权,并将技术股降到10%。但是高丰仍然不肯让步,他对昆斯勃格说:"我相信不要太长时间,你们就会放弃这最后一个条件!"

1993年11月10日,高丰飞到苏格兰道森总部再次谈判合资。这一次道森出面的已经是董事局主席米勒先生了。刚见面,米勒就来了一个下马威:"高先生,一个多月前,你在呼和浩特一次会议上是不是发表过不利于本集团的言论?"

高丰一愣:"我在一次业务会议上呼吁禁止向英、意等羊绒制品大国出售无毛绒,他怎么就知道了呢?"他马上镇静下来,高声说:"没错,我反对向你们出口羊绒原料。这些年,西方国家一方面用我们的原料赚钱,一方面从制成品上卡我们,欧共体一年只给中国15万件羊绒衫配额。请您记住,中国人是有尊严的,现在我们有第一流的设备,只要控制住原料,早晚有一天会迫使你们放松该死的配额!"

高丰以为米勒会暴跳如雷,没想到他听完翻译后微微一笑,并伸出大拇指:"好!好!讲得好!我是一个爱国者,我也尊敬所有的爱国者。高先生,我们集团董事局已经做出决定,取消技术占股要求,与贵集团通力合作!"

但是,这次谈判又失败了。米勒提出不仅要与鹿苑合资,还要与八头"鹿"合资,也都占25%股份。此时鹿苑保持着产量每年翻一番的超高速发展速度,高丰告诉米勒,他的合资伙伴不会同意后一要求的。果然,首先是泰国老板刘志建火了："世界上并不是只有英国人才有钱！高老板，不就几千万人民币吗，我出，我来在每个公司占25%股份！"

但是，高丰仍然想与道森合作，好说歹说取得鹿达港方老板同意，于1994年2月17日接受道森173万美元投资，将鹿达扩大为年产150吨无毛绒、30万件羊绒衫的鹿达吉利羊绒制品有限公司。道森在这家子公司中占25%股份。

1994年，鹿苑集团职工达7 500人，设备达到十梳十纺，规模和设备两项稳居世界第一；尤其引人注目的是，1995年鹿苑可产120万件羊绒衫、25万米羊绒呢、35万条羊绒披肩和围巾，产量也可能达到世界第一位。眼见着一位羊绒巨人在东方崛起，1995年2月24日，米勒决定放弃一切额外条件，在爱丁堡与高丰签署协议，投资5 200万元，成立"鹿苑—道森羊绒纺织集团"，合作期50年，并将一家工厂的全部设备从苏格兰搬到包头。

此时，东方也传来喜讯：日本伊藤忠商事一名重要部长3月14日飞抵包头，与道森对等，完成对鹿苑投资25%的协议文件。

这是世界羊绒业中心由苏格兰爱丁堡向内蒙古包头移动的一个重要时刻。日本鹿苑株式会社社长川上修评论道："道森、鹿苑、伊藤忠三家世界最优秀的企业联姻，标志着世界羊绒业的新时代到来了！"

下篇 | **路漫漫其修远**

（1984—1988）

1984年10月20日，中国共产党十二届三中全会召开。会议通过了《中共中央关于经济体制改革的决定》，首次提出了社会主义经济是公有制基础上的有计划的商品经济的论断。

这是社会主义国家第一次以中央决议的形式，承认了市场的作用，提出了要发展商品经济，是中国共产党和社会主义中国的一个令全世界瞩目的伟大创举。

1987年10月25日，中共十三大提出"国家调节市场，市场引导企业"的机制。在摸着石头过河的艰难探索中，中国逐渐从计划经济的旧体制中突围，前景已经依稀可见。

1988年4月，第七届全国人民代表大会第一次会议通过了《关于设立海南省的决定》。紧接着，大会又通过了《关于建立海南经济特区的决议》，决定划定海南岛为海南经济特区。

1988年8月，海南省正式出台《海南省人民政府关于贯彻落实国务院〔1988〕二十六号文件加快海南经济特区开发建设的若干规定》，即"三十条"。这掀起了20世纪中国最宏大的"人才迁徙运动"，许许多多、各行各业的人才奔赴心目中梦幻的"海角天涯"，奔赴改革开放的"自由岛"。

## 第四章
## 敢想敢干 | 民营经济的创业时代

党的十二届三中全会突破了社会主义与商品经济的对立，迈出了经济体制改革重要的一步。在这基础上，民营经济得到了进一步的发展。

1987年，党的十三大报告指出：私营经济一定程度的发展，有利于促进生产、活跃市场、扩大就业，更好地满足人民多方面的生活需求，是公有制经济的必要的和有益的补充。

承认私营企业，这是前进的一大步。1988年4月，第七届全国人大第一次会议通过《中华人民共和国宪法修正案》。修正案第一条说，宪法第十一条增加规定：国家允许私营经济在法律规定的范围内存在和发展，私营经济是社会主义公有制经济的补充。国家保护私营经济的合法的权利和利益，对私营经济实行引导、监督和管理。

宪法修正案正式确定了私营经济的法律地位和经济地位，这在一定程度上带来了政策上的巨大释放。

## 南存辉：谈温州必谈柳市，谈柳市必谈正泰

　　1984年，柳市生产低压电器的家庭作坊已是遍地开花。尽管父亲坚决反对南存辉丢掉补鞋的祖业，南存辉还是固执地将几年辛苦补鞋的积蓄投到一个朋友的电器生产中，投石问路的结果是当月净赚35元。南存辉大喜，改行已成定局。尝到甜头的南存辉以自家住房折价，加上很少的一点现金，凑成注册资本5万元，与友人合开了一家"求精开关厂"，开始了最初的、艰难的原始积累。

### （一）吴邦国说：南氏兄弟不简单

　　作为温州经济改革的优秀典范，作为非国有经济的一个突出代表，正泰集团在14年间，资产从5万元发展到16亿元，员工从5人发展到5 000余人。"正泰现象"是值得我们去认真品味的……

　　相传，很久以前，有个小镇上有一棵很大的柳树，冠盖数十米。春天一来，青枝绿叶，浓荫蔽日，远远望去，像一把巨伞。方圆几十里的人们不约而同来到这棵树下自由交易，互通有无。渔人卖鱼、樵夫卖炭，讨价还价，热闹非凡。久而久之，这个小镇便有了一个富有诗意的名字——柳市。

　　20世纪80年代以后，柳市人的经商才能得到淋漓尽致的发挥。如今，巨柳已不复存在，代之立起的是大厦高楼、车水马龙。新一代柳市人把一个不足12平方千米的小镇，建成了中国最大的低压电器生产基地，生产厂家达1 000多个，产量和产值均占到全国同行业的1/3，成为世人瞩目的"东方电器之都"。

　　在"东方电器之都"坐头把交椅的，当属董事长南存辉及他的弟弟——总裁南存飞领导下的正泰集团。它以16亿元的年产值傲视群雄，成为"温州模

式"中最具说服力的杰出典范。据不完全统计，截至1999年，短短几年间，来到正泰指导工作、参观学习的党政干部就达7万余人，党和国家领导人也先后视察正泰，并对正泰的发展模式给予了充分的肯定；更多的则是一些省市领导，怀抱着"取经"的目的，踏进正泰的大门……

吴邦国在视察正泰集团以后，不由发出感慨：南氏兄弟不简单。

南存辉何德何能？正泰何谜之有？

1963年7月，南存辉生于柳市，家庭贫困。他13岁时，父亲在深山伐木，被压折了腿，从此卧病不起。为了弟妹能继续读书，为了全家的生活重负，南存辉接过补鞋匠父亲的担子，开始走街串巷，以补鞋为生。

南存辉并不忌讳这一段人生经历，相反他把这段磨难看成是自己的精神财富和日后成功的起点。当中央电视台《企业家》专栏为他拍摄专题片时，一位记者知道他少年时靠修鞋为生，便开玩笑说："南董，你现在敢不敢再补鞋，怕不怕我把你拍下来？""那有什么好害怕的？"南存辉当即找来修鞋的行头，摆开架势，俨然一个行家里手。摄像机"嗡嗡"作响，拍下了这一难忘的时刻。

劳动是光荣的，但不同劳动的价值体现却相去甚远。修鞋匠南存辉若照此路走下去，后来的"全国人大代表""改革风云人物"等桂冠恐怕就不属于南存辉了。

1984年，柳市生产低压电器的家庭作坊已是遍地开花。尽管父亲坚决反对南存辉丢掉补鞋的祖业，南存辉还是固执地将几年辛苦补鞋的积蓄投到一个朋友的电器生产中，投石问路的结果是当月净赚35元。南存辉大喜，改行已成定局。尝到甜头的南存辉以自家住房折价，加上很少的一点现金，凑成注册资本5万元，与友人合开了一家"求精开关厂"，开始了最初的、艰难的原始积累。

当初跟随南存辉一起创业的一个老会计，用"三口锅"的故事来概述"求精"的发展历程：1984年创业之初，只有5名员工，在20平方米厂房的一角，有一只电饭锅，这只电饭锅完全能够满足5人的吃饭之需；两年以后，员工增至36人，一口锅已不够用，增至两口锅；到了1988年，员工一下增加到90人，吃饭的锅又由两口增加到三口,并且有了专门的食堂和炊事员。

在柳市低压电器发展史上,有一段不光彩的经历:柳市电器市场的"繁荣"是建立在"假冒伪劣"基础之上的。只要昧了良心,把国家宣布作废的一些低压电器,在一些家庭作坊里稍作加工,便可以"崭新"的姿态出现在市场上,大把捞钱,几十万甚至几百万元便唾手可得。

记者曾问过南存辉这样一个尴尬的问题:"正泰的今天,是否也得益于当时的那股'假冒伪劣'之风?"

南存辉的回答多少令喜欢恶作剧的记者有些失望。事实上,南存辉一开始就十分注重产品质量,有三例为证:

其一,南存辉把厂名取为"求精",就是取"精益求精"之意。有人把这一行为归结为南存辉的"性本善"。南存辉的忠厚和善良在当地是出了名的。还是在他做修鞋师傅的时候,有一次因为天寒地冻,冻僵了的手不听使唤,被锥子扎出了血,当然也影响了这双鞋的修补质量。10多年后回忆此事,南存辉依然心存愧疚,不能原谅自己的"错误"。

其二,被人们广泛传诵的"地铺之交"。当时低压电器质量最好的是上海,南存辉从上海请来王中江、宋佩良等电器工程师,作"求精"厂的技术指导。由于当时厂里资金短缺,在旅店住宿每晚至少得花5元的费用,专家们深深地体谅南存辉创业的艰辛,就在南存辉家里搭地铺过夜;南存辉到上海进元件、学习技术也从不住旅店,也在王中江、宋佩良等人家里搭地铺过夜。当时的王中江就问过南存辉这样的问题:"你是要钱还是要质量?如果要钱,我可以为你一年搞到几百万;如果要质量,你就要学会忍耐。"南存辉面对他敬重的长者,选择了要质量、以质量求发展的相对缓慢的历程。

其三,在王中江等人的帮助下,南存辉成为柳市第一个取得国家机电部颁发的生产许可证的人。

对质量的追求带给南存辉的是丰厚的回报。1989年,柳市低压电器遭到全国的抵制,一些单位门口甚至挂出了"柳市电器推销员免进"的牌子。国家六部一委派工作组进驻柳市，专查"假冒伪劣"。昔日喧闹的柳市电器市场沉寂了。

当检查组来到求精开关厂时，眼前一亮，在柳市居然还有这样一家领取了生产许可证、有自己的品牌、质量过硬的低压电器生产厂，当即给予了充分的肯定。温州市政府和乐清市政府也当即决定，将求精开关厂作为重点扶持对象。

南存辉在整个柳市低压电器市场的低谷中一枝独秀，产品畅销全国，1990 年产值达 500 万元，1991 年产值翻番，达到 1 000 万元。当众多的电器生产厂家猛然醒悟，开始大打"质量"牌的时候，南存辉早已一马当先，走在了他们的前面。

## （二）从 5 个人到 5 个亿，资本是怎样扩张的

现在人们在讨论中国个体私营经济时，必然会提到"温州模式"，谈温州必谈柳市，谈柳市必谈正泰，正泰已经成为"温州模式"的缩影。毫不夸张地说，正泰代表着温州个体私营经济发展的方向。

1990 年，已粗具规模的求精电器厂一分为二，南存辉和他的朋友各自扯起自己的大旗，在柳市这块热土上追寻着各自的梦想。

此时的南存辉深深地感到资金对一个企业的重要性，尽管从创业之初到 1990 年，6 年多的时间他没有分过一分钱的红，所有利润都投到了再生产中，但生产规模的急剧扩大，立足于自有资本的积累方式已显得难以为继，怎么办？向银行借贷，不要说借不到那么多钱，就算能借到，还本付息的高额风险也令人望而却步。

寻找合伙人，吸收新股本，这成了当时唯一的办法。也就在这时，他的弟弟南存飞等亲友相继加盟，实力大增。但称得上严格意义的"正泰式"的扩张之路，还是从 1991 年吸收美国一个亲戚的资金，成立中美合资正泰电器有限公司开始的。

伴随着产品订单的一张张飞来，他们对资本的需求也一天天地扩大。以产

品为龙头，一个一个股东开始加盟到正泰旗下。于是，正泰开始有了自己的全资分公司；或以正泰的法人股去控制、参与其他的企业。于是，正泰又拥有了自己的控股公司、参股公司。

从 1993 年到 1996 年，不到 4 年时间，正泰从一家企业骤然膨胀成拥有 48 家全资、控股或参股子公司的大型企业集团。

集团化使企业产值连年翻番，却也使企业面临两大考验。一是集团的管理事务急剧膨胀，与此同时，成员企业却在很大程度上失去了经营自主权，活力有衰退的危险；二是各成员企业间重复投资、设备利用率低、资金利用率不高等"小而全"的弊病也开始浮现。

正泰面临着新的管理难题。

南存辉在分析集团化带来的种种矛盾和问题后认为，从管理层面上讲，归根到底是一个"怎样集中、怎样分散"的问题。

从 1996 年开始，正泰把集团的所有管理分为三个层次，分别赋予不同的职能：上层即集团公司，为投资中心；中层按小行业组建为事业部，实际上是独立法人，为利润中心；基层，实际上是各事业部下属的工厂，为成本中心。

正泰将这种管理方式称为"矩阵式"管理模式。这种模式既让下属成员企业获得了充分的经营自主权，又让集团能专心于自己最关注的问题：股东们资本的保值与增值。

1997 年 1 月，正泰集团将同是生产继电器的 4 家全资公司、2 家控股公司、3 家持股公司组合成一家股份有限公司。股份有限公司是独立法人企业，实行董事会领导下的总经理负责制，但它是正泰集团公司控股企业，是正泰集团公司的子公司，接受集团公司领导，股份有限公司各职能部门业务亦接受集团公司各职能部门的业务指导。到 1997 年底，在产值、产量销售收入均增加了 1 倍有余的情况下，其生产成本不仅没有同步提高，反而降低了 4%。这充分显示了股份制企业的强大生命力。

为此，南存辉充满信心地说："我们要对其余的分公司和成员企业进行股份制改造，成熟一个，改造一个，直至全部组建成规范的股份制企业。"

已经得到迅猛发展的正泰集团公司将向何处发展？柳市电器面临怎样的新抉择？

1998年3月24日，温州市政策研究室主任、对温州经济发展有突出贡献的马津龙先生在《温州日报》上撰文称：正泰集团现有的对外扩张的基础不只在柳市，在整个温州民营企业中都是最好的。这不仅在于正泰公司已经拥有的资本实力和知名度，更在于正泰公司有南存辉这样目光远大、富有创新精神的企业家，有一支由各种知识和能力结构组成的精干的管理、技术队伍，有较为规范的组织制度。问题在于，正泰公司如果不打破柳市目前这种20多个集团自成体系的格局，外部扩张的余地已经不是很大。因此，能否与柳市的其他集团实现波音与麦道式的强强联合，将是正泰乃至温州低压电器能否创名牌的关键所在。对于某些后劲不足的集团来说，要看到集团联合的大趋势，与其迟迟被动，不如及早主动。只要正泰公司真正表现出海纳百川的宽阔胸怀，相信在正泰的大旗下不难出现应者云集的局面。

南存辉有这样的胸怀吗？正泰有这样的号召力吗？

无独有偶的是，两天以后的《中国经济时报》刊登了在京出席人民代表大会的南存辉接受该报记者采访时的谈话。他在充分肯定了民营企业在下岗就业、观念转变方面起到的积极作用后认为，民营企业群雄割据、各自为政的"战国时代"应该结束了。他认为，就国内而言，国企也搞改造机制，机关干部也"下海"了，国有企业的大量生产要素存量将发挥作用，"瘦死的骆驼比马大"。民企毕竟"乳臭未干"，像他统率的正泰集团，也不过只有10余年历史。此外，民营企业家大多出身农民，自身素质有待提高。就国外而言，越来越多的大财团"登陆"中国，中国民企可谓不堪一击。

"该在技术进步、加强管理上下功夫，要不断进行股份制改造，彻底告别以血缘为纽带的家族式管理，"他说，"要大联合大调整才有出路，由一两家强的，把大家带上来，组成联合舰队，这样才有希望。"

柳市的集团能不能强强联合？柳市的众多企业能不能在一只领头雁带领下排成一个整齐的方阵？能不能在一艘旗舰的统一指挥下出征远航？恐怕这不是南存辉一人能够回答得了的，但可贵的是，南存辉有了这样的"一厢情愿"。

南存辉在多种场合有过这样的表态：正泰不再是南氏兄弟或是董事会股东们的正泰，它属于整个中国低压电器行业，是整个民族工业的一部分。作为民族工业，它的主要竞争对手是国际大集团。中国民族工业不但要守住自己的阵地，同时还要走向世界。为了振兴中国低压电器，正泰人可以将"正泰"品牌贡献出来，正泰可以不姓南，我本人也可以从董事长的位子上退下来。这是我的承诺，也是正泰人的胸怀。

### （三）热血铸品牌

正泰集团一名员工骄傲地对记者说："南董说我值3.8亿！"

原来3.8亿元是"正泰"商标的价值。而南存辉认为：一个人、一件产品都可以让正泰增值或贬值，正泰5 000名员工人人都要树立"我就是正泰"的观念。5000−1=0是每个正泰人都非常熟悉且铭记于心的等式。

海尔集团张瑞敏上任之初，为了树立员工的质量意识而砸了冰箱，"砸冰箱"这件事已经在商界广为流传了。而南存辉为了一件不合格产品而损失80万元的故事却鲜为人知。那是一批出口产品，质量检验员在复检时发现有一台产品与整批产品在外观色泽上有明显差异，此时包装箱已全部打好，交货期已经到了，怎么办？工作人员去请示南存辉，南存辉毫不犹豫地要求全部开箱重检。为了保证交货日期，他又下令将产品由海运改为空运。这一改，运费增加了80万元。很多人对此不理解，但南存辉说："我们的牌子和信誉远不止80万。"

正泰集团有一支庞大的60余人的质检队伍，几乎每一次的机构改革都有人提出"质检部是否过于臃肿"的话题，而南存辉总是"固执己见"、不为所动。因为有南董的撑腰，每个质检人员都牢牢地守着质量这一道关口。南存辉对质量不合格产品的发现者还实行奖励政策。

几年下来，先后有7名经理级人物因质量问题撞在了南存辉的"枪口"上。

1998年8月初，因为正泰集团的几家"老"企业产品质量一直没有提高，董事长南存辉毫不客气地责令他们全部停止生产和销售，且无论损失多大，均限期无条件从全国各地销售公司退货、返修或报废，各项费用全部自理。对两家质量问题较严重的成员企业还做出清退出集团的严厉处理。一位受停产整顿的总经理是南存辉的表哥，他颇感委屈地说："产品质量虽达不到内控标准，但并不比柳市其他企业的差呀。上百元的产品利润已低到了3毛钱，还不准卖，这一停产、退货，算算几千万的产值要损失多少！"南存辉闻言，眼眶也有些湿润了，但随即正色道："说什么话，我们要创世界名牌，质量停留在柳市的水平上，能出世界名牌吗？为什么不和国内外先进企业比？"会议持续了两个小时，南存辉一直铁青着脸，会场气氛如凝固了一般。

据称，这是南存辉一生少有的一次发火。

记者在温州采访期间，无论是党政干部、正泰的成员企业还是南存辉的竞争对手，无一不对正泰的发展模式、产品质量持肯定态度。

"泰然形象，源于真正品格。"这是正泰集团的广告语，也是南存辉人格的写照。

1992年秋末的一天，法国梅兰日兰电器集团中国总代理和随同人员一起来到温州柳市低压电器市场考察，他们此行的目的十分明确，梅兰日兰需要和国际大集团争夺中国市场，他们需要在国内寻找合作"伙伴"。对柳市低压电器早有了解的代理直接来到正泰，找到南氏兄弟。

总代理寒暄几句，便开门见山直奔主题。他不需要拐弯抹角，不要说正泰公司，就是整个柳市低压电器行业的总和，都与梅兰日兰的规模相差甚远。按理，能被梅兰日兰看上实在是一种荣幸。

"成为集团分公司有什么优惠条件？"南存辉问。

总代理的回答很直接："技术、资金和梅兰日兰的国际品牌。"

南氏兄弟相视一笑。

确切地说，这三项都是正泰急需的，是企业发展的三大要素。特别是梅兰日兰的国际品牌，令不少低压电器的同行们垂涎。但接受梅兰日兰的品牌就意味着自己10年艰辛创下的"正泰"牌子将"灰飞烟灭"。

"谢谢，我们不想合作。作为一个中国人，我们更愿意创中国人自己的品牌。"

为了这句话，正泰倾注了大量的心血。南氏兄弟招贤纳士，从全国各地聘请了500余名各类工程技术人员、管理专家和大专毕业生。为了全面提高员工的整体素质，他们还与上海理工大学合作，创办了正泰学院，设置硕士、大学、专科三个层次，并由著名经济学家于光远担任名誉院长。

他们成立了技术开发中心，规定每年从销售收入中提取3%用于科技进步工程，进行技术改造和新产品开发。

1994年，正泰在同行业中首批通过了ISO9001质量体系认证，并先后通过国际CB安全认证、芬兰FL认证、比利时CEBEC认证、荷兰KEMA认证和美国FMRC认证，取得了通往国际市场的"入场券"。目前正泰电器畅销世界30多个国家和地区，并被国内20多个省市自治区列为免检产品，被浙江省评为"采购首选品牌"。

一直关注着正泰的梅兰日兰中国总代理在看到正泰今天的业绩后，深表忧虑地说，在中国真正的竞争对手并不是德国西门子，也不是美国通用电气，而是像南存辉这样一批土生土长的中国企业家。市场经济改革最大的成功就在于造就了这样一批很有竞争力的乡镇企业。

正泰每年用来打假的资金都在200万元以上。前来正泰考察的全国政协副主席陈俊生在得知这一情况后，意味深长地说："以前温州假冒伪劣严重，现在别人反过来假冒你们的牌子，我看这是个质的变化。"

（四）采撷来的故事

在正泰采访，听到许许多多关于南存辉的故事，这些故事不成体系，却建构起南存辉的人格魅力和治厂方略。

故事一：南存辉对子女要求极其严格。孩子睡地铺睡了好几年，读书被送到外地，不让他们从小在父母身边感受优越。一次，快初中毕业的女儿在正泰全体员工大会上嘤嘤啜啜："小时候我爸爸是个坏爸爸，但是我要骄傲地说，我的爸爸是天底下最好的爸爸！"十几年来没有陪孩子度过一个生日和儿童节的南存辉不禁鼻子一阵发酸。

南存辉的背后站着一位贤淑的贤内助。没有作息规律的南存辉，生活一时一刻也离不开她。无论南存辉出差多远多累，她总是悉心相伴，从无半句怨言。人们开玩笑说，在这个复杂的、充满了各种诱惑的社会里，南存辉带着老婆出差是为了行为"自律"。一次在浙江大学的讲台上，南存辉面对数百名大学生满含深情地说："我的成功有她的一半。"

"穷有根、富没底"，这是南存辉对金钱的看法。几年来，公司扶贫、助教、捐助社会公益事业等资金累计达 600 多万元，自己却从不披金戴银，生活十分简朴，常常忙得吃饭的时间都没有，就在汽车上啃一个馒头。

故事二：正泰创业初期，南存辉曾在上海聘请了退休工程师王中江、宋佩良帮助开发产品。10 多年过去了，这些老人已完成使命，在家安度晚年。南存辉每次去上海都要看望他们，问暖问寒，送上补品，有一年竟达 13 次之多。宋佩良老人感动地说："南董比我儿子来看望我的次数还要多，我儿子一年来看了我三次半，有一次是路过。"正泰公司 10 周年庆典时，南存辉把这些老人全部请来。当他得知王中江工程师已移居巴西儿女处时，立即发传真，寄去 3 000 美元作路费，请王工回来。在庆典会上，他亲手给他们戴上大红花。时隔不久，王中江工程师在上海逝世了，他又放下工作，直飞上海参加王工的追悼会……

故事三：记者到正泰采访，到温州机场接记者的是一辆"红旗"轿车。记者问《正泰报》主编："公司有多少辆这样的'红旗'？"《正泰报》主编的回答令记者大吃一惊："不要说红旗，公司一辆高、中档轿车都没有。"

原来前不久，正泰公司将自己所有的"公爵王""桑塔纳"等 9 辆高、中档轿车全都卖了。转而与不同档次的出租车公司建立固定的租车关系。公司人员因公用车，经部门经理以上领导批准，可凭单乘坐与公司有租车关系的任何一辆出租车，十分快捷、方便，然后由出租车公司与正泰公司统一结账。

据介绍，这项改革制度推出前，仅9辆公用轿车的养路费、油费、驾驶员工资和车辆折旧等，每年共需费用近百万元。而且用车过程中，公车私用、用车"吃"油等不正常现象时有发生。卖掉轿车后，用车人员凭单"打的"，随叫随到，十分方便，而且每年可为公司节省开支50万元左右。

故事四：正泰集团从下属分公司和成员企业聘任69名员工为廉政监督员，负责监督企业廉政建设，并规定，凡有举报，必须认真调查，追究当事人的责任；对举报者重奖。

正泰集团三公司一车间主任刚被聘任为廉政监督员几天，就发现该公司外协户某螺丝店提供的好几批垫片都是铁的，却以铜的价格付费，每公斤增加开支40元。他将这一情况及时做了汇报。集团精神文明办公室接到举报后，当即组织专人前往调查，证明情况属实，报经集团公司领导批准，责令该公司与这家外协户终止了业务关系，并对有关责任人进行了严肃查处，对举报人给予了重奖。正泰电器股份有限公司一名质检员利用工作之便，多次向外协单位"借钱"，并私下收受贿赂，经查实后，被开除出厂。

故事五：对于众多的外来打工者而言，有朝一日成为一名"老板"，拥有自己的一笔资产，自然是梦寐以求的。在正泰，最先使这一梦想变为现实的，是来自浦江县的寿国春。1996年，他在他担任经理的正泰集团一公司获得了10%的股份，成为股东，开了外来打工者做"老板"的先例。此后两年多的时间里，正泰集团根据企业发展的需要和员工贡献的大小，在企业股份制改造过程中有意识地吸纳部分能力强、业绩突出的外来打工者为股东，使他们成为企业的主人。正泰集团十五公司经理王友国，1998年初经集团公司领导批准，投入20万元，成为该公司一名主要股东。当时王友国因资金不够，面露难色，公司几位领导立刻私人拿出15万元为他垫付股金。几个月以后，王友国瞄准市场，推出一系列改革措施，公司规模扩大了一倍，效益翻了一番。

吸纳打工者做股东、当"老板"，使他们从单纯的"经营者"变为"所有者"，看似小事一桩，实则意味着正泰由"人合"公司到"资合"公司、由家族企业向现代企业的转变。

故事六：南存辉很忙，天南地北、行踪不定。但他却时刻将各项指令下达得淋漓酣畅。他的秘书常说的一句话是："没关系，我跟董事长是联机的。"偶尔露面的南存辉也常拍拍那台只比一本杂志略宽的手提电脑对部门经理们说："有什么事，请直接输入我的电脑。"

行踪不定的南存辉，办公室就"拎"在手上。

其实，留心一点儿便会发现，10年前还属典型家庭作坊的正泰，近两年来已悄悄起了变化：办公室环境变得舒适、典雅、文明，生产自动化、办公自动化已迅速渗入各个领域。先进的生产设备用电脑控制，设计开发、质量管理都采用电脑辅助操作，各个办公室间通过互联网可以任意交流。经过反复培训的数十位仅有中学文化的"老总"们，同样在互联网上"行走自如"，轻松办公。

在正泰，"办公自动化"像一缕缕春风，年轻人自然被吹得枝繁叶茂，年届五六旬者也一样春暖花开。62岁的财务部陈宣福经理参加两期办公自动化培训班后，已开始借助电脑处理账务；60岁的质控部季九如工程师不习惯五笔字型输入，配置了一台带有手写输入功能的电脑办公，照样得心应手……

关于正泰，关于南存辉，还有很多很多的故事，这些故事在记者的脑子里堆积成这样的印象：南存辉不再是十几年前单纯追求个人财富的私企"老板"，而是一个有强烈的社会责任感和现代意识的民营企业家。记者还清晰地记得南存辉接受采访时的结束语："打倒自己的，不是别人，正是你自己。改革应从改自己开始，应勇敢地拿起手术刀捅向自己！我常常思考的问题是，10年前的企业家为我们现在的发展打下了基础，而我们将为下一代人留下什么？"

## 向炳伟：叫板皮尔·卡丹、金利来

20世纪80年代末90年代初，在私营企业的普遍萎缩中，"伟志"却以其卓越的质量在三秦消费者中站稳了脚，以模范的纳税意识（向炳伟每年缴给国家的税收占汉中市800家私营企业上缴税收总额的1/10）赢得了政府的信赖和支持，企业规模由小变大，知名度由低变高。

### （一）从泥瓦工到小裁缝

向炳伟注定属于那种大器晚成的成功者，在30岁以前的艰难生活中，他和如今那些提着砖刀在大街上转悠着找活干的民工没有两样，和那些支起一个缝纫摊等着顾客上门的小裁缝也无二致。即使在1987年，他靠着7个人、5 000元贷款搞起作坊式的"汉中伟志西服厂"时，恐怕也没有想到他会成为年产50万套西服、销售收入达2个多亿的集团总裁，他更没有想到自己会因此被评为"陕西省十大杰出青年"。

命运就是这样说不清楚。

但当你完全走入向炳伟的世界，你又会发觉一个人的命运是可以说得清楚的。汉中是一块被历史过分渲染的热土。刘邦在这里筑坛拜将、剑指三秦，终于"一战东归"，出现了汉人汉文化。这块被巍峨秦岭和苍莽巴山拱围的土地上，到处布满的历史陈迹曾滋养过许多伟大的灵魂，然而，这秦巴屏障又隔绝了多少升腾的希望。千百年来，人们就在这块由汉水冲积成的小盆地里劳作不息，北不过秦岭腹地，南不越巴山蜀道。历史在这里沉寂得太久太久……

1956年，向炳伟就出生在这里的一个贫穷菜农家庭。

应该说，向炳伟的身上多少还流淌着一些商人的血脉。父亲向氏年轻时曾希望摆脱贫困，翻过巴山西脉的米仓山搞过货运，也曾酿酒、开杂货店和油坊，但无论他怎样的辛苦卖力，命运的枷锁还是始终把他紧套在贫困上。向炳伟的两个弟弟就是因无力抚养而相继送人的。这种离乡背井、远离血亲的命运也差点落在小炳伟身上。只是他的乖巧、勤快和善解人意才使父母思量再三，没有舍得把他送出去。

1968年4月，向炳伟12岁，正读小学四年级。"文化大革命"的枪炮声彻底击碎了他的读书梦。当时学校所在的建国路正是两大造反派交火的焦点，学校被迫停课。一家人借以遮风避雨的破茅屋也在战火中被付之一炬，只好辗转逃奔于大河坎、铺镇、周家湾等地。

母亲周氏的一生咀嚼尽了生命的苦涩，耗尽心血孕育了7个儿女之后，在动乱中已是憔悴不堪，贫病交加。

向炳伟不会忘记，为了挣钱给妈妈治病，在热得出奇的夏天，他背着背篓，赤着脚在田间野外割猪草卖给生产队，只为每斤能换回5厘钱。

向炳伟也不会忘记，他忍受着白眼和屈辱，到城里的居民区去收泔水，只为能在他吃红苕、槐树叶、野菜根时，让病弱的母亲吃上2分5厘钱1斤的豆渣来"滋补"身子。

作为给母亲看病的见证人，康大夫更不会忘记，一个十来岁的孩子，手里攥着几枚硬币，央求他把开好的药方压缩了再压缩，他的钱只够开出廉价的几味药。

而躺在寒风薄被中终日咳喘的母亲依然没能熬过那个寒冷的冬天，那一年12月，她带着对儿女无限的牵挂和深深的无奈，在病痛、饥饿、寒冷中撒手尘寰。

贫穷过早地将生活的重担压在了小炳伟身上，他来到生产队的修建队当了一名小工。别人干活，他搬砖送泥；别人休息，他就找来4.5公斤重的旧砖，练习砌墙，后来他又学会了盘抽风灶。那时，方圆百里，家家都知道有一个"灶盘得好的小明"（他的乳名），自己的口袋里也常常能揣上二三十元钱了。就在他为这一点生活的恩赐激动兴奋难抑时，过度的劳累终于酿出个悲剧：他累成了腰肌劳损，疼得直不起腰，挑不动担子……

再也不能干体力活了。向炳伟从 16 岁开始寻找的这个试图推翻贫穷的支点，忽然间灰飞烟灭。24 岁的向炳伟再一次被命运抛弃在人生的荒漠之中，如果不是一个偶然的机会，恐怕在今天的服装界就不会有向炳伟的大名，也不会有多次荣获"陕西省名牌产品"称号的"伟志"西服了。1980 年 3 月的一天，向炳伟家里来了两位客人，闲谈中得知他们在南郑湘水寺小镇上开了一个缝纫店。急于摆脱困境的向炳伟在忧闷彷徨和守候中抓住了这个拜师学艺的机会。

第一件事是变卖掉自己身上唯一可变卖的一块"蝴蝶"牌手表，到商店里左挑右选、用尽其所有的 115 元买了一台断了机架减价的"敦煌"牌脚踏缝纫机。第二件事是向工友们东拼西凑借了点钱，作为生活费留给父亲和妹妹。向炳伟背着断了腿的缝纫机告别了家乡，踏上了求生之路。

当向炳伟告别师门的时候，历史迈入了 20 世纪 80 年代。尽管皮尔·卡丹带着它的美女和华服率先闯进中国的首都，极力展示着前沿服装的风姿；尽管华人的"金利来"正在浩浩荡荡地攻入东南亚，且越战越勇；小裁缝向炳伟却以初生牛犊不畏虎的勇气开始了他追逐时代的步伐。

汉中市建国路 38 号住着一对患重病的老夫妻，儿女在外工作，无人照顾。向炳伟找上门去，提出由他和妻子来照料两位老人的生活，作为交换，向炳伟用外面半间临街空房开始了他最初的独立营生。

他找好朋友朱家庆写了"裁剪缝纫，翻新补旧"的八字招牌放在门口，又写了一张价格低于市服装厂 30% 的来料加工价目表贴在墙上。

可有谁会相信一年前还是盘灶能手的他忽然摇身变成了裁缝呢？

十几天过去了，没有顾客。在焦虑与万般无奈之中，他把缝纫机从屋里搬到街边，开始承接打补丁来维持生计——补一个小洞 5 分钱，补一个大洞 1

毛钱……

那些并不遥远的故事，那些在艰难困苦中给他一线生机的故事，那些在冥冥之中为向炳伟带来"悟"的故事，向炳伟可谓记忆犹新。

1981年秋天，邻居一女孩拿着一块单价为18元多一米的进口涤纶华达呢料，要求做条喇叭裤。向炳伟从没有做过这种裤型，但他还是接了下来，因为这两块三毛钱的加工费是一笔破天荒的业务，更重要的是他急于想改变在人们心目中他只能打补丁、做童衣的形象。

然而他却迟迟没有落剪。这种带有"资产阶级遗风"的裤子，书上避而不谈，老师傅们不屑于此。于是他就走上街头，跟在时髦的小青年身后，全神贯注地观察他们身上喇叭裤不同于一般裤型的特点。

跟踪了3天，琢磨算计了3天，一条喇叭裤让向炳伟整整忙活了一个多星期，而且，他还向朋友借了22元钱，做好了赔偿布料的准备。

喇叭裤做得意外的成功。这条裤子和计算法给他带来了好运，带来了信心，也带来了许多启示。为了争取更多的顾客，他写了第二个招牌："本店备有各种服装杂志、图片，可供顾客任意选择。"

他的牌子和门口摆放的杂志如同他做的喇叭裤一样传了出去，每当人们做衣服时总爱说："新南门外有个姓向的裁缝，做衣服可以选样子，想做什么就做什么，选到哪儿做到哪儿……"

奋斗到27岁，向炳伟终于在吃了上顿之后不再为下顿犯愁了。

## （二）西服之旅

1984年8月，一个偶然的机会，向炳伟开始了他缝纫生涯中意义非比寻常的西服之旅。

汉中市政府派人去上海定做西服，向炳伟抓住机会，自费随同前往。

在上海火车站露宿了一夜后，他在廉价的旅馆里找了一个廉价的架子床栖身，吃小巷里最便宜的面条。他随同市政府的人参观了西服厂、展销会，走遍了大街小巷的服装店。先进的设备、精细的工艺使得在汉中已是小有名气的向炳伟相形见绌。贫穷、闭塞、知识的贫乏在他内心激荡,他感受着上海的先进,也感受着上海人对来自秦巴山区的贫穷的他以及自己一言一行的蔑视和嘲弄。

他睁大眼睛,用自己独特的视角细心地观察着这个都市,上海穿西服的人似乎越来越多。他花了70多块钱,买了一件"沪江"牌西服,晚上就坐在灯下仔细玩摩起来,西服深开的V形领口造型与必须系上风纪扣严格对称的中山装相比,显得更自由潇洒一些,而且领子驳头翻至胸下,穿衬衣、打领带,这样可以增加层次感和变化感……

向炳伟隐隐地感到,西服有可能取代目前最盛行的中山装和"军干服",成为今后男士的主要服装。

让向炳伟下决定专事西服加工制作,并在这条路上一直走下去的,是另外一件事。两个月后,汉中某公司进了一批日本产旧西服,以15元一件销售,买的人很多。有人拿它作样品,到市服装厂找老师傅做,可没人能做得出来,于是,这垃圾服就越传越神,越穿越自豪。

向炳伟被震惊了:中国人穿外国人扔弃的旧衣服还么洋洋自得,真是有损国格和人格!自己作为一个裁缝却做不出那么好的西服,真是惭愧!

于是,他也买了两件,连同从上海带回的已被剖解的西服,一头扎进了西服工艺的钻研里。向炳伟从袖笼处把西服一肢解,进行测量剖析。他对旧西服外观造型的惊讶远远不如对里面做工的惊叹!在正常情况下人们根本就看不见的里面的内衬做得非常精细、整洁,找不出一根线头,也看不到毛边,并且经过多道工序加工而成,就是把外面的布料磨坏,里边也不会松散。这个细节对向炳伟的震动和影响可谓非常之大,看来,单有一腔民族热情是不够的,你不得不承认日本人的过人之处。心中有了数,向炳伟并没有就此止步,而是决定对这种掐腰、瘦袖的古典式西服作一些改进,既保持西服原有的潇洒、挺拔的风格,又符合20世纪80年代中期人们对舒适、宽松的需求。

经过一番苦斗,"向氏裁剪公式"中有关西服的数据出来了。按这个公式制作出的西服比古典的日本西服更显随和舒适。

1986年冬，尽管每件西服的加工费已收到18元，但活还是多得赶不出来。小店里的工人已扩充到7人，房子也被4台缝纫机、1张剪裁案和熙熙攘攘的顾客塞得满满实实。

喜欢趋同从众的中国人对西服所表现出的这种比西方人更高的热情，使向炳伟咂舌。为了缓解目前这种做衣、买衣难的状况，也为了让更多像他一样曾为求生而挣扎的人相互扶助，共同致富，他办工厂、建立一个和睦群体的想法也越来越强烈了。

1987年春节刚过完，恰巧汉中公路段慕名前来订做50多套拷花呢大衣，并预付了5 000元定金。这真是雪中送炭。向炳伟立即拿着这"第一桶金"，毫不犹豫地敲定了设立东大街门市部的街面房，取出3 100元付房租，剩下的钱购置了一些桌椅柜台等。他又托关系，找熟人，三番五次地跑到农业银行汉中支行，苦口婆心地诉说自己办厂的愿望、困难和信心。他的执着终于感化了银行负责人，在一张抵押房屋贷款5 000元的契约上，向炳伟郑重地盖上了自己的章子，同时也写下了挑战命运的宣言。

1987年4月7日，饱含着向炳伟一腔心血与宏愿、融进了近20名追随者无限希望的"汉中市伟志西服厂"，在建国路2号这幢作为抵押的房子里成立了。

创业伊始，向炳伟的眼光就锁定在"质量"二字上。他不善言谈，道理却比一般人想得长、想得透：自己一不是官商，二不是公商，三不是奸商，只能老老实实把顾客看作自己的衣食父母，把质量看作唯一的靠山。这个重情重义的小伙子，只有在质量上是铁脸冷心，甚至有些残忍。

那时工人工资只有80元，却有一人因线头没拣净，被罚17元；1987年，厂里生产了一批高尔夫面料西服，完工后发现有拨缝现象，向炳伟咬着牙全部捐给福利院，一件都没流入市场；1988年，雨多地潮，100多条定做的裤子口袋出现霉点，向炳伟看到后，只吐出一句话："裤兜全换！"……1989年，向炳伟东渡日本考察，日本人竟指着他穿的"伟志"西装问："皮尔·卡丹？"他摇摇头说:"自己生产的。"

20世纪80年代末90年代初,私营企业普遍萎缩,"伟志"却以其卓越的质量在三秦消费者中站稳了脚,以模范的纳税意识(向炳伟每年缴给国家的税收占汉中市800家私营企业上缴税收总额的1/10)赢得了政府的信赖支持,企业规模由小变大,知名度由低变高,1990年,"伟志西服厂"从狭小的汉中市建国路搬到了与拜将台毗邻的一个占地4 500余平方米的院子。在那幢仿古式的二层办公楼里,他组建了6个正规职能科室,扩展了3个销售部;在楼旁敞亮的大车间里,他引进了国外西服生产线,机器换成电动的,熨斗换成了吊瓶式蒸汽的,裁剪也换上了电刀。"伟志"从此告别了作坊式的小生产、小经营,逐渐向企业的规模靠拢。

向炳伟的另一个高招是对消费者"不满意便退钱"的庄严承诺,这样的承诺在今天的商界已是见惯不惊了,但向炳伟早在1992年就提了出来,并把它演绎得淋漓尽致,作为"伟志"永恒不变的服务准则。

决策当初,遇到来自四面八方的阻力,大家普遍对当时的国民素质和没有限制的恶意退换货表示担忧。向炳伟断言:"恶意退货的人将超不过3%,我们就拿出10万元来准备吃这个亏。但它的正面影响带来的将是信誉、声誉。一个企业有了信誉,就像给顾客的口袋里放进了存款单,他们会不定期地来这儿增加存款。"尽管在实施"不满意便退钱"的服务过程中,伟志在当年9—12月就因此损失了30多万元,但在被广大的消费者翻来覆去印证了几年之后,这个服务承诺放射的强大磁力是有目共睹的。

1996年,"伟志"以超常规的发展跨上了时代的快车。向炳伟接受了一个老教授"刘邦不出汉中何以成帝业,你不出汉中何以求发展"的建议,将集团总部举迁西安,并在西安组建年产20万套西服的伟志西安西服生产厂,与刚刚搬进占地1.47公顷新厂房的伟志汉中西服生产厂遥相呼应,拉开了将蓝图绘写成现实的帷幕。

## （三）营造精神家园

1997年1月21日，向炳伟在《伟志报》上写道："要建立全员的'我要比向炳伟做得更好'的思想，以更真实的人生态度、更渊博的知识、更宽阔的胸怀、更高的思想境界、更强的社会责任感、更博爱的心超越向炳伟。"

已入不惑之年的向炳伟深深地意识到，要构架伟志集团的骨脉，必须建立起独特的企业文化，创造稳固的价值体系和精神支柱来支撑企业，而不是依靠某一个人。这种文化必须符合国家利益、大众利益、个人利益，必须适应不同区域、不同国度、不同时期，使之做到推进人类的物质文明和精神文明，使之做到任何一代企业领导人更迭之际，企业均能持续稳定地发展，最终达到"永续经营"。

一位《陕西日报》的记者在采访"伟志"以后，写下了这样的文字：

记者在伟志公司采访的第一天，恰好碰到三件颇觉新鲜的事：

第一件：员工过生日。中午12点刚过，在一曲优美的音乐之后，记者听到公司喇叭里传来女播音员甜甜的嗓音："时装开发部的戴旭辉员工，今天是您的21岁生日。总裁向炳伟和全体员工向您表示衷心的祝福，祝您生日快乐、永远幸福。现为您播放一首生日歌曲……"记者由此得知，"伟志"的每一位员工，在自己生日的这一天，都能收到总裁派人送来的贺卡和礼品，这是公司已经执行了3年的制度。

第二件：工间音乐。下午3点左右，生产车间飘出一曲曲熟悉的流行歌曲，正在紧张工作的员工手不停活，脸上则露出轻松的微笑。才从日本进修回来不久的生产科长裴芳告诉记者，这是车间播放的工间音乐，每天上、下午各一次，每次半小时左右，用以调节员工紧张的神经。

第三件：员工舞会。在公司大门内的墙上，记者看到一张舞会通知。记者疑惑地问秘书小姐，你们私营企业也常办舞会？她告诉记者，公司每个月至少办一次。与此相联系，记者发现这里的员工有免费午餐、免费夜餐（管理人员除外），设有免费澡堂，有只象征性收费的公司理发馆，住方面有每月只花几元钱的集体包租宿舍，看病有只交医药成本费的定点医院，公司每年用于员工吃、住、洗理、就医方面的福利补贴都在几百万元。企业文化部一位小伙子告诉记者，他们的免费早餐又要开始了，且不得低于2.5元/人的标准，这是向总的命令。仅此一项，公司每年的花费就达140多万元。

其实，早在1992年，伟志西服厂搬迁至拜将坛时，向炳伟环视着这个崭新的环境，看着三三两两准备上班的员工，就曾陷入沉思："难道我所提供给他们的只是一个就业的位置和每月200块钱的工资吗？"向炳伟暗自下决心，要在自己力所能及的范围内开辟一片"净土"，要营造一个积极的、和睦的、家园式的企业。

向炳伟鲜明地提出了他终生信奉的"幸福观"：使别人幸福的人，自己也最幸福。

在外国八家新闻机构的驻京记者采访团对伟志西服厂进行采访时，有位记者尖锐地问道："在中国社会主义国家的私营企业里，企业主和工人是一种什么关系？"

向炳伟说："我们是一种平等互助、相互依赖的关系。建立良好的劳资关系，享受人与人之间的温暖和快乐，从人性上说是一种需要，从经济角度上说，这是有利于企业获得利润和生存空间的。"

另一位记者尖刻地问："你怎样看待剩余价值？"向炳伟说："我认为如果有剩余价值的话，这些价值是用于抵御我和员工的风险的。我们的利润除上缴国家外，全部用于扩大再生产和为大家创造更好的工作、生活条件。我本人一直是以工资形式维持生活。"

因此，在向炳伟39岁生日时，为了表达对总经理的敬爱之情，总公司生产车间员工自愿凑齐300元，在汉中电视台为向炳伟点播生日歌曲；129名员工在送给向炳伟的生日贺卡上集体签名祝福；宝鸡分公司经理深夜两点多驱车赶回汉中，与向炳伟紧紧拥抱，晚会现场长达半小时鸦雀无声……

向炳伟办公室的3位秘书，用许许多多他们亲身经历过的小故事，向记者讲述他们的总经理是怎样在生活和办企业中实践着自己的诺言：他曾在汉中市南湖公园，把一张50元钞票送给一位正在风雨中捡易拉罐的老人；曾在大雪天翻越秦岭的途中命令司机倒回去数十里山路，寻找那位被司机拒绝捎路的陌生人；曾亲自驾车将因加班而回家太晚的员工一个个送回家去；曾为一位患肝病而去世的员工连看病带办丧事，共计花费4 000多元……

从某种角度讲，向炳伟办企业并不是在经营资本，而是在经营一种博大的爱。这种爱是他生活的出发点和落脚点，成为他处理老板与员工、企业与顾客、企业与企业、企业与政府等各种关系的基石。

### （四）伟志的产品是人才

"伟志"到底有多大的实力来赶超中国和世界上那些同行业的知名品牌？向炳伟心中是有数的。他知道他所具有的敲开中国和世界大门的实力是两只手：一只手是富于活力与凝聚力的优秀企业文化，另一只手是具有相同价值取向和追求的优秀人才。

1996年初，刚刚在西安市安营扎寨的向炳伟，就将深邃的目光投向招贤纳士，他做出以10万和5万元年薪公开招聘副总及其他高级管理人员的决定，以此创建集团化、现代化、科学化的管理体系。有人担心地提出：如果工薪支出过高，甚至大幅度地超过了劳动生产率的增长，那公司的实力是否将不堪支撑？向炳伟的回答是："即使1996年我们一分钱不赚，也要先留住人才！有了人才，就能创造一切。"

在向炳伟看来，用人也是一种经营。

这次招聘，实质是对"伟志"企业形象和社会感召力的一次公开检验。数千名应聘者慕名前往，数十家新闻单位争相报道，各方公众议论纷纷。"伟志"收获的不仅仅是数十名德才兼备的优秀人才，更有企业形象轰动性的社会"定格"。来自大专院校研究所、"三资"企业、大中型国企单位的几百名博士、硕士、大学生加入了"伟志"大家庭。"伟志"的智力结构，特别是中高层管理人员的智力结构得到了根本性的改善。

与此同时，西安一批著名的经济学专家、教授，例如何炼成、樊光鼎、王忠民等几乎同时成为伟志集团经营发展方面的高参。

"外聘""内培"，向炳伟双管齐下，在他看来，两方面的人才都不可或缺。伟志人把培养内部员工成才之路称为"经理生产流水线"，正所谓"当他会做裤子时，让他去做西装；当他会做西装时，再给他高档毛料。让他永远生活在希望中"。这便是对这条流水线的最好注解。记者曾先后接触过"伟志"10多名管理层人员，发现许多要害部门的领导都像是一件高质量的产品一样，经过多道工序"加工"才完成的。经营部女经理王霞，进厂时只是个普通的钉扣工，凭着自己的聪明、干练，经过在车间主任、门市部主任这些岗位上的磨炼，才走上今天的岗位。这样的例子不胜枚举，员工们告诉记者，"伟志"用人不迷信文凭、不迷信资历，只要你有真才实学，都能在这里找到自己发光的位置。"伟志"下属一位已被免职的分公司经理，在送给向总的生日贺卡上写道："伟志仍是创业者的摇篮。"这话对"伟志"的"经理生产流水线"做出了客观的评价。

几年来，从"伟志"走出去自办企业的不下数十家，仅在陕南小有名气的西服厂就有10多家。有人不理解伟志人为何要拱手把自己培养出的人才让给社会，向炳伟说："市场经济已经形成了这种社会资源大流通的趋势，与其让人才破堤而流，不如顺势修渠放水，或许有朝一日他会倒流回来。"事实是，在"伟志"的骨干员工中，每年都有10多个人是这种"倒流"回来的人才。

在"伟志"，选派技术骨干到日本深造已经成了他们的惯例，自1993年起，已先后有4批打工妹"留洋"学习，成为全国私营企业中并不多见的景观。这些打工妹通过为期2年的学习研修，给集团公司带回来的是新工艺、新技艺、新方法。留洋归国的人员已成为集团公司的骨干之骨干。集团公司"打工妹"出国留洋几度成为社会评论的焦点，从本质上来讲，这也是"伟志"壮大的"秘密"武器。

## 陆汉振：飞驰的金轮

1986年，陆汉振获得一条极为重要的信息：用作轮胎骨架材料的锦纶帘子线、帘子布，全国当时的生产量仅占市场需要的60%，国家每年得花费大量外汇进口。而且，随着我国汽车工业的发展，这个缺口将越来越大！

### （一）引子

20世纪90年代，以车代步已成世纪之风，神州大地上奔跑着无以计数的车辆，飞驰的轮胎摩擦着各式各样的路面，闪现出金色耀眼的光芒。而这些助人一日千里、纵横驰骋的轮胎是以一种名叫锦纶帘子布的化学纤维做骨架的。

锦纶帘子布已和我们飞速发展的生活密不可分。

让我们把关注的目光投向制造这些轮胎骨架——锦纶帘子布的"故乡"金轮集团吧。

事实上，到1998年，金轮集团已由生产锦纶帘子布的单元经济发展成了以锦纶帘子布为龙头，以摩托车为支柱，集工贸科教和金融服务于一体的多元化经济。它拥有20亿元资产，30多家成员企业，13 500多名员工，下属骨干企业宁波锦纶股份有限公司的帘子布产量居亚洲第二、世界第二。而这个庞大的工业巨人10年前还只是一个只有十几个人、几间破房，以废旧物加工再生塑料的手工作坊。这是个奇迹。

创造这个奇迹的前提是超前的思维和超常的胆略。而这个奇迹的缔造者陆汉振，只是浙江慈溪宗汉镇庙山村一个地地道道的农民的儿子，从手工作坊到工业巨城，这中间的跨度和由此产生的奇妙现象给我们提供了一个饶有兴味的话题。

### （二）20 世纪的中国风

漫步金轮工业城，在我们的目光里，出现最多的是金轮企业的象征物"风火金轮"。红色的火焰中穿行着一个飞驰的金轮，和神话传说中哪吒脚下神迅无比的风火轮相像。实际上金轮集团就是锦纶帘子布生产领域里的一名神童，当国内某些企业已是锦纶帘子布生产的龙头老大时，它甚至连个影子都还找不到，可今天，小毛弟已取代了所有生产锦纶帘子布的企业，坐上了锦纶帘子布生产的第一把交椅，难怪锦纶人如此钟爱风火轮了。金轮人是这样解释"风火金轮"的：风，流动的空气，指像风一样快捷，有国风、世纪风之意。火，人类文明进步的标志，蕴含"烈火铸金轮"之意。轮，物质运动形式的基本体现，是金轮集团最简洁、最深刻、最具民族特色的具象与凝练。"风火金轮"象征吉祥平安，快速高效，激发能量，是金轮人追求和平、正义、幸福的象征。

"风火金轮"中所说的中国风和世纪之风就是被经济界人士称为"汉振现象"的高速度、高效益的资本发展和利润滚动。

翻开金轮集团的发展史，我们看到的是一连串令人惊叹而又迷人的数据：

1987 年：以 6 个月称绝的速度开发 2 000 吨再生帘子布生产项目，创建慈溪锦纶厂，跻身国家大产业，并为国家填补一项技术空白。

1990 年：帘子布第二期工程竣工投产，第三期工程连续投入，年产值超亿元，"一厂带十厂，十厂带百厂"的发展战略使企业不断拓宽产业领域，生产、加工、服务配套成龙，赢得了最大之竞争优势。

1992 年：当"东方风来满眼春"时，"金轮"已是一片盎然新天地，产值超 4 亿元，产品走向国际市场，"一年一变，三年大变"，金轮人在希望的土地上构筑了一个占地面积 80 多公顷的现代化金轮工业城。

1993 年：集团产值超过 8 亿元，成为产量居全球第二的锦纶帘子布生产基地。

1994年：集团公司荣获"全国十大优秀企业"（金马奖）称号，产值超过13亿元，实现利税1.3亿元，成为国家大型一档企业。

1995年："金轮"摩托车作为集团又一主导产品，迅速占领市场，年产能力10万辆，成为全国摩托行业的一枝新秀，集团创产值23亿元，利税1.62亿元。

1996年：帘子布产量达5.5万吨，摩托车产量超20万辆，发动机18万台，集团产值超35亿元，利税达3亿元。"金轮"摩托车被评为"中国名车"，锦纶帘子布、休闲西服、铝型材等被评为"中国名牌产品"。

"金轮速度"与"金轮效益"几近于一种商海神话，在经济领域里引起了震动。

人们怀着对成功者的敬慕和向往，给陆汉振增添了许多神秘的色彩。其中最典型的是传说当年陆汉振不得志时，突然交了好运，似乎一夜之间时来运转、青云直上。照人们的传说来看，陆汉振能迅速地拥有了今天的一切，全是上天给他安排好了的，他只需按部就班地把它做出来。如果说真有时运的话，这就是陆汉振个人素质积养与社会大环境，以及市场经济如鱼得水般的融合和相得益彰。机会和利益对每个人都是平等的，关键是我们如何通过自己的思索和努力去实现。陆汉振是这方面的佼佼者，但他不是神，他只是一个普普通通的人，从一名淳厚朴实的农村青年到一位业绩显赫的企业家，其间他经历的一切与常人无二。

## （三）贫穷距财富只一步之遥

陆汉振祖辈生活的庙山村还有一个名字：坠贫村。

庙山村的女人每天祈祷的就是有人办喜事。这样她们就可以在盛宴上递茶端水，为新娘牵裾引路，借机填饱空空如也的肚子。

男人则肩挑货担，靠替人修修补补、敲敲打打聊以糊口。

贫穷总是激发人们对财富的向往和追求。

一位参加过农村工作组的干部说，当年割"资本主义尾巴"时，庙山村的"尾巴"始终割不尽，农民们甚至饿着肚子自己出钱修路。当年庙山村的机耕路是整个宗汉镇修得最好的。这给少年的陆汉振是一种无形的启发。

少年的陆汉振认为填饱肚子远比书本更重要，面包有了，一切才会有。读中学时，他一边打草包一边学习。所有的功课中，他最喜欢数学。计算的繁复有趣，还有思维严密的逻辑推导，带给他一份实实在在的成功和快乐。他想生命是需要计算的，但生命只有一次；生命又是无法计算的，因为它不可逆转。父亲给他取名汉振，就是希望他做一个像马宗汉那样有胆识的男人，干一番惊天动地的大事。当年，马宗汉与辛亥革命志士徐锡麟一起策动了著名的"安庆起义"，幻想、幼稚、冲动，注定这是一次不成功的革命，脆弱的主义连同失败的呐喊被一起写进了中华民族历史中。生命连声叹息也来不及就消逝了。革命除了暴动和流血似乎应该有更好的选择。但这选择是什么呢？当陆汉振站在北京人民大会堂庄严的主席台上手捧国家级企业最高奖——"金马奖"奖杯时，这个从少年时期就一直困扰着他的问题找到了最圆满的答案，那就是发展经济。有了经济的高度繁荣，才会有思想的高度自由，才会有国家的昌盛和强大。

不停地编织草包把陆汉振的手磨砺得粗糙坚硬，以至于拿起笔时竟有了几分僵直和生涩。

为了省钱也为了挣钱，陆汉振中止学业，开始了他人生的第一次经商——卖爆米花。这是一种流行于20世纪70年代平常百姓中最原始的小零食制作：一个小炭炉，一发炮弹似的圆铁筒，孩子们只需从不多的米缸里舀出一小杯大米或玉米，再花上几分钱，便可以在一声如惊雷般的爆炸声中享受到微薄的物质带给他们的一丝快乐。

琢磨创新、提高效益，陆汉振脑子里旋转的就是这些。通过反复的琢磨和改造，陆汉振的爆米花筒是所有爆米花筒中最大的。他用这个硕大的超出常规的爆米花筒挣来的钱，让自己成了坠贫村第一个拥有自行车的人。当他兴奋地骑着自行车在村外的大道上兜来兜去时，他第一次发觉天是那么蓝，蓝得令人晕眩。

贫穷不再那么可怕。走街串巷的经历让陆汉振看到了许许多多狭窄贫穷的庙山村所不能给予他的东西，他心中有一个朦朦胧胧的愿望在苏醒："我要办企业。"

人们告诉陆汉振，办一个厂需要的钱少则几千，多则上万。上哪儿去弄这笔钱呢？借！仗着初生牛犊不怕虎的冲劲儿，陆汉振卖掉了自己心爱的自行车。他挨家挨户地上门向别人借钱，一遍又一遍地向人们描述他心中美丽的梦想。老实巴交的父亲急坏了，陆家世代虽穷，但从无向人借贷的历史。人穷志可不能短啊！于是出现了这样一幕滑稽的情景：儿子在前边借，老子在后边还。父亲给穷怕了。

几经周折，陆汉振手里终于有了 2 500 元钱。靠着这些钱，陆汉振集合了十几个农民，在一间摇摇欲坠的破房里实现了他要办企业的梦想。

没日没夜地苦干，披星戴月地奋斗，几经曲折，几经挣扎，1986 年，陆汉振领导的"慈溪宗汉改性塑料厂"实现了产值 150 万元，利润 30 万元。

贫穷开始告别陆汉振，命运向陆汉振露出了迷人的微笑。

## （四）只有未来，没有过去

拥有了自己企业的陆汉振原本是传统意义上的农民，但如今他自觉地投入到市场经济的洪流中。当人们在为自己拥有的第一笔财富欢欣鼓舞时，陆汉振却在想应该如何把企业做大，他要向市场进军，在它的腹地里扎下根来，建立起牢不可摧的大厦。他不愿再做那种小打小闹、游荡于市场之外的散兵游勇似的货郎。

陆汉振开始把目光投向慈溪以外的世界，怀揣憧憬踏上了找市场商机的路途。他支棱起敏锐的耳朵，跑遍了全国市场的角角落落。为了省钱，他每天以大饼充饥；为了节约时间，他只坐夜行列车。当"轰隆隆"的夜行列车载着陆汉振驶向远方的市场时，他在梦里笑了，在梦里，他又一次看见了那个奇异的爆米花筒，还有自行车上方那片令人眩晕的蓝天。

功夫不负有心人，陆汉振四处奔波终于得到了这样一条信息：用作轮胎骨架的化纤产品锦纶帘子布在全国市场上紧缺，市场供货只有60%，其余40%靠进口，而且预测缺口将越来越大。

这是一个难得的机遇，难度很高，风险很大。要建厂房，要买机器，要请技术人员，还要培训工人，千头万绪都要从零开始。然而风险总是和机会并存，陆汉振宁愿冒险，也决不放弃这巨大的商机。他当机立断：投资250万元兴办一座年产200吨的锦纶帘子布线厂。陆汉振又开始重复四处借贷的历史，他坚信只要手里还有一分钱，厂房就会建起来。他已习惯了人们不理解的眼光和被拒于门外的尴尬，他把这一切看作是上苍给予他成功之前的磨炼，就像神话传说中的寻宝者，在获取宝石之前必得经过999次的考验，才能如愿以偿。他疯狂地工作，提着吊盐水的药瓶上工地察看，对即将诞生的锦纶帘子线一厂，他倾注了一个父亲对新生儿子般的热爱。

陆汉振有陆汉振的风格，他的成功就在于，他是一位胆大无比的冒险家，同时又是一位勤勉努力的实干家。这两种尖端品质巧妙地糅合在一起，便显出了他不同凡响的地方。别人建厂是先设计后施工，而陆汉振却是一边施工一边设计。招工人安机器、通水电，他一步不落，同时上马，步步紧追，马不停蹄。当厂房结顶时，机器已"轰隆隆"转起来。产品从车间里装上运货车时，厂房还在进行外部装修。

"跨越坎坷、拨动时空"一直是金轮人引以为骄傲的经营理念。"一万年太久，只争朝夕。"别人做不到的，陆汉振都做到了。投建半年的锦纶一厂，当年创产值1 130.95万元，利润298.24万元。这时是1987年。

在灿烂的阳光中，提货的车辆从全国各地源源不断地奔向慈溪，明媚的蓝天下，高大崭新的厂房骄傲地向人们展示着陆汉振创造的奇迹。这一回总该喘口气了吧？

《圣经》里曾讲过这样一个故事：上帝即将出门远游，临行前，他分别给了三个仆人五个、两个、一个金币。得五个金币的仆人用它做小买卖，又赚了五个；得两个的仆人亦同样赚了两个；得一个金币的仆人则把金币埋进土里，每天像只愚钝的狗一样睁大了眼睛盯在那儿。上帝回来后，询问三个仆人各自做了些什么，结果是得一个金币的仆人遭到了上帝的放逐，因为他的懒惰和无所作为。

陆汉振可不愿做这个愚钝懒惰的人，把财富埋在地里坐等上帝的旨意。

1988年，在锦纶一厂帘子线鉴定会的第二天，陆汉振宣布了投资2 500万元筹建年产5 000吨帘子线的锦纶二厂的决定。

陆汉振总是那么出人意料。

人们震惊了：陆汉振，你不要命了？

——什么叫见好就收？

——你就喜欢大、大、大，你知道船小好掉头的道理吗？

——市场经济是孩子的脸，说变就变，你能把握住吗？

陆汉振把握住了，9个月后，锦纶二厂开始生产，丰厚的利润令人无话可说。

线有了，该织布了。1990年9月，锦纶三厂破土动工，11个月后投产。1997年7月，锦纶四厂又迅速上马，企业奇迹般地和全国生产帘子布的最大企业平起平坐了。

这时候的陆汉振已是绝对的权威，毫不夸张地说，倘若他做出上天揽月摘星的决定，人们也不会感到惊诧了。人们说你要到"金轮"来，首先得学会快节奏，不是跑，是飞。陆汉振的时间表里没有"休息"二字。你得要求自己以十倍，不，百倍的精力，跟着他马不停蹄地四处奔忙。因为你得像陆汉振一样思考、工作。他逼着你学习、进步、飞跃。

陆汉振是属于那种只有未来、没有过去的人，他无暇顾及一路盛开的鲜花，在他的字典里没有"停顿"二字。

陆汉振的办公室工作人员讲了这样一个真实的故事：1990年春节后上班的

第一天早晨，这位工作人员到厂里去值班，静悄悄的厂区里一个人影也没有，他想："恐怕我是今年第一个上班的人了。"可是当他走进办公大楼时，他发现了一个熟悉的身影，原来陆汉振正站在窗前远眺。这位工作人员激动地跑上前说："老总，您好，您真早！"陆汉振沉思了一会，意味深长地说："起得早，空气好。但是大家都这么早，还好吗？"两天后，陆汉振做出了投资2个亿，企业再上规模、再上档次的决定。

真是"莫道君行早，更有早行人"。

1991年，陆汉振提出，1995年实现3个"6"目标：6亿元产值，6 000万利税，6 000名职工。有人曾在私下议论：陆汉振有"跃进"情结，这不是在放"卫星"吗？事实上，1993年"金轮"就实现了3个"8"：8.02亿元产值，816万元利润，8 000名职工。陆汉振确确实实放了一颗卫星，他再一次令人瞠目结舌。

面对市场经济的日益强大，陆汉振不再是当年庙山村里那个一心只想把爆米花筒做大，一辆自行车就足以让他眩晕的少年。他在市场经济的摸爬滚打中已成长为一位羽翼渐丰的企业家，他的事业如日中天，他由此而创造的社会乃至个人的价值无可估量。人们不禁要问，他成功的秘诀是什么呢？

## （五）成功的秘诀

陆汉振的成功可用四个字来概括：德、情、才、义。

德，指科学有效的企业管理。

陆汉振常常教育手下的干部说，快速发展只能保证企业搞"最大的"，只有有效的管理才能保证企业"搞最好的"。

1992年，化工部橡胶工业研究所对金轮集团生产出来的帘子布进行测试，物理指标达到了国家一级品标准。金轮集团开发的近10种帘子布新产品，不仅技术含量高，质量也在各种评比中连连获奖，例如浙江省科技进步一等奖、全国"星火计划"产品博览奖、国家科委"星火计划"产品二等奖等。

1996年，"金轮"摩托被评为全国名牌车。为使"金轮"摩托的质量再上档次，金轮摩托车有限公司同重庆大学、浙江大学联合建立了两大摩托车研究中心。公司还组织专业技术人员筹建了金轮摩托车研究所，根据市场的需求对"金轮"摩托的车型、性能、款式、品种进行进一步改进。从1994年起，金轮集团就出巨资承包了拥有多名工程师、高级工程师、硕士研究生的重庆航天机电设计院所属的电脑传感技术公司。科学与企业的联姻，为金轮集团的高科技生产创造了得天独厚的优势。

参观锦纶帘子布厂时，你会有一种奇异的感觉：在本该属于劳动密集型的车间里，你看不到几个人影，震耳欲聋的马达轰鸣中，只看见工人们正在加紧调试经过技术革新改造后的工艺流程设备。

这是一个富于创造的企业，这个企业充满了活力。

情，指人与企业之间的感情。

陆汉振手下的人常说："陆汉振喜欢琢磨，但他从不琢磨人。"陆汉振还有一个雅称，叫"心太软"。

除夕之夜，陆汉振慰问外地工人，姑娘们端起酒杯说："总裁，我们不会喝酒，但我们每人抿一小口以表心意。干！"陆汉振二话不说，端起满满一大杯，仰头而尽。手下的人急了："还有这么多人等着，你不喝成酒坛吗？"陆汉振却说："冲这份情，我就是醉成烂泥也值。"有人唱起歌来：把心留下，把根留住……陆汉振猛然转头，两行热泪顺颊而下。这个高大沉默的汉子，内心竟是如此丰富细腻、脆弱敏感。

就是这个陆汉振，却一直不让他当农民的哥哥进厂。陆汉振有自己的理由：赚钱靠自己。直到现在，陆汉振的哥哥仍以宗汉镇上一家小小的旅店维持生计。

集团进行体制改革，要裁减一批"富余人员"下岗。陆汉振第一个提出某某妇联主席可以下。这位妇联主席不是别人，是陆汉振的夫人。妇联主席想不通了：当年刚建锦纶厂时，冒着风雨和陆汉振在工地上抢险的是谁？然而陆汉振一旦做出了决定，就不会再有更改。妇联主席的无奈就在于她是陆汉振的夫人。可是，妇联主席的幸福也是一般人所不能拥有的，因为她的丈夫是全国优秀企业家之一。

看似无情却有情。陆汉振的情是分了公私的。

才，指敬才、重才、育才。

陆汉振常常说："真正的老总不是我，是黄彭年黄总。"陆汉振还常常叮嘱手下的人好好照顾这位年过花甲的金轮集团的总经济师："他是我们企业的一笔财富啊！"就是这位黄总，企业一年几个亿甚至几十个亿从他手里流过，他从不曾有一分半厘的差错；就是这位黄总，老伴瘫痪在病床上几年，儿女又不在身边，做饭洗衣、打针喂药，里里外外一人挑的情况下，他从未向企业叫过一声苦、请过一天假。有人出几万甚至几十万请他，他回答说："我的根在金轮，我从嫁给它的那天起就没想过离开。"陆汉振是敬重人的，尤其是敬重人品好、才气高的人。

综观"金轮"，不少分厂厂长不是二十几岁就是三十岁出头。这些年轻人稚嫩的肩上已经挑起了领导几百人或者上千人的重担。他们为自己是一名金轮人感到莫大的荣幸。天高任鸟飞，海阔凭鱼跃，"金轮"为他们提供了鱼跃鸟飞的天地。

几年来，金轮集团把几百名中青年干部和技术骨干送到上海纺织大学、浙江大学、杭州大学等高等院校进行代培学习，或送到上海等地的大型企业进行实际培训。公司的职工学校开办了技工、电工、物化、高中文化等培训班。另外，公司还邀请了以经济学家厉以宁教授、管理学家潘承烈教授为代表的一大批专家、学者前来传授市场经济体制、股份制和企业管理等方面的知识。

少年时期那个物质与精神都极度匮乏的年代留给陆汉振的是更多的缺憾，也造成了陆汉振心中一个永不消逝的"学习情结"。

在"金轮"，甚至庙山村，如今你再不会为孩子的学费发愁，因为从中学到大学、公司都有几十元到上万元不等的补贴。学习已成了金轮人刻不容缓、引以为荣的头等大事。

义，指善良、同情与爱心。

成了名的陆汉振并没忘记自己是一位农民的儿子。农民总离不开土地的，这土地就是生他养他的人民。陆汉振对社会的回报数不胜数：为村庄安装自来水、电话、闭路电视，设立养老保险，55岁以上的老人每人每月可领取60元养老金；集团公司捐资300万元新建、扩建1000多米长的马路；捐资100万元为慈溪中学建造图书馆和宿舍楼；捐资600万元在宗汉镇建造了一所中学；为浙江大学等3所大学资助办学奖金和设置奖学金……陆汉振把这一切当作企业社会效益的无形资产。因为他深深懂得鱼和水的关系。

一次在车站候车时，陆汉振看见了一群因水灾而乞讨的孩子，他掏空了自己所有的口袋，最后被孩子们围逼得躲进了洗手间。他说，他怕再看见孩子们那一双双渴求和无助的眼睛。

陆汉振是一位企业家，更是一位兼具善良、同情和富有爱心的普通人。

## （六）顺与不顺的话题

有人说陆汉振的经历没有什么特别之处，一句话：太顺了。太顺了就少了曲折，没了曲折就没了故事。要知道只有故事才吸引人，不像那些让人乏味的表示产值、利税的数据，令人昏昏欲睡。

陆汉振是很顺，纵观他的成长过程，似乎一直是一条波澜有序的直线。他的顺就是从创建到成功，他从未离开过"金轮"一步。他的经营思想和经营理念一贯到底，他的精神、理念、人格魅力渗透到了"金轮"的方方面面。不像某些国有企业，这个指示，那个监管，横挑鼻子竖挑眼，几个婆婆坐在那儿指手画脚，让你左右为难，什么也做不成。陆汉振是一位剪掉了裹脚布的新生代的民营企业家，想好了就干。赢了是自己的，亏了也得自己担着。市场经济为他提供了展示自己才能的广阔天地。俗话说："饿死胆小的，撑死胆大的。"陆汉振敢于做大，是因为他敢于负债经营。

这需要胆识，更需要严格科学的管理。金轮集团在管理体制上自有一套，它在以投资中心、利润中心和成本中心为主导框架的经营机制上，各成员企业自主经营、自我发展。在分配制度上实行"按效分配";在劳动人事管理上,集团公司只负责成员企业副厂级以上的干部。理顺了集团与公司、公司与分厂的婆媳关系,让各分公司强化了风险意识、效益意识、竞争意识和发展意识。

1993年底,锦纶公司改组为锦纶股份有限公司,按规范化股份制企业的方式运作,集团以控股的方式实施管理。

股份制的引进使原来难以界定的产权关系明晰了,为企业注入了新的活力,公司上下步调一致,减冗员,核分配,节约开支。企业出现了本、利、税、职工收入同步增长的丰收景象。

金轮集团有自己的信用社,这是它善于运用国家授予的资金融通权、项目审批权、自营进出口权等,逐步形成健全的现代化企业的可喜尝试。

## (七)永无止境

1998年,是陆汉振率领金轮人完成第一次创业革命后的又一个春天。这一年,和煦的春风里夹杂着几分寒意,随着改革的深入发展,随着市场经济的日渐成熟和扩大,改革初期短缺经济下的供不应求变成了供需平衡或供大于求。面对丰富繁杂的市场,钱囊鼓鼓的人们不再盲目冲动,他们观望、对比,挑挑拣拣而迟迟不肯下手。企业不再拥有绝对的优势。"金轮"同所有步入市场经济就不再回头的企业一样,面临着的是更严峻和没有退路的考验。

陆汉振坐不住了,他召集起所有的金轮人,针对大环境下的新的市场形势展开了前所未有的大讨论。他语重心长地提醒大家说:"我们的企业是特定条件下的一场特定的农村经济革命的一分子,我们一定要从历史的角度和现实的高度来理解这场革命。沉湎于过去就意味着失败。"

面对深感紧迫感、危机感、使命感的金轮人,陆汉振提出了当前工作的方针:换脑子,转机制,抓三本,上水平。金轮人的奋斗目标是新一轮创业革命,它体现在以下几方面的努力上:1.从外延扩张转移到内涵提高上来。树立忧患意识和紧迫感,及时转换工作思路,对各成员企业落实经济责任制,把各成员企业直接推向市场，以便进一步提高产品质量档次，提高生产效益，盘活资金存量，稳中求进，不断增强市场竞争力、狠抓企业管理。针对企业摊子大、分厂多、行业散的特点，积极探索成功的集团管理模式，正确处理好控制、监督、发展之关系，形成一个既统一又相对独立的企业组织结构，以保证集团获得良性发展。2. 大力推行目标成本管理，层层落实成本核算制度，把好各个生产经营环节，提高效益，增强经济实力。把职工利益同工作质量和产品质量挂起钩来，树立金轮人的主人翁意识，以"诚实劳动"来"效忠企业"。研究改进营销策略，建立全市场信息网络，由原来的找市场转变为找准市场，以取得占领市场的主动权。3. 抓好人才工程。陆汉振常说："得人才者得市场，得人才者得优势。"职工的再教育，领导班子的再学习，人才的引进和大胆使用，都不能忽视。金轮人任重道远，永不敢言歇。

路漫漫其修远兮，吾将上下而求索。

陆汉振深信毛主席说过的那句话："世界上只要有了人，什么人间奇迹也会创造出来。"他更记得一位诗人说过的那句话："冬天已经来临，春天还会远吗？"透过市场经济的云雾，他看到金轮人第二次革命的春阳已在远方破晓。

## 第五章
## 潮起潮落 | 市场经济下的国企改革

1984年10月，党的十二届三中全会确认社会主义经济是有计划的商品经济，通过了《中共中央关于经济体制改革的决定》。《决定》提出：今后应全面推进以增强企业活力，特别是增强国有大中型企业活力为中心的，以城市为重点的经济体制改革。

十二届三中全会的《决定》规定：国有企业改革的目标是要使企业真正成为相对独立的经济实体，成为自主经营、自负盈亏的社会主义商品生产者和经营者，具有自我改造和自我发展能力，成为具有一定权利和义务的法人。按照这一目标，国有企业改革转向实行"两权分离"，即国家的所有权与企业的经营权分离。

1986年，国务院提出，要推行多种形式的经营承包责任制，给经营者以充分的经营自主权。1987年，大中型企业普遍推行企业承包经营责任制。到1987年底，全国预算内企业的承包份额达78%，大中型企业达80%。

## 张瑞敏：创作海尔交响曲

1984 年，张瑞敏接手的青岛电冰箱总厂是一个烂得不能再烂的摊子。当他第一次走进这家亏损 147 万元、人心涣散、几乎一半人想调走的集体企业时，让他印象最深刻的就是满车间臭气熏天的小便，以至于他上任后制定的第一条规章制度就是"不准在车间随地小便"。

### （一）民族工业的大树

这是一座普通的工厂——满中国到处都能找到的家电生产厂家；这又是一家不普通的工厂，不普通得甚至有些奇怪。这里从来没有任何激动人心的事情发生，没有在华夏大地遍地盛开的"大干一百天""大干红几月"之类的口号，这里的一切都显得过于平静。然而在这平静的背后，每年却有价值数十亿的全国乃至全世界最优秀的家电产品在高效、系统、严密的运作中流下生产线，走向大市场。

这家工厂名叫"海尔"。

海尔的掌舵人张瑞敏是与共和国在同一个年头诞生的。此人外表儒雅，性格刚强，个人最爱好的是哲学，最喜欢的是自己书架上的各类著作。按理说，像他这类"书呆子型"、带有一点乌托邦理想色彩的人才是不大适合管理企业的。在机会没有到来之前，他和共和国的大多数知识分子一样，普通平凡、默默无闻；但机会一朝出现，他就及时地抓住了它，并自称是"抓住了创作海尔交响曲的纸和笔"。

这些年来，在他的幕后"创作"下，海尔究竟获得过多少大奖，赢得了多少个名誉称号、多少次国际中标，几乎已不可能细数。当今偌大的国内外市场上，经销或使用过海尔产品后不称道、不竖大拇指的可以说寥寥无几；了解或听说过张瑞敏其人的国内外同行，不感到由衷佩服、不千方百计要来取经求道的，也是寥寥无几。

1984年，张瑞敏接手的青岛电冰箱总厂是一个烂得不能再烂的摊子。当他第一次走进这家亏损147万元、人心涣散、几乎一半人想调走的集体企业时，让他印象最深刻的就是满车间臭气熏天的小便，以至于他上任后制定的第一条规章制度就是"不准在车间随地小便"。

弹指10年间，当海尔在他手里变成了一家中国家电行业响当当的国际名牌之后，一位准备到中国投资的日本大公司老板走进海尔的一间厂房，随手摸了一下备用的模具，然后就用他没沾上一丝灰尘的手，签下了与海尔合作的协议书。

这位日本老板大概无法想象，在这10年之间海尔发生了怎样翻天覆地的变化——从1984年到1994年，海尔固定资产原值增长了219倍（从353万元变为8亿元）；年销售收入提高了719倍（从348万元变为25亿元）；全员劳动生产率提高了90倍（从人均4 200元变为38万元）；人均利税提高了361倍（从127元变为4.6万元）……1995年，海尔集团的总产值增至43亿元，营业总额达到53亿元（30%的产品销往发达国家），年利税总额高达5亿元之巨。在一次与美国某大公司进行合作的谈判过程中，当美方苛刻的条款遭到张瑞敏有理有据的驳回后，傲慢的美国佬立即抛出一句火药味十足的话："如果我们在中国大陆另选一家稍具实力的企业合作，作为竞争对手，你们就将受到致命的冲击。"张瑞敏微微一笑，回敬道："我想引用美国历史上唯一一位连任四届的总统富兰克林·罗斯福的一句名言：'我们唯一害怕的就是我们自己。'"

张瑞敏有理由如此骄傲。他清楚海尔的分量与潜力。在过去的岁月里，正是他以自己过人的才智与胆识，一步一步催生了"海尔"这棵民族工业大树的发育与成长。

## （二）高起点上的"撑杆跳"

1984年，当张瑞敏调任青岛电冰箱总厂厂长时，国内市场上各种品牌的冰箱生产厂家林立，林林总总已达100多家，其中有的产品是部优，有的产品是省优，都分别在市场上有了一定的影响力。与此同时，日本冰箱也漂洋过海闯进中国市场，成为挑战民族家电业的一支劲旅。

张瑞敏费九牛二虎之力，终于申请到青岛电冰箱总厂成为轻工部最后一个定点生产厂家的批文。然而这最后的定点厂家面临的状态却是——冰箱没生产几台，债务却背了上百万元；张瑞敏手中的叉子还没有递出，盘子里有限的蛋糕几乎已被各路英雄分光叉尽。

筹建初期，张瑞敏就针对企业发展战略提出了一个观点："起步晚，起点高。"从起步晚的劣势中看到起步高的有利条件，这不能不说与张瑞敏独到的眼光有关。然而起步已晚，已经落后，却又需要起点高，这需要更大的投入，仅有眼光没有魄力的人最多也只是想想而已。从一开始，创名牌意识就成了张瑞敏紧抓不放、努力向员工灌输的思想。

"取法乎上，仅得其中；取法乎中，仅得其下。"这是张瑞敏熟悉的一位中国古代思想家的教诲。在一次全厂职工大会上，他用通俗的语言翻译了这句话："要么不干，要干就争第一。好比一颗拳坛新星的起步，他的目标必须首先就指向世界冠军，甚至要超越世界冠军，否则他不仅永远无法问鼎世界第一，而且一不留神还会被任何一个平庸的选手击倒在地。"

张瑞敏上任后最急切的一件事，就是到当时号称世界冰箱质量第一的德国一家大公司去寻求技术支持。他去后很快签订了合作协议。临到离开的前一天，正逢当地一个盛大的节日，陪同张瑞敏一道逛街的德国人指着腾空而起的焰火对他说："这是从你们国家进口的。"好心的德国人没有伤害张瑞敏的意思，而张瑞敏的心却因此而滴血——当我们国内的商场货架上正摆满越来越多的洋货时，在德国的超级市场却几乎见不到一件"中国制造"的产品,难道我们就只能永远依靠祖先的四大发明过日子吗?

张瑞敏从德国回来后不久就遇到了一件小小的质量事故。有76台冰箱因操作中的粗心大意成了不合格品,被截留在了质检处。按照常规的处理办法,责任人受罚,不合格冰箱拆装返修就够了。然而看似温文尔雅的张瑞敏却突然发起"毛"来,勒令责任人当着全厂400多号人亲手砸毁了这批冰箱。76台冰箱价值10余万,以冰箱厂当时的财力,显然是一笔不小的数目。许多人舍不得,一些老职工一边砸一边流泪。

也许是德国之行刺激了张瑞敏心中潜存已久的民族经济的忧患意识,也许是基于某种公关意义上的战略需要,张瑞敏铁青着脸,一言不发地看着手下把冰箱一台台砸成了废铁,然后宣布自己与所有的管理人员一起受罚。

张瑞敏似乎是无意之间得到了一支信号枪,扣动扳机,发出了海尔名牌战略的起跑令。他发现,当今市场上冰箱数量多、品牌多,有的也有了一些影响,但并没有真正意义上的"名牌"。自己为什么不能生产同类产品中最优秀的、最有导向性的、起着引导消费作用的冰箱呢?

而要从籍籍无名到达名牌的高度,首先就必须从产品的高质量抓起,从一开始就在员工的思想上消灭"二等品"意识。

名牌的另一个含义还在于适应市场需求,充分利用高科技来创造市场,引导消费。通俗地说,就是不去争现有市场的份额,而是自己重新做一块"蛋糕"来享用,即在产品的功用、性能上面超越别人。在这一点上,张瑞敏除了不遗余力地引进国外最先进的技术外,还不惜更高地垒筑债台,投入大量资金,建立了海尔自己的战略开发部门——这一部门的任务就是专门研究用户到底需要什么,然后将所有的综合因素糅合起来,研制、开发出与用户需求相一致的产品。站在国外最先进技术与设备的"高台"上,再加上自己结合本国实际的开发研制,张瑞敏将其称为"高起点上的撑竿跳"。

据此,一块又一块新鲜的蛋糕相继问世:亚洲第一代四星级电冰箱、中国第一代豪华型大冷冻电冰箱、中国第一代全封闭抽屉式冷冻电冰箱、中国第一台组合式电冰箱；紧接着，中国第一台宽气候带电冰箱、中国第一代保湿无霜电冰箱、中国第一台全无氟电冰箱也问世了……这些当时国内消费者闻所未闻的产品每一次投放市场，就激起一股消费热潮。青岛电冰箱总厂也因自己不凡的出手而声名远播。

### （三）寻求止动力，再造新动力

作为指挥海尔起步于群雄争锋时代的掌舵人，张瑞敏从一开始就认识到了企业基础管理的重要性。

海尔人的目标是创世界名牌，争世界一流。比较自己与国际名牌的竞争实力，张瑞敏清楚地看到这样一个事实：与国外大公司比，海尔在市场占有和资金上、在人才储备和技术上都没有优势。"硬件"上面即便打个平手，但终究无法赶超。即便是全套引进技术设备，照搬国外模式也未必奏效，唯一的优势就是把管理搞上去。他试过每月定期的质量考核和质量分析会，并每月出示黄牌警告质量事故责任人员。

这些管理方法都曾经被作为成功的经验在青岛市介绍推广。然而，张瑞敏仍然感到高起点的技术和设备优势与基础管理之间的差距。他有一个形象的理论是，企业在市场经济中的位置就如同斜坡上的一个球体，要想巩固自己所处的位置不下滑，首先需要有充分的制动力，而制动力就来源于管理。

1994 年 11 月 14 日，《上海证券报》以头版头条的显要位置率先刊发了关于"海尔模式"的文章。第二天，海尔股价立即上扬，当天涨幅位居上海证券交易所第一位。与此同时，30 多家传媒闻风而动，纷纷派人前往海尔采访。

接待这群前脚赶后脚来到海尔的记者时，公司副总裁杨绵绵的第一句话就是：其实被称为"海尔模式"的 OEC 管理法（Overall Every Contrl and Clear，全方位优化管理法）在海尔早已不是新闻，它在集团内部已静静推行了 3 年。在这 3 年里，海尔没有增加 1 分钱的新投入，却使 1993 年的销售收入在 1991 年的基础上翻了一番，利润翻了两番；1994年销售收入又比1993年净增10个亿，利润净增1个亿。记者们闻言面面相觑："OEC"是个什么东西，竟然如此神奇？出乎记者们意料的是，"OEC"居然不是从国外引进的"洋法宝"，而是由地地道道的海尔人独创。它是张瑞敏7年来在管理体制和管理文化上呕心沥血建构与拓展的结果。

杨副总裁又介绍道：全方位地对每天、每人、每事进行清理、控制是对"OEC"的概括，它的核心就是"日日清"制度。具体来说，就是企业每天的事都有人管，做到控制无漏缺；所有的人均有管理、控制的内容，并依据工作标准对自己的事按预定计划执行；每天把工作结果与预定计划指标对照、总结、纠偏，达到对生产进程的时刻控制，确保生产发展朝预定的目标前进。这一管理方法又可以概括为"总账不漏项，事事有人管，人人都管事，管事凭效果，管人凭考核，问题要纠偏，结果要兑现"。根据张瑞敏的要求，按照OEC管理模式，上至总裁，下至一般员工，哪怕是个修剪花草的花匠，都应该十分清楚自己应该干什么，干多少，按什么标准干，要达到什么结果。而所谓"日日清"，也就是当天发现的问题必须当天处理。因为大小目标在实施过程中的影响因素很多，特别是一些本来极易排除而未能及时处理掉的小问题和事故隐患，长时间积聚下来就会成为积重难返的大问题，以致严重影响目标的实现；而目标得不到实现，又会反过来影响人们的工作热情和干劲，产生一种麻木不仁的思想情绪，导致企业管理流于形式。

在张瑞敏看来，管理流于形式已经成为当今国内大中型企业的通病。不少企业条条框框的制定还算严密，一旦付诸执行就先弱了三分，遇上具体的人与事后再弱三分，如此一来则管理"斯文扫地"，尊严全无。所以，张瑞敏认为，OEC模式最关键的一点就是一丝不苟地坚持，以及尽力强化规章制度的权威性。

"OEC"颁布之初，一位质检员在检查中发现一颗螺丝没有固定到位，于是按缺陷性质和责任价值做了记载。不料被查工人拒绝签字，并对质检员出言不逊甚至动手打人。张瑞敏于是下令全厂通报批评，并将这名已有20年工龄的犯规者降为试用员工。制度就这样坚持下来了。后来，工人们发现，虽然每天出现问题马上要受到处罚，并要立即整改，但到月底一算，在质量方面的收入反而比以往增加了，因为制度的坚持使质量指标提高了。

在海尔，所有10个重点工序都设有质量控制台，156个质量控制点都有质量跟踪单，产品从第一道工序到出厂都建立了详细的档案。即使不合格产品到了用户手中，一旦接到反映，哪怕是一根门封条的毛病，也可以凭着"出厂记录"找到直接的责任人和原因。一个企业的管理水平进入了这样的境界，已经十分难能可贵了。然而张瑞敏清醒地认识到，制动力最多不过是使企业在"市场的斜坡"上维持原来的高度，而唯有打破平衡状态，创造新动力，才能带动企业攀上新的台阶，取得持续、稳步的增长。

动力来自差距，认清差距，明确了目标，也就产生了缩小这种差距的新动力。于是张瑞敏在"日日清"的基础上，给OEC模式又添了一道内容："日日高"。又有人将它形象地称作"木桶理论"：木桶盛水的高度总与木桶最低的一块板的高度持平，若想木桶装水多，就必须不断向上提最低的那块木板。因此，每天不厌其烦地清理薄弱环节便成了海尔在高起点上稳扎稳打的要诀。"在市场竞争中，与其让别人来打倒你的产品，不如自己先打倒自己，不断地否定自己的过去，这样才能在市场上立于不败之地。"对一般工人而言，"日日高"是指每天综合评比分数最低的员工将站在特制的"6S大脚印"上，听取班组长的批评与指导；对一般管理人员来说，如果某天你向上级的汇报中出现"一切正常"4个字，则将被扣分，因为你已经缺乏发现问题的眼光；对更高层次的决策者而言，"日日高"就意味着得随时关注从生产到销售、从资金到市场、从管理到竞争的方方面面，吸收经验，吸取教训，看到与国内外优秀企业的差距，时刻保持危机意识，制定出更具挑战性的发展战略。

张瑞敏曾借用美国一位管理学家的话来阐述OEC模式的核心思想。这位美国人认为，企业应该在任何时候都没有激动人心的事发生。张瑞敏说，没有激动人心的事发生就说明企业运行过程中时时处于正常状态，而这只有通过对每个瞬间都进行严格控制才可能实现。中国企业一直摆脱不了"运动"式的管理，热衷于搞这个"月"、那个"日"，看起来轰轰烈烈、激动人心，但运动一过，又回到原来的低水平状态。有记者问张瑞敏，海尔引进了高技术，引进了先进设备，为什么在企业管理方面却没有引进国外现成的管理方法而采用自己独创的模式呢？

张瑞敏回答："作为软科学的企业管理，首先是对人的管理。因国情、人情不同，生搬硬套国外的方法，不仅达不到他们那样的效果，还会导致我们永远落后于发达国家的名牌企业。许多合资企业在管理上暴露出来的矛盾已经证明了这一点。因此一个企业最重要的就是研究和创造出适合自己国情和人情的管理模式。"

### （四）更上一层楼

1989年，中国家电行业在经济紧缩骤然到来的情况下受到沉重打击；同时又由于前期繁荣导致各地盲目上马，竞争加剧，家电市场进入了可怕的"瓶颈期"。一时间到处是降价销售，大量商品无人问津。大投入、高质量、高科技含量的"海尔"冰箱该如何渡过这一难关？

市场变幻莫测，消费者的心理极难把握，萧条似乎一夜间到来。即使是面对大幅度降价的商品，消费者仍然止步不前、持币待望。海尔该怎么办？

张瑞敏一夜"长考"，最终毅然决定将海尔所有的产品均涨价10%出厂。冰箱厂的职工们愕然了，就连他自己也暗自在心里面捏了一把汗。然而市场活动中的每一场决策不都是在做赢面有大有小的赌博吗？半个月后，海尔的销售部门突然变得车水马龙，要货或要求加货的经销商接踵而来，本来供求持平的"海尔"冰箱一下子变得供不应求。张瑞敏心头石块落地，欣慰地笑了。他明白并不是中国老百姓的钱多得用不完了，而是海尔的品牌、质量及那份外在的自信，已经深深地赢得了消费者的信任。他还知道，经此一役，冰箱厂从此可以进入较高层次的平稳发展期了。

1991年12月10日，在青岛市委、市政府的撮合下，青岛电冰箱总厂兼并了濒于破产的青岛电冰柜总厂和青岛空调器厂，正式组建成立了海尔集团，张瑞敏任集团董事长。被兼并后的两个大厂几乎立即转危为安，因为集团给它们资金、技术，在管理上也输入了大量新鲜的血液。1992年，两厂分别创下历史最佳纪录；1994年，两厂双双通过了 ISO9001 国际认证；1995年底，在"全国最畅销国产商品展销活动金桥奖"评比中，"海尔"冰柜、空调与冰箱一起荣获"金桥奖"，并分别列同行业第一名。

与此同时，海尔集团在香港建立了有限公司，在德国和东南亚等国家建立了分厂，并建立起了全球性的销售网络。1995年底，海尔集团已拥有100余项国家专利，生产开发了7个品种、上千个花色规格的"海尔"电冰箱、空调、冰柜等高科技、高附加值系列产品，形成了为人赞誉的"海尔流派"。海尔集团是中国独家拥有超级节能、全无氟系列冰箱生产能力的企业集团，具有当时国际上该产品最先进的水平。海尔集团还是世界上首家同时掌握三种 CFC 替代技术并形成了规模化生产的企业，同时还拥有中国唯一具备美国 UL、加拿大 CSA 等检测资格的检测中心。在一次德国消费者基金会组织的德国市场电冰箱的质量抽检中，"海尔"勇摘桂冠，而它的"老师"、德国"利勃海尔"则屈居第二。

## （五）人人是人才

海尔的管理模式是目标到人、到事，在具体的目标上，员工可以自由发挥创造。

海尔的用人制也是动态的，譬如海尔的员工分优秀员工、合格员工、试用员工3个等级。优秀员工可能一下子变成试用员工，而试用员工也可能因为自己的努力成为优秀员工。同样，操作工与管理者之间也有了严格的管理模式，所以升降奖惩便能做到基本公正严明，人人心服口服。

作为集团最高首脑，张瑞敏从不具体管这管那、事必躬亲；他从不亲自抓生产、抓建设、抓销售，他只抓管理。他从不抓具体的管理，只抓管理之魂——

管理体制和管理文化的构建与拓展。在具体的事务上，他总是充分信任下属的管理才干与办事能力。

他在《我看现代化》一文中指出，现代化首先是人的现代化，现代化的主体是人，目的也是为了人，因此，人的意识和价值就有着特殊的地位。在现代化生产中，谁拥有了高素质的人才，谁就可以在竞争中获胜。而所谓高素质的企业人才，则必须在企业特定的管理结构和文化氛围中加以造就。

海尔冰箱二厂总装车间的一位操作女工高云燕在给冰箱门体钻孔的实践中，发明了在钻台前面放置一面镜子的工作方法，操作时便可清楚地观察到钻孔情况。这一发明大大提高了加工质量和进度。于是张瑞敏高调地将这面镜子命名为"云燕镜子"，还对发明者给予丰厚的物质奖励。此后，"晓玲扳手""启明焊枪"也纷纷出世，员工们这类提高工效的小发明层出不穷，仅电冰箱公司以这种方式命名的小发明即达11项。

在生活当中，张瑞敏是个极富同情心的人，是个有"人味"的人。这种"人味"用在管理上却并不表现在低层次的嘘寒问暖的小恩小惠上。有这样一个故事，他的一位肩负重任的下属因过度劳累而晕倒，第二天又抱病来参加集团的重要会议。其间张瑞敏只是稍稍看了他一眼，过了好大一会儿才淡淡地问了一句："怎么样了？"这很容易被人看成不近人情。但是仍有许许多多的干部、工人毫不掩饰地对记者说："在海尔集团干，就是因为有个张瑞敏，或许海尔的绝大多数员工都不能具体地说出自己的领头人好在哪里。他很少亲临一线与工人们打成一片、同甘共苦；他也并不经常下班后还在办公室亮一盏灯埋头苦干；他并不像其他大企业的领导在闹市区遇见本厂职工也能叫出这是'小刘'或是'小张'；他的不苟言笑常常给人的印象是此人不大易处……"

然而正是这位不大有"中国特色"的领导给海尔设计和缔造了这样一种文化：把人当作主体，一切以人为中心，把所有的员工都看作可以造就的人才。在企业内部营造一种尊重人、信任人、关心人、理解人的文化氛围，让每一个主体都富有热情、富有审美特征，积极自愿、富有责任感地去进行创造性实践，使客观的管理体制与内在的心灵需求和谐完美地统一起来。"兵随将转，无不可用之人，"张瑞敏说，"我认为人人是人才，作为一个领导者，你可以不知道下属的短处，但不能不知道他肯定有长处，用人之长，并给他们创造发挥才能的条件，这是一个领导者的基本素质。你能翻多大的跟斗，我就给你搭多大的舞台。"

　　这才是一种现代企业管理者科学与民主相结合的管理方式，这也是对人的最大尊重和爱护，是一种高层次的人格管理。

# 陈荣珍：荣事达"三把火"

陈荣珍1986年在荣事达上任。荣事达创业之初，很多人把合肥洗衣机厂的不景气归结为宏观紧缩、市场疲软。而陈荣珍却认为这是表象，深层的原因是设备技术落后、质量低下，所产"百花"牌洗衣机在市场上的知名度太低。为此，他烧了"三把火"，正是这"三把火"让合肥洗衣机厂顿时起死回生，并逐步走向辉煌。

## （一）和商理念：商人的自我道德约束

在中国白色家电业里，有两大巨头：一是张瑞敏，他喜欢用哲学的方式来思考和处理问题，他构筑的海尔文化被搬上了哈佛学堂，被誉为"哲商"；一是本篇主人公陈荣珍，他主张商业行为应"以和为贵"，信奉"利益共享"原则，诉求对商业行为实施自我道德约束，被誉为"和商"。

"和商"陈荣珍相继推出了"企业竞争自律宣言"和"市场竞争道德谱"，在中国商界引起巨大反响，被认为是当代中国商人的道德觉醒。这是不是标志着长期被定位为"坑蒙拐骗"的商人角色，已把"企业竞争自律宣言"和"市场竞争道德谱"作为旗帜和号角，开始了一场深刻的自我革命呢？

在1998年4月2日，"和商"陈荣珍和"哲商"张瑞敏双双荣获首届"蒋一苇企业改革与发展学术基金"之"优秀企业家奖"。

陈荣珍有这个资格，他领导下的荣事达集团1995—1997年连续3年在洗衣机产量上居中国同行业第一位，"荣事达"被国家统计局等六部委评为洗衣机"第一品牌"。

然而，陈荣珍在 1986 年刚调到合肥洗衣机总厂任厂长时，却有些"心狠手辣"。

当时的洗衣机厂硬件不整、人心涣散、效益低下、连年亏损。临危受命的陈荣珍决定顶着骂名，实行集权管理。有个例证是，他规定：凡是职位在他之下的职工，包括副厂长，汇报工作时必须站着；对他制定的诸多制度和纪律，稍有违反，就有可能下岗回家，只领每月 40 元的生活费。

在谈到他当初的"专制"统治与现在倡导的"和商"理念是多么相悖时，陈荣珍笑了："管理无常式，它没有好坏之分，只有适合与不适合，适合的就是好的。俗话说得好：'杀猪杀屁股，各有各的招式。'"

如果你真以为陈荣珍是"暴君"，那就大错特错了。在荣事达采访，从高层管理人员到一般员工，没有一个人不说陈荣珍的好，没有一个人不对他们的陈总满怀敬仰之情。一位副总告诉记者，他和陈荣珍订有"君子协定"，只要陈荣珍在荣事达一天，他就会跟着陈荣珍待在荣事达一天。

尽管江湖色彩太浓，但陈荣珍的个人魅力由此可见一斑。在这个选择余地极大的社会里，跟企业往往是跟老板，只有老板魅力十足，员工才可能把自己的前程交给他，与他捆绑在共同奋斗的企业战车上。

荣事达的资深员工张世平先生告诉记者，他只有初中文凭，是陈荣珍 3 次送他出国进修，他才很快能独当一面。1990 年，他的一位外商亲戚在深圳投资办厂，请他去帮忙。他的心很乱：企业花了那么大的代价培养我，现在正是回报企业的时候，就这样走了，怎么对得起荣事达，怎么对得起陈总呢？可是，家庭的情感也令他难以割舍。两难之中，他怀着不安的心情找到陈荣珍。陈荣珍听完他的想法，深情地说："小张，厂里忙，但家里的事也得照顾，早去早回吧。"

那一刻，被人理解、被人尊重的激动心情，令他终生难忘。张世平深有感触地说："我是个自尊心很强的人，如果当时陈总对我打官腔，我就会拂袖而去。"两个月后，他谢绝了亲戚给他的高级职位和数万元年薪，提前归来，将自己全部的聪明才智用于工作中。他带领大家将年产 20 万台洗衣机的引进生产线，改造为 40 万台的规模，使生产能力翻了一番……

陈荣珍的"和商"理念已深入每一个企业员工的心中，成为荣事达企业文化的最基本组成部分，甚至可以说，在有 8 000 名员工的荣事达，"家"的味道越来越浓了。

荣事达的销售人员年均在外奔波 300 多天，一年难得回两次家。1998 年 5 月的一天，驻河南分公司的业务员胡兴龙回合肥老家探亲后，买好当晚的火车票准备返回公司时，他 10 岁的宝贝女儿被汽车撞倒了，送进医院抢救。销售公司的三位经理闻讯，立即决定给老胡续假，并马上赶去医院。到了病房，他们才得知，老胡已在返回河南的途中了，走时留下话："公司会照顾好的，我很放心。"

"这种奉献精神，绝非金钱可以买到，他知道我们会像他一样尽心照顾他女儿，这种对公司的信赖也不是金钱可以衡量的。"销售公司经理王传付在给记者讲述这个故事后感慨万千。

人人都是那样的真诚、坦荡和谦恭，这是记者在荣事达短短两天得到的全部印象。副总经理李洪峰对记者说："'和商'理念是我们一切工作的出发点和指导思想。"

如果说"和商"理念作用于内营造了一种"家"的温暖，那么作用于外则是获得了"利益共享"的商业上的双赢。

陈荣珍认为，在商业交往中，要讲究诚与信，与合作者形成利益链、共同体，不光要各算各的账、各赚各的钱，还要善于换位思考，多替对方着想。

荣事达五大系列洗衣机零配件有 1 000 种以上，有几百家提供配套件的协作企业，这些配件协作企业的产品直接影响着"荣事达"洗衣机的质量和声誉。陈荣珍对协作企业的产品质量要求极为严格，每半年就要考评一次，若达不到及格分，则会被淘汰出局，这是严格的一面；另一方面，在处理与协作厂之间的关系时，他又渗入了"柔性管理"，独创了"技术质量恳谈会"制度：每年与各协作企业举行两次恳谈会，沟通信息、交流技术、解决难题。在这里，他们既是合作伙伴，也是亲密的朋友。

为荣事达生产洗衣机用橡胶带的河北武邑橡胶厂厂长接受记者采访时说："荣事达抓质量没有面子、关系可讲，但它效益好，能长期为这样的企业配套，我们的效益也上去了。不仅如此，利用'荣事达'这块牌子，我们又发展了十几家洗衣机厂的配套业务，真所谓一荣俱荣。"

在与商家的交往中，陈荣珍制定了充分考虑经销商利益的规定，比如，市场出现大变化导致价格需作整体调整时，需预先和大多数经销商协商后确定标准；市场相对饱和，价格下降引起利润降低时，首先要挖掘内部潜力以降低成本，保证经销商的合理利润。

在遇到一些突发事件时，陈荣珍总是站在"换位思考"的角度，替他人着想。1995年夏，贵阳经销商因水灾损失20多万元，陈荣珍当即决定：损害严重的，无偿退货；部分受损的，负责更换零件。结果，荣事达损失了19万元，但却以此赢得了商家的信任和称赞。

"和"气更盛，财源更旺。荣事达的一位干部骄傲地对记者说："跟我们合作的企业，永远不会吃亏。"

## （二）借牌经营管理上的零缺陷

"我的工作就是要让厂里的小姑娘脖子上能戴上漂亮的项链，让小伙子们能娶上中意的媳妇。"陈荣珍1986年上任伊始的就职演说赢得了阵阵掌声，实在的企业员工同样需要实在的企业领导人。1998年，荣事达职工年均收入15 000元，职工住房等社会福利也得到了很好的解决。更为可贵的是，作为荣事达人的骄傲和自豪溢满了每个员工的心间。

多年后接受记者采访的陈荣珍依然不改初衷："要那么多花架子干吗？企业家和政治家都一样，唯一要做的就是要让人民更加富裕！"荣事达人对他们陈总的崇敬和感激，除了因为企业家本人的人格魅力以外，更多的则是陈荣珍为他们带来了实惠。"没有陈荣珍，就没有今天的荣事达"，这是荣事达人的共识。

荣事达创业之初，很多人把合肥洗衣机厂的不景气归因为宏观紧缩、市场疲软。而陈荣珍却认为这是表象，深层的原因是设备、技术落后，产品质量低下，所产"百花"牌洗衣机在市场上的知名度太低。为此，他烧了"三把火"，正是这"三把火"让合肥洗衣机厂起死回生，并逐步走向辉煌。

"第一把火"是冒着巨大风险，负债900%，以当时企业的306万元固定资产作抵押，借贷2 700万元，引进日本三洋电机株式会社的双桶大波轮新水流洗衣机的主要设备、模具和技术，使企业"硬件"得到了本质的改善。这是需要巨大勇气的。

"第二把火"是做出"借船出海、借牌经营"的战略决策。"百花"名气太小，尽管"硬件"改善后质量有了明显的提高，还是很难打开局面。而当时国人普遍推崇上海货，上海"水仙"又是一个响当当的牌子。陈荣珍审时度势，毅然决定放弃自己的"百花"牌子，与上海洗衣机总厂联营，借"水仙"商标生产和销售。尽管在这次联营中，合肥洗衣机厂丢掉了单个产品利润的大头，但由于产量的骤增，企业从此走上了稳步发展之路。

陈荣珍有一个经营思想，叫作"坐稳身子，再出重拳"。借牌子不过是他经营中的权宜之计，所以他坚持在合肥产洗衣机上打上"水仙牌——合肥制造"的字样，为下一步脱离上海厂做了一个良好的铺垫。而且，他积极拓展自己的销售渠道，虽是寄人篱下，但绝不被别人牵着鼻子走，与后来多次同外商合资、合作时绝不放弃主动权一样，这是陈荣珍的性格。

1989年下半年，洗衣机市场急转而下，"水仙"自身难保，联营合同中"由上海承担70%的销售任务"变为"承担30%的销售任务"，再变为"全部由合肥厂自己销售"。合肥洗衣机厂如同一个弃儿，再次被市场无情地抛弃。

"办企业如同做人，尽管人与人之间不乏互相帮助，但在关键时刻还得靠自己。"陈荣珍是这样醒悟的。无情的打击加速了陈荣珍建立和巩固自己的市场销售网络，创立能够立市的真正属于自己的品牌的过程。尽管这种"找市场"的行为是市场逼迫的,但事实证明陈荣珍的心血没有白费,在被上海厂"抛弃"的第二年,在市场普遍喊"冷"的情况下,合肥洗衣机厂的产量不减反增,年销售量达到50万台,比联营时还多出10万台,跃居同行业产销量第三位。

1992年底,合肥洗衣机厂与香港丰事达投资有限公司、安徽技术进出口公司按72.5%、25%、2.5%的出资比例,合资成立了"合肥荣事达电器有限公司"。1993年1月1日,第一台带有"荣事达"商标的洗衣机走下流水线,开始向中国洗衣机第一品牌的目标冲击。

同记者一起采访陈荣珍的,还有人民日报社的两位同仁,他们亲切地称陈荣珍为"荣老板"。记者以为这不过是一个戏称而已,没想到引出另一个话题。荣事达宣传处处长李呈三先生告诉记者:"荣事达"商标的"荣"字,就是取"陈荣珍"名字中的一字,"事达"则是香港"丰事达"中后两个字,"荣老板"早已取代了"陈荣珍"的名字,成为人们对他的普遍称谓。

这种现象在私营企业应该说早已司空见惯,而在一个享有盛誉的大型国有企业,这样的称谓是不是饱含着另一些复杂的情感因素?联想人们"离开了陈荣珍,荣事达真不知会怎样"的感慨,记者感到了"荣老板"在荣事达沉甸甸的分量、在荣事达人心中沉甸甸的分量!

无独有偶,记者在长虹集团采访时,也听到过"长虹离开了倪润峰会怎样"的感慨,看来企业和社会都太需要陈荣珍和倪润峰这样既德高望重又能锐意改革的企业家了。由此可见,经济界有关"能人经济"的说法,颇有些道理。

陈荣珍上任烧的"第三把火"则一直贯穿在荣事达整个发展过程中,那就是后来被理论家们总结为"零缺陷管理"的管理追求。

美国管理学者克劳斯德先生曾尖锐地指出:"在制造业公司中,质量标准似乎有以现行状况为依据的倾向。譬如说,产品有4%的次品时,质量标准就定为'标准不良率为4%',这样的标准看似精确又科学,其实根本只能显示公司作业的无能程度而已。"

这与陈荣珍的认识不谋而合,在上任之初他就提出"产品100%合格"的质量标准。在他看来,"人只要尽了最大努力就可以不犯错误,可以做得更好。"

在陈荣珍提出"产品100%合格"之初,许多员工认为要求过于苛刻,不合情理。而今天,"不向下一道工序提供有缺陷的部件和半成品""不向消费者提供有缺陷的产品"已成为荣事达管理者和企业员工的共识。

在员工手中,有两本质量手册,一本是《质量管理手册》,一本是《质量检测手册》,这两本手册被称为企业的"尚方宝剑"。员工们都会自觉地按手册标准进行自检,对上道工序输送下来的不合格半成品,他们也有足够的理由拒绝接手。

荣事达还创造了一种被称为"出生卡"的责任制度,即为每台洗衣机建立一张"产品检验流程卡",卡上有60余类项目,包揽了洗衣机生产过程的所有环节,每个项目都有操作员工和质检员的签名,只有全部合格了,"出生卡"才被换上"出厂合格证",走向千家万户。

只有职责明确,奖惩才能到位,效益才会提高。

也许最能说明荣事达"零缺陷管理"的是荣事达的"红地毯"服务。

荣事达维修人员的工具包里都有一块红地毯,他们从事售后维修时进入用户家中,先换上自带的拖鞋,进门后铺开红地毯,把待修的洗衣机和维修零件放在红地毯上,实现无噪音维修和无污染维修。这不起眼的细节和器具,正是荣事达人追求"零缺陷"的体现。

在陈荣珍的心目中,消费者的位置很重要:企业与用户的关系,不是简单的产与用,也包含着应尽的责任和义务。公司其他业务部门均实行经济包干,唯独售后服务部门没有,而是以用户100%满意为指标。他要求售后服务部门坚持上门服务,从接收到用户报修到排除故障,市内不超过24小时,省内不超过3天,省外不超过7天;一次维修成功;用户来信100%回复。

在全国各省市消协的消费投诉栏里,有关荣事达售后服务的投诉率为零。1993年至1997年,荣事达洗衣机连续获得"全国用户满意企业""全国用户满意服务""全国用户满意产品"称号,1997年还获得"全国实施用户满意工程先进单位"称号。

管理上的零缺陷，带来了荣事达的成功飞跃。

### （三）资本运营，借别人的钱发展

荣事达1992年的资产不过1亿元，到1998年已接近30亿元，这样的"核裂变"速度肯定有其更深刻的原因。

1998年初，"私营企业参股荣事达"事件引起社会广泛关注，全国上百家新闻媒体争相报道，各方评说不一。

事情的起因是这样的：合肥私营企业家姜茹因感到现在流通领域竞争太激烈，风险越来越大，自己熟悉的、有把握赚钱的投资机会越来越小，遂产生了将自己所有资金2 000万元投向"根深叶茂"的荣事达集团的想法，并托人将这一想法告诉了荣事达。

对于这个前所未有的私人资本参股国有资本的新闻事件，以《中国经济时报》刊登的一篇题为《荣事达该不该要这笔钱》的文章为代表，表述了社会上两种截然相反的观点：一种认为，资金短缺对于许多公有制企业来说是一个亟须解决的问题，对于送上门来的私人资本，应该接收。对荣事达来讲，目前正处在由单一家电企业向综合家电（洗衣机、电冰箱、微波炉等）生产集团发展的关键时期，资本缺口大，私人资本的直接投入，将给荣事达打开一扇融资的大门。并且，这笔2 000万元的投资不会改变荣事达集团的公有制性质。另一种观点认为，荣事达股份组成中，外资已接近50%，如果今天加2 000万元私人资本，明天再加3 000万元其他资本，集体股可能降低至50%以下，企业到底是姓公还是姓私？有人甚至提出，我们老总陈荣珍才8万元的个股，他一来2 000万元，企业控股权会怎么变化？谁给谁打工？

陈荣珍一锤定音："管他姓公姓私，能为我所用，就绝不放弃。"最后他不仅接收了这2 000万元私人资本，而且还排除一切困难，妥善利用这笔资金，以荣事达的无形资产（占20%股权）、设备、土地、厂房等共投入2 040万元，占

51%的股权，私营企业家姜茹投入1 960万元，占49%的股权，共同组建了一个新法人——荣事达电工有限责任公司。

陈荣珍坚信，荣事达要想在第三轮竞争中获胜，必须走资本社会化之路。

吸收私人资本，不过是陈荣珍"借别人的钱发展"的一个小例而已。在荣事达由弱变强的发展历程中，陈荣珍非凡的融资能力起了至关重要的作用。

1992年10月，原合肥洗衣机总厂与香港丰事达投资有限公司、安徽技术进出口公司共同出资2 700万美元建立荣事达电气有限公司，解决了牌子问题，完成了从"借船出海"到"造船出海"的惊险一跳。

1993年，荣事达先将企业的49%股权出让给香港詹培忠公司，获得资金1.04亿元；拿这1.04亿元再与日本三洋公司合资建厂，又引进1亿多元资金，使公司资本在两年内翻了两番，实现了二变四、四变八的几何级数扩张。在这一系列资本运作过程中，公司存量资产增长4倍，不仅解决了模糊洗衣机生产基地的建设资金，而且改善了集团的总体资本结构，资产负债率降到40%以下。

1996年，为了实现超常规发展，陈荣珍再次表现出超人胆识，经过与香港詹培忠总公司友好协商，荣事达决定以1.55亿元购回其拥有的49%荣事达（集团）有限公司股权，然后与美国四大家电公司之一的美国美泰克公司（世界第一台冰箱生产企业）合资成立了6个企业，引进外资8 200万美元，总注册资本为13.4亿元人民币。在评估中，荣事达资本价值翻了一番，仅购回股份即获净收益7 900万元。

这次合资，为荣事达向综合家电进军提供了可靠的资金保证。

陈荣珍在1993年出让49%的股权时，引起很大的争议，普遍认为在企业获利能力强时转让给别人，划不来。

已大获全胜的陈荣珍对记者说："我们'卖'的价钱比最初的'企业市值'翻了将近4倍，一下子拿了很多钱过来，我们转头和日本三洋合作。在当时资金竞争比较激烈的情况下，如果还依赖银行，风险会比较大，而且高负债率企业在银行会很快失去融资信誉。所以这一步——'出让资产，赢来三洋'是很重要的。吸引三洋进来，再加上荣事达的自我发展，企业生产量上去了，连续3年获得全国第一。正因为有了连续3年全国第一的信誉资本，我们才可能到达第三步——与美商合资。这次合作，美方拿了8 000多万美元过来。我们既有信誉资本又有实际资本，无形资产被盘活了。无形资产不交换，永远藏在账面底下，变不成钱。

"香港公司占的股份，我已经把它收回来了。当初它收购我的资产时非常开心，如今我买回来，它也非常开心。它购买我的股份是因为我的企业经营得好，能赚钱。现在我买回来，它又可以赚一笔。而我把钱收回来和美国人合资，我赚的钱会更多。投资不是算计对方，应该是各算各的账、各赚各的钱。卖是为了更好地买，买是为了更好地卖。"

也许这就是所谓的"资本运营"吧，只不过陈荣珍把它说得通俗了些。

在谈到合资企业的管理和中外员工的地位时，陈荣珍这样回答记者："未来的企业必然会出现管理当地化的趋势。我跟美国的美泰克、日本的三洋解释，他们都接受我的观点，即美方、日方公司通过财务监督和提出各种管理要求进行管理，具体的经营问题它们不管，美方常驻在中国的员工就两三个。有些合资企业按照国外的标准给外方员工发工资，他们经常拿100多万元的年薪。中国的家电产品获利能力很低，一两个外国管理人员的工资就相当于全厂工人的工资，变成了全厂工人给老外打工了，这个位置没有摆正。在荣事达，美国人的工资一定要比我低，你在我的企业里打工，工资比董事长还高，可能吗？我的责任大还是你的责任大？一定要把老外的观念改变过来，按照我们的工资标准发薪，嫌低，你总部给补。我们处于主导地位，我们责任大。"

## （四）企业兼并——一并双赢

荣事达1996年对"威达"的兼并，则充分显示了陈荣珍高瞻远瞩的经营策略。

威达厂原先并不困难。它自20世纪80年代中期开始为合肥、上海的洗衣机厂家配套生产电机,生产经营十分稳定;1992年以前,威达是个职工500人、年盈利160万元、上缴税金百余万元的殷实户。1992年上半年,主管局决定,把因不同原因陷入困境的合肥雨具厂和合肥家用电器厂并入威达厂,成立总厂。威达总厂接收全部债权、债务和职工,升格为"党委厂",企业"级别"提高。正是这次"兼并"使威达在职和退休职工骤然增至1 600人,负债增至1 800万元,造成之后3年连年亏损,且亏损总额不断扩大。

威达同荣事达有较密切的配套协作关系。荣事达方面对威达的境况十分关注,威达方面也有借助于荣事达的综合优势使自己摆脱困境的强烈愿望。

然而,主管部门对威达加入荣事达集团的要求不予支持,在威达千余职工联名上书之后,才迫于压力,于1995年初同意威达总厂作为荣事达的"半紧密层联营企业"。

此后一年半时间,荣事达对威达实施了领导、管理和帮扶,被视为"托管"阶段。这一阶段,在荣事达的指导和推动下,威达总厂在内部改革与管理方面采取了一些重要的行动:总厂厂级干部由3个厂合并后的16人缩减为5人,内部组织机构做了重大调整;全面推行荣事达"零缺陷"管理模式;层层签订目标管理合同,严格按合同办事;对部分年龄偏大的富余职工按工龄和贡献增加1—3级工资,实行"内退"。荣事达对威达的主要帮扶措施有:增加使用威达电机产品,增添新的电机生产线;提供资金周转方便,以便威达及时在较低价位时购进优质电机生产材料,保证电机产品质量稳定提高;向威达扩散除电机以外的其他洗衣机零配件生产,并安排部分威达职工到集团其他单位上岗,减轻冗员负担。

在"托管"阶段,威达总厂仍是自负盈亏的独立法人实体,但荣事达实施的领导管理与帮扶成效十分显著。1996年,威达厂所有工序均按"零缺陷"和ISO9001质量保证体系要求进行生产,几个主要电机品种均通过了国家长城标记安全认证。此外,威达还成为荣事达全自动洗衣机主要冲压件的配套生产厂。这一年,威达的产值达到9 800万元,比"托管"前增长57%,结束了连年亏损，实现当年扭亏为盈。更重要的是，荣事达的管理模式、企业精神、行为方式和思维方式在威达被认同和接受，为荣事达正式对威达实施吸收合并（兼并）创造了条件。

几乎与此同步，荣事达和美国美泰克公司合资发展综合家电的谈判也进入成熟阶段。于是，荣事达加快步伐，果断采取了正式兼并威达的措施。按照国家关于集体所有制企业兼并的规定，双方企业职代会正式通过了荣事达对威达吸收合并的决定。1996年9月，原威达总厂改组为"中美合资合肥荣事达电机有限公司"，全部威达职工并入合资企业。

一并双赢。对威达而言，好处不言而喻。对荣事达，这场兼并至少带来了两个好处：一是原威达的土地、资产在合资评估中得到盘活，并作为中方投资，引来美方等额资金的投入；二是使威达这个原本就是荣事达的协作企业真正成为荣事达的一员，专事生产"荣事达"洗衣机的主要部件——电机。

陈荣珍是一个社会责任感极强的企业家，在企业兼并中，他总是尽最大的努力解决被兼并企业的职工安置等问题；但陈荣珍又是一个市场经济竞争意识极强的企业家，而不是单纯的慈善家，他决不做"有饭分着吃""靠已有实力把困难企业当包袱背着"这样的傻事。他清醒地看到，家电行业未来竞争仍将十分激烈，荣事达不但要面对国内家电同行的竞争，还要经受国际化的考验。因此，把经济性、合理化和增强企业实力放在兼并企业的首位，以此为基础承担优势企业的社会责任，这才是陈荣珍所理解的全面、正确的兼并原则。

## 倪润峰：彩电大王的"定位说"

1985年，国家给长虹下达了18万支进口彩电显像管的计划。刚刚执掌长虹帅印的倪润峰，跑省城，奔北京，找有关部门请求兑现外汇额度，跑细了腿，磨破了嘴，也只要到8万支的款，另外10万支的款还是从市场筹集到的。倪润峰从这件事中得到深刻启示："找领导不如跑市场，企业家要搞好企业，必须全身心投入跑市场、抓企业中。"

### （一）企业家，就应一门心思干企业

在长虹集团公司流传着倪润峰"先见商家后见官"的故事。1996年的一天，一位四川省领导突然来到长虹，要见倪润峰，而倪润峰正在与一商家洽谈业务，足足让领导同志等了两个多小时。

这并非倪润峰太"牛"，实在是企业需要他操心的事太多。他对"企业家"这个职业的定位是："企业家不是社会活动家，更不是外交家，企业家就应该一门心思干企业。"

记者在长虹总经理办公室，看到一张印好的当天《四川长虹电子集团公司接待工作计划表》。这一天，长虹共有14批客人，除"记者团"外，其余全部是来洽谈业务的中外企业代表。日本"东洋一通"与"共和"的来访目的都是"37英寸彩电造型设计"，"三菱商事"来"交流空调压缩机技术"，"三洋柜机事业部"来"洽谈空调柜机项目"，日本CHEMICON来"洽谈电解电容业务"，中国台湾"上材""亿鸿"来"洽谈印制板电镀线技术"，中国香港"路华公司"的来访目的简单标为"商务会谈"。除此之外，还有中国内地的6批业务客人，

其中两批分别来参加"红太阳工程"及"低压室"招标，三批来商谈"空调技术合作"。

长虹从 1986 年前年产彩电十几万台发展到 1996 年年产彩电 480 万台，产值达 125 亿元，销售收入增长 42 倍，实现利润收入增长 99 倍，国内彩电市场占有率达 27%，倪润峰可谓功不可没。但是，倪润峰也并不是传说中的那样"神"，如果说他与其他企业家相比有什么更突出的地方，恐怕就是这种"一门心思搞企业"的自我定位。

1985 年，国家给长虹下达了 18 万支进口彩电显像管的计划。刚刚执掌长虹帅印的倪润峰，跑省城，奔北京，找有关部门请求兑现外汇额度，跑细了腿，磨破了嘴，也只要到 8 万支的款，另外 10 万支的款还是从市场筹集到的。倪润峰从这件事中得到深刻启示："找领导不如跑市场，企业家要搞好企业，必须全身心投入跑市场、抓企业中。"

准确的企业家自我定位，使倪润峰创造了令长虹人引以为傲的"倪氏二五三单元工作法"，即一年 50% 的时间跑市场，到销售一线指导工作；50% 的时间在位经营管理，到生产一线指导工作；一天工作 3 个单元，上午 4 小时与产销一线领导共商长虹发展大计，下午 4 小时与国内外商家洽谈业务，晚上 4 小时学文件看新闻，算账理财，读好每天必读的"长虹 3 本书"——《长虹快讯》《信息专刊》《环球动态》。

10 年间共 3 600 多个"三单元工作"日，倪润峰形成了"超前、超速、超常、超人"的经营决策，将长虹推上中国彩电新"霸主"宝座，将自己"修炼"成为民族彩电产业的一位著名企业家。

也是这个准确的自我定位，让倪润峰把握了一次又一次的"先机"。1991 年初，海湾局势紧张，一时成了地球上几十亿人关注的焦点。倪润峰每天晚上 7 时准时坐到电视屏幕前，短短两天，就看出"门道"：海湾炮声一响，石油禁运、石油价格上扬，工程塑料价格必涨。倪润峰立即做出了集中长虹资金紧急订货、购买工程塑料备用的决策。海湾战争结束，进口工程塑料的价格果然上扬 40%，长虹仅此一项原材料支出，就节约上亿元。1994年秋，上级"钦定"倪润峰随电子行业考察团去美国。按说，这是一件求之不得的美差。出乎意料的是，倪润峰没有去美国，而去了东北。因为倪润峰当时得知，东北的大豆和玉米获得特大丰收，农民手里有了钱，这正是长虹进军东北农村彩电市场的大好时机。

15天，他在东北跑了20多个县市，调查了近百家商场，形成了面向农村，加大18英寸彩电开发力度的产销方案。当出国考察团刚刚回国，长虹第一批彩电便在东北农村市场登台亮相了。

要说职工百分之百地拥戴他们的总经理，这话未免太大。有人就给倪总提过意见，说他联系群众差：冷漠，不串门，很少同职工聊天娱乐，职工住院也很少去看望。但倪润峰有他的说法：什么是联系群众？一个厂长最大的联系群众就是要最大限度地满足职工诸如房子、票子、儿子等方面的要求，这一切都需要把工厂搞上去了才好办。工厂垮了，什么都办不成，还谈什么联系群众？

日久见人心。长虹发展了，得了实惠的职工们才深深地理解了他们这位"冷漠""不近情理"的总经理深沉内在的爱。

1994年，长虹职工人均住房达到28平方米，收入1.5万元，家家有电话，500多名职工买起了摩托车……而此时，倪润峰因长年劳累，落下了腰椎间盘突出症，上楼不便，他就把办公桌搬到一楼，走路艰难就拄着拐杖。看到倪润峰拄着拐杖、弓着腰艰难行走的身躯，不少老职工揪心地掉下了眼泪……

当倪润峰与中国香港的郭炳湘、新加坡的黄祖耀、中国台湾的王永庆和马来西亚的李爱贤一起荣获"亚洲企业家成就奖"时，长虹人更为他们的总经理自豪：倪润峰是中国唯一一位来自国有企业的获奖者。与一同获奖的那些大名鼎鼎的亿万富豪们比起来，他只有甚微的工资和奖金，他呕心沥血所取得的辉煌业绩，全部属于我们共有的祖国！

## （二）先王蜀，尔后霸天下

1985年，中国彩电产业兴起时，比长虹实力强的企业多的是，后来许多厂家"死的死、伤的伤、嫁的嫁"。同样的体制，同样的新兴产业，为什么长虹能以每年50%的增幅直线上升，成为耀眼的新星？

最重要的原因，是总经理倪润峰对企业发展的经营思路有一个准确的定位。

那年，长虹自筹资金从日本引进一条彩电生产线，形成年产10万台的生产能力，这在当时也算得上有一定的规模。而同行业中有一家实力比长虹还要小的电视机厂，提出了"面向全国，走向世界"的口号，上级还推广了他们"沿海开窗，世界设点"的经验，并在会议上点名批评长虹"胆子太小，步子太慢"。刚刚有饭吃的长虹人坐不住了，建议倪润峰赶快把长虹"架"到外国去。

倪润峰不急。他要中层干部坐下来读《三国演义》。他说："在四川都不能当'老大'，是没有资格来谈走向世界的。"

潜心读《三国演义》，倪润峰为自己经营长虹做了准确定位，"先王蜀，尔后霸天下"。

根据长虹地处内陆腹地、交通方便的特点，倪润峰确立了"立足四川，占领西南，挺进全国，走向世界"的递进奋斗目标。

"独生子女"政策，为倪润峰发展长虹开辟了独特之路。当时，音响、空调等家用电器比彩电挣钱来得快，许多人劝他"不能在彩电一棵树上吊死"。倪润峰对此有个形象比喻："长虹财力有限，不可能同时生养几个'孩子'，只能走'独生子女、优生优育'的道路。"

那年，正值筹建中的咸阳彩电显像管厂资金短缺，长虹当时也缺钱，倪润峰却一次性预支4 000万元支持彩管线建设。

别人说他："把这么多钱押在彩电上，代价太高。"倪润峰觉得，要把"独生子女"养育好，不投些资哪成?！后来，当全国彩管紧缺时，长虹却有稳定的货源，为长虹占领西南市场、进而进军全国市场提供了物质保证。

倪润峰走"独生子女"发展道路并不轻松。1988年12月8日，他上班得到的"周销售报单"，仅为"300万元"，而计划中的当月销售额应是1.5亿元。这时，又传来国家将实行彩电专营并征收特别消费税的信息，消费者持币待购，彩电市场突现"大雪崩"。

痴情于以彩电发展长虹的倪润峰，1989年8月在全国彩电行业第一个做出冒险决策：每台降价350元，让利消费者。一位在北京的朋友闻讯打来电话警告："老倪，你不怕坐班房？"一些同行业的老总，也联名把状告到国务院，倪润峰不为所动：要想养大"独生子女"，必须敢于并善于冒险！

长虹降价，扩大了彩电销售量，加速了资金回收，赢得了"起死回生"的宝贵时间。经过8年努力，从彩电行业的"小弟弟"变成了"大哥哥"。

然而，刚刚缓过气来的倪润峰面临的却是更大的挑战，某外国彩电巨无霸扬言：要在3—5年的时间内，不惜耗资30亿美元，挤垮长虹！

日本索尼公司在上海签约，合资建设年产400万支彩管、400万台彩电、200万台彩监的基地，由日方控股，产品打"索尼"的牌子。飞利浦公司与苏州电视机厂合资，生产"飞利浦"牌彩电，年产量近100万台；韩国三星集团在天津合资兴建彩电厂，产品打"三星"的牌子，年产100万台。

长虹绝不会坐以待毙，中国彩电绝不允许洋品牌在中国市场上肆虐横行！倪润峰说："中国的市场，应该由中国人、中国货来唱主角！"

1996年3月26日，对中国老百姓来说是极为平常的一天，对中国和世界彩电行业来说却极不平常。这一天，北京、上海、武汉、西安、郑州、成都等全国20多个城市的上千家商场，同时得到消息：四川长虹电子集团公司生产的43—74厘米规格的彩电，从即日起降价8%—18%，单机降价为100—850元。

一石激起千层浪。一时间，几乎所有的经济学家、新闻媒体都在议论长虹，都在推测"长虹现象"会给中国彩电业带来什么样的影响。深圳彩电几大家——康佳、华强、华发、华利、创维、陆氏、世纪等企业的领导人聚在一起商讨对策，达成了"以康佳为首，形成合力，共同对付冲击"的协议；高路华以"集中占领价格更低的简单功能大屏幕彩电市场"为抗衡策略；TCL宣布对社会实施"拥抱春天"大让利活动，做出每台降价120—300元不等的承诺；"北京"牌彩电也宣布3种规格、10余种型号同时降价……当然，更多的彩电小厂家虽有降价竞争之心，却无降价抗衡之力，只好"望降兴叹"！

"倪润峰，你把自家兄弟害惨了"，"本是同根生，相煎何太急"，一些极富同情心的人开始怀疑倪润峰这次降价的真正动机。

但是，我们不能不看到，倪润峰在"伤及"自家兄弟的同时，对洋货形成了巨大冲击，长虹25—29英寸彩电的市场占有率由降价前的16.68%上升到31.64%，增加了14.96个百分点，进口品牌25—29英寸彩电的市场占有率由49.40%下降为46%。特别是长虹25英寸彩电的市场占有率已由20.76%猛升至45.25%，而进口品牌25英寸彩电的市场占有率则下降了7.02个百分点。

其次，长虹降价壮大了国产品牌彩电，减缓了进口彩电进军我国农村市场的步伐。

我国农村彩电市场每年需求量已达到800万台的规模，就数量而言，农村已经接替大中城市成为我国彩电市场的主体，是彩电生产厂家的必争之地。由于农村居民收入水平较低，价格的高低就成了他们选购彩电的主要标准。国产彩电以其价格优势成功地阻止了进口彩电进军农村市场。

而长虹彩电降价，则是更加巩固了国产品牌彩电的价格壁垒，壮大了国产品牌彩电阻止进口彩电进军中国农村市场的阵营。

在这次降价中，长虹虽是赢家，但也有它的苦衷。倪润峰心里比谁都清楚，彩电降价每年要损失13亿元，而每一分钱都是长虹人汗珠子摔八瓣"摔"出来的。一下子降这么多价，等于"割"长虹人心头的肉。作为决策者，倪润峰要冒极大的风险，万一降价这招不灵，不能达到预期的目的，将会危及2万长虹人的切身利益。

倪润峰的说法是，长虹要想发展，民族彩电工业要想实现历史性跨越，形同一虹架两峰，必须斗胆冒险一次。用长虹人的牺牲换取民族彩电工业发展的市场，是值得的。

国人绝不能允许中国没有一个自己的彩电品牌，因为除了利益之外，还有一个民族情结问题。敞开的国门又不可能关上，贸易保护主义在全球范围已不受欢迎。在倪润峰看来，迎接开放带来的挑战总比"闭门造车""蜗牛爬行"强，毕竟我们有了竞争的对手，有了向世界展示中华民族聪明才智的机会。

让我们再来看看消费者对"长虹"以降价的方式迎接挑战、以产业报国的壮举有何评说。四川阿坝州一个名叫张林的用户给倪润峰写信说："中国的市场很大一部分被松下、东芝、三星占领了。倪总，如果长虹再被什么洋品牌打败的话，你将无颜见江东父老，你的灭亡将会给民族工业一个致命的打击。我要说，如果你再丢失'长虹'品牌，无异于卖国……"天津建筑工业学校一位叫钱家鑫的朋友在信中说："当今洋货的广告播及神州每一个角落，城乡商场货柜架上充斥着洋货，使民族工业趋向岌岌可危的境地。就在有良心的中国人处在气愤、悲哀、伤感无奈的时刻，却听到了一个时代'产业报国'的强音。我希望这不是一句口号，而应该是一位颇具实力的大企业家的具体行动……"

面对如此的信任和期待，倪润峰哪里敢有半点懈怠！

## （三）与外企的竞争

应该说，倪润峰的两次降价都恰到好处。第一次是在1989年抢购风盛行之时，那一次降价让长虹"起死回生"，在彩电市场站稳了脚跟；第二次是在"群雄混战，列强入侵"的1996年，那一次可谓是真正的"撒手锏"，让长虹的市场占有率迅速地扩张到27%，形成了规模经营，使长虹成为真正意义上的民族彩电产业"巨子"。

然而，在传媒对"长虹现象"的一片赞誉声中，倪润峰是清醒的：如果就此停止不前，长虹仍然十分危险。他明确提出1998年彩电生产规模要达到800万台，市场占有率要达到40%，另一方面还要不断寻找新的经济增长点。他说："我们要转变观念，放开眼界，不能囿于中国电子第一强的地位，而应以世界家电行业第六、第七名的目标来规划设计长虹的未来。"

一些有识之士也针对高市场份额本身存在的局限，向长虹提出警告：首先，长虹应通过技术改造和改进管理来进一步提高生产效率，以保持持续的低成本优势。其次，长虹应加大科研投入，提高基础元器件的研制、创新能力，提高企业的技术发明和创造能力。中国彩电企业与国外名牌厂商比较明显的差距是基础元器件的研制、创新能力，根本的差距还是企业的技术发明和创造能力。没有技术发明和创造能力的企业，只是一个生产制造车间。只有在技术发明和创造领域也取得成功后，长虹才具有与国外厂商竞争的实力，才可能在今后高清晰度彩电及新的视听产品的竞争中立于不败之地。

长虹提出了"第三次创业"的概念。

为了使"长虹"成为真正的世界品牌，他们从质量抓起。倪润峰有句名言："得民心者得天下，得消费者心者得市场。质量为市场服务，为经济效益服务，质量是名牌的基础，把'质量以用户要求为标准'作为公司产品质量的标准。"

近几年来，长虹公司投资几十亿元用于开发和生产制造环节的硬件和软件，在国际上选择最先进的技术设备，引进最尖端的技术项目。1994年，公司最先引进美国CAD工作站，采用计算机辅助设计，使电视机开发工作从数据处理、电路分析外形、印制板到结构强度的三维空间设计，都直接在工作站进行，大大加快了新产品的设计进度，保证了产品前端设计质量。同时，长虹投资上千万元，专项进口几十项高精度、多功能计量仪表，改善和增强公司的检测能力，保证新产品和出厂产品以高于国家标准的企业内控标准接受严格检测，也就是外界所说的长虹每项产品都必须通过42道电脑说话的质检关卡方能出厂。为了生产大屏幕彩电系列，长虹公司投资上千万美元引进和购买国际上最先进的贴片机群和插件机生产线，让国内同行咂舌。

42道电脑说话的质检关卡，曾经让一家外协商家倒了"大霉"。长虹公司迅猛发展几十年来，虽然内配能力相当大，但还有一部分零件的生产依靠长期合作的外协单位，比如说部分导线加工就是其中一项。一次该厂送来导线50 000根，经过电脑质检，显示不合格产品有5 000根。当时公司质检人员严肃地让其撤回，并再送来合格品，再次上电脑质检关后，发现又有上次退回的不合格品混入合格品中，以次充好。质检员硬是从中一根一根把地把不合格品挑出来。后来以拒绝该厂的外协件配套为处罚，杜绝了类似事故的再次发生。在公司内，每一个工艺环节都严格按照 ISO9001 质量管理标准执行,每当一个新产品问世,企业都要多次组织专家评审,反复进行高低温老化、强力振动、高压安全性能等 30 多个环节的不同试验,绝不投产带有先天性缺陷的产品。流水线上每一个工位都有操作记录,每一台电视机从第一道工序起就有随机质量流水卡,每个工段都进行小组自检和车间专检,以及质检部门设在流水线上的抽检,最后还要进行整机检验。同时专职质检人员每天统计质量问题,公布直通率,反馈到班长、车间主任、质检部门,第二天早上的班前会,由班长宣布头一天的质量问题和今天的注意事项。总之,"质量是企业的生命"这句话早已牢牢烙印在长虹人的心中。

倪润峰说,作为一个企业家,他唯一的兴趣就是思考怎样讨消费者的欢心。

### (四)谁砸长虹的牌子,长虹就砸谁的饭碗

1993 年 12 月 28 日,31 岁的博士后赵勇在清华大学读完了 14 年书,刚刚参与完成国家重点工程项目,回到家乡绵阳,商调在长虹工作的妻子去北京。

倪润峰听说赵勇是个博士后,求贤若渴的心为之一动。他打破常规,两次同赵勇长谈,企业家向博士后坦露心迹,博士后被企业家收入麾下。

倪润峰交给赵勇的第一项工作是带领一班年轻人攻克大屏幕彩电模具难关。此前,长虹 21 英寸彩电模具需耗资 40 万美元进口。赵勇没有使倪润峰失望,只用一年时间,仅用资 80 万元,就为长虹填补了这一机械设计制造上的空白。

倪润峰对赵勇的奖励,也是长虹前所未有的。1995 年,长虹每套 180 平方米的专家楼落成,赵勇就住了进去;第二年,赵勇成为长虹设计四所所长,不久又被提升为长虹副总工程师;同年 8 月,33 岁的赵勇进入长虹决策层,成为最年轻的总工程师,成为被称为"长虹明天的太阳"的"红太阳一号工程"项目决策人。

当然,不是每个长虹人都能理解倪润峰对赵勇的重奖和重用的。有人就说:"重奖一个,得罪一群人;重用一个人,冷落一批人。"倪润峰说:"长虹使用人、奖励人有自己的定位,那就是对长虹发展有贡献的人。我可以因此得罪同我在

一起工作几十年的人，但我决不得罪长虹的明天。"

倪润峰在外界素以谋略著称，对内却是个铁面"大管家"，长虹公司的管理严格到了近乎苛求的地步。不说别的，就单是每天早上的提前10分钟（7：50）到岗开班前会，就让人非常紧张。上班前不能喝酒（包括工作接待也不行）；不能穿便装，必须是公司统一工作着装；女士不能穿高跟鞋（裙子更不允许），不能戴耳环、项链和戒指，不能涂指甲油。迟到、早退1个月内连续发生3次者除名。传呼两次不回，罚款200元。长虹的两位大功臣，就先后"撞到了倪润峰的枪口上"。

彩电调试组有一位技术尖子，专业技能出色，曾在四川省青年工人技术大比赛中荣获第二名。一次，他上班时间离厂，到电子娱乐厅玩了10分钟游戏机，倪润峰决定将其除名。一些中层和高层领导为之说情："他是长虹的状元，是不是放他一马？"倪润峰说："在长虹铁的纪律面前没有例外，今天放他一马，明天就带不好上万长虹人！"

设计二所所长徐李健，因其对长虹彩电设计上的出色贡献，1994年8月当上长虹中层领导时，也是刚过而立之年。他上班时间到证券交易所"顺便结算了一个自己卖股票的账"，从离厂到回岗，也就十来分钟。倪润峰得到此事的调查报告后，整整思考了一个星期。学"诸葛亮挥泪斩马谡"吧，彩电高频电子生产线即将筹建，徐李健是合适的项目负责人；学"曹操割发代首"吧，那是明摆着往长虹人的眼里掺沙子，对一般工人严，对管理人员宽，往后这队伍看你倪润峰怎么带？

签发撤销徐李健所长职务令那天，倪润峰动了真情："为了长虹更好，你就重新从一般员工干起吧！"长虹人为徐李健算了一笔"损失惨重"的账：中层干部颇丰的月、年奖金系数没有了，眼看到手的价值20万元的专家楼易主了。

## （五）天上只有一个太阳，长虹只有一个中心

长虹宣传部副部长张晋容谈起倪总时说："在长虹，天上只有一个太阳，就是

党政工团；企业只有一个中心，就是彩电的生产、销售。"

长虹有30多个分厂、分公司，近2万人，与众多的国有企业一样，设有各种管理机构。但倪润峰有一个明确的中心工作定位：任何工作、任何机构、任何人，都要围绕长虹经济发展这个唯一的中心转。

从领导班子"转"起，从组织上保证"中心"，是倪润峰的一大创造。长虹公司党委8名委员都有行政职务，都挂着副总经理的头衔，都负责一摊经济业务工作。党委书记余光银除抓党委工作外，还负责基本建设工作。仅一年，他就完成了13万平方米的基本建设任务。

长虹还有一绝，全厂一个账户，全厂一支笔批钱，从经济上确保"中心"。

这事说起来有点不可思议。长虹有家产数十亿元，每年进出资金累计达200亿元，如此大的家业，长虹只有作为法人的长虹公司一个账户，经费报销由总经理一支笔批准，任何部门不得开设账户，不得设账外账、建"小金库"。

物资采购谁说了算？很多企业都是采购部门独掌大权。但在长虹，每采购一种物资，都要经过七八道关：设计部门先提出技术要求和参考价；经生产计划部门确认，提出需求量；再由采购处选购；货进厂后，即由待验处验收、分流；品质保证处检验合格后，方可入库上线。上线使用后经质量处整机综合检验，如果检查为"优质"，财务处才凭以上各环节签发的合格证开汇票，统一付款。建议权、采购权、使用权、认定权、付款权等权权分离，既避免了企业资金流失浪费，又保证了大规模生产所需大批元配件的适时适量协调供应。

长虹还很弱小时，倪润峰曾建议公司中层干部研读《三国演义》，得出"先王蜀，尔后霸天下"的经营思路；长虹羽翼渐丰时，倪润峰则建议中层干部读《红楼梦》，看看家大业大的荣、宁二府是如何一步步垮下去的。在机制上确保"中心"，长虹走出了一条"以功能谋结构"的现代企业道路。倪润峰将它归纳为四句话：机构能设能撤，干部能上能下，收入能高能低，人员能进能出。

记者看到一份统计资料：长虹管理层，每年要淘汰、更新干部5%—10%；员工收入高的年薪可超过10万元，低的只有几千元。从去年开始，倪润峰又为每一个长虹人统一了身份，不管是总经理还是中层干部、车间班组长，不管是正式工还是临时工，统称为"长虹合同制员工"。从总经理到每一个人，人人都是长虹的"工人"，人人又都是长虹的主人。

长虹每年都要补充一批生产、销售的管理人员，过去定的比例是8：2。即员工子女招工比例为"8"，社会招工比例为"2"。这样一来，长虹的子女不论素质高低，几乎都是"天生的长虹员工"，近亲繁殖日显弊端。倪润峰动起"刀子"，取消招工比例，进厂员工全面面向社会招收。同样的条件、同样的试题，厂里给应考者一样的待遇。

一些员工子女过不了关，有骂娘的，有叹息的，但更多的是奋起而搏。实行招工改革两年来，长虹子女真正懂得了，没有真本事的人，是进不了长虹大门的。

长虹人正靠着这一极为宝贵的"长虹精神"，创造出一个又一个的辉煌！

# 朱江洪：格力是理性的胜利

  1975年，朱江洪开始尝试承包制——这比凤阳17个农民签字画押早3年——加工千斤顶螺杆，工人混在一起，拼死拼活，一人一天完不成两条的任务……经过一番闹腾，好歹完成产值500万元，利润120万元，企业翻了身。

## （一）十年磨一剑

  朱江洪1945年11月出生于珠海郊区一个贫苦菜农家庭，1970年夏天毕业于华南工学院机械系。

  生不逢时，恰好赶上"文化大革命"，他的父亲被打成"反革命"。没有话讲，朱江洪只能去最苦的地方，于是他到广西百色矿山机械厂报到，当了名普通工人。

  那是贫困山区，41年前邓小平在那儿领导过百色起义。

  和民工一起挖土方、抬石头，三班倒。"最苦的是36小时不睡觉，"他回忆说，"对前途很灰心，甭指望出头了，有碗饭吃就成……"

  万万没料到，车间主任是一位女同志，这人当过文工团书记，胆子大，破例让他当了检验员。知遇之恩，涌泉为报。几年下来，摸爬滚打，车刨钻铣，朱江洪达到四级工水平。有一个小零件，一圈钻9个直径15毫米的孔，孔距不能超过头发丝的一半，他竟然一次做了出来！

  主任汇报上去。不久，他被提拔为车间副主任。

  主任当家不理财。1975年，朱江洪开始尝试承包制——这比凤阳17个农民签字画押早3年——加工千斤顶螺杆，工人混在一起，拼死拼活，每人每天完不成两条的任务。他规定一天5条，超过的口头表扬。自己想办法，自己拿主意，工人第一天做了6条，后来翻一番，干到12条。

"中国工人潜力很大，爆发出来不得了。"

朱江洪说："后来开发'冷静王'，加班加点，一天只能出700套。为抢市场，我规定一天960套，大家都说疯了。我说，超一套奖1元钱。结果，第一天950套，第二天1000套，第三天1100套……"

在百色，他年年都是"先进"，但只能当副手。他成了"消防队员"：生产科不行了，他去当副科长；质检科不行了，他去当副科长；开发新产品了，他又被派到技术科当副科长……直至全面拨乱反正，1981年他才被任命为科长。

这些经历锤炼了他。机械厂有5000名职工，150万元产值，加上宏观调控，转轨变型，"王小二过年，一年不如一年"。1982年，企业濒临崩溃，自治区机械厅厅长匆匆从南宁赶来，搞民主选举。结果，他以全票当选为厂长。

原厂长成为副厂长。一把手变为二把手，这是第一次。机械厂主产品是水泥机械。为求生存，他跑遍全国。百色是小地方、穷地方，人家瞧不起，"那时，已感受到市场经济求人的艰辛……"

经过一番折腾，好歹完成产值500万元，利润120万元，企业翻了身。

1984年春节前几天，朱江洪收到西藏水泥厂驻京办事处一封求购函。"这是试探性的，他们可能天女散花，发向各地机械厂，"朱江洪对销售科长说，"明天一早上北京，经济上吃亏也要签合同供货！"

西藏人很吃惊，马上签了约。工人不休春节假，加工设备。正值隆冬，运输困难，朱江洪派出5辆车经云南直送雪域西藏，"有一辆是专门拉汽油的，一来一回七七四十九天，滑坡、塌方、暴风雪，事故不断，工厂没赚上钱，"他笑了，"但是，有资格吹牛了：'除了台湾地区，我厂产品覆盖全国！'"

当了5年厂长。他对开发新产品非常着迷，上任时2种产品、7种规格，离开时10种产品、50种规格，企业产值3000万元，利润800万元，各项指标超前，一跃而为全国同行业"大哥大"。

## （二）扭亏大王

穷乡僻壤留不住人。朱江洪做了两件事：

——自己培养人才。请人进来办班，派人出去进修。

——抓厂容厂貌。30多万平方米的厂区全种上花草树木，包括果树。最多时，职工每人可分到50斤杜果。机械厂成为百色市景点之一，春暖花开时节，总有中小学师生结队来游。

穷乡僻壤留不住人。朱江洪要回珠海。

那时交通很糟，从百色到珠海，乘船、换车，要走9天，因此，他18年没有在老家过一次春节。父母风烛残年，他的请调报告却一次次石沉大海。

主要是广西缺人才。但朱江洪不会看人脸色，也是一个原因。

一次，一名职工42天不上班。国务院规定旷工15天除名，他开除了那名职工。结果，职工成了"上访专业户"。机械厂办公设备简陋，除名文件是手写的，上诉信倒是打印的。一查，不得了，这名职工的叔叔是一位炙手可热的人物。于是，地区劳动局长来了，仲裁科长也来了。

他们不讲关系，只讲年轻人犯错误，厂长给一次机会吧。说去说来，朱江洪不松口。他们火了，要履行"仲裁职能"；朱江洪也火了："你们仲裁，我来上诉！"

他赢了——他们不敢"仲裁"。

他输了——他们不放他回珠海。

太欺负人，非走不可。"不要组织关系了，把户口给我！"1988年1月，朱江洪终于回到老家。

在百色18年，他是一个引人注目的"人才"，但珠海没有他的位置。他到特区工业发展总公司（格力集团前身）报到后，便无事可干。领导要他"到处走走"。

"从1月'走'到5月，每天倒杯水，拿张报纸，坐下站起来，站起来再坐下，"朱江洪说，"干事的人，待岗滋味不好受……"

终于，任命下来了，他被派到冠雄塑胶工业公司任总经理。头衔挺大，问题不少，公司百来号人，1986年投产，也红火过几个月，但1987年亏损近300万元。

说来挺有意思，"冠雄"原总经理是四川人，于是干部职工一半以上是四川人，"官方语言"是四川话，食堂烧的是川菜。

单枪匹马闯"冠雄"，朋友都说"去不得"。他说："是去不得。但不去那儿去哪儿，人总得干活呀！"

他去了。一把手又成为二把手。

他发现，"冠雄"毛病出在管理上：20多台"东芝"高级注塑机只有2台在转，职工上班点完卯就溜号。

为什么这样呢？

人心散了。当时洋烟走俏，职工们收购洋烟从珠海特区寄往四川，一条能赚10元。邮局规定限寄两条，职工倒烟一月赚600元，比总经理工资高一倍！

企业沦落，前总经理有责任。他原是成都713厂工程师，称得上国内一流注塑模具专家，但知识分子架子大，得罪了一些重要客户——比如，珠海某电视机厂厂长把模具撤走，宁愿让一家乡镇小厂加工机壳。

这天晚上，朱江洪拎着礼物，亲自登门向电视机厂厂长道歉，说企业换人，希望能给一次机会，只此一次。

低三下四，终于感动对方。厂长答应调副模具过来，做做再看。

拿到模具后，朱江洪连夜组织试模，晚上10点多拿出合格产品，立即送到厂长家。

厂长说："很意外，很感动。"

大订单稳定下来。

但是，资金问题日益突出，主要是欠账太多，每次发工资都叫人愁肠百结。终于有一天，工商银行来人说："明天还不上利息，没有话好讲，我起诉你朱江洪！"

这是他第一次从银行听到"起诉"这个词，第一次体会到当年杨白劳捧着瓦罐喝卤水的心情。他连夜找到电视机厂厂长，打躬作揖，请他务必支持20万元……

减亏120万元，还欠150万元。第二年（1989年），"冠雄"才缓过气来，历史性地赚回70万元；1990年更达400万元，一跃而成了总公司第一利税大户。

### （三）格力电器，创造良机

此时，隔壁一家兄弟企业——海利空调器厂正走麦城，由于采用另一家兄弟企业出的低档压缩机，产品一塌糊涂。一次运货到厦门，卸车时，工人发现空调器铜管有一半断裂。

"海利"债务压死人，500名职工要吃饭，提出与"冠雄"合并。

朱江洪不愿意："东芝"注塑机"喀嚓"响一声就出一个电视机壳，跟印钱差不多，"冠雄"日子不赖；"人有长短。学机械的搞注塑吃力，搞家电会更吃力。当两个厂长领一份工资，合它干什么？"

"海利"找过两次，他没答应。后来总公司出面，提到"组织原则"什么的，朱江洪只好点头。

"海利"厂长又成为副厂长。这是第三次了。

朱江洪心细。"冠雄"开发的模具真的很出色，"海利"用它加工的机壳组装成空调器真的很漂亮，产品开始供不应求。

此时，商标问题越来越突出：由于漫不经心，长期使用的"海乐"被人抢注了。没办法，只好改商标，改去改来，跑到商标局一查，好听的名字都有主。

产品名气越来越大，实在不能拖了。这一天，朱江洪叫来两名副手："今天什么也别干，哪儿也别去——想不出商标不许回家！"

"海乐"是个好牌子，珠海快乐，三人不约而同想到了用这个意思的英文，再音译成中文，好听就成。

他们从字典上查到英文 GLEE（这个词的意思是快乐；in high glee，欢天喜地），译成中文，意思也不错，"格力"——格外有力！

然而，这个商标太好了，好到在英语国家注册会遇到困难的程度。要学日本 SONY，创造一个读音与 GLEE 相似，而英文肯定没有的词。三人又不约而同想到了 GREE——这在英文中没有，而相近的词 great（伟大）、Greece（希腊）、green（绿色）都不错，他们举杯庆贺。商标"格力（GREE)"诞生了。

有人说，"格力"生不逢时。1992 年"冠雄"与"海利"合并，组建格力电器公司时，只有一条落后 10 多年的组装线，年产 2 万台空调器；而全国市场已是"春兰""华宝""美的"的天下，空调大战乌云密布。

朱江洪不这样看。他说："赶得早，不如赶得巧！"

他分析说，在我国，一些不利因素始终制约着空调器市场发育：

——电力限制。空调器耗电大，供电不足的地方难有发展；即使电力充足，个别老城区线路承受能力有限，一时也难有大发展。

——消费水平限制。空调器价格高，电费大，穷人吃不消。

——消费心理限制。十来年里，由蒲扇到电扇，由电扇到空调，中国人穷惯了，吃得了苦，许多人认为这是"超前消费"。

由此，空调器姗姗来迟，比其他家电产品普及晚了差不多 10 年。其间，一位"老大哥"等不及，"东方不亮西方亮"，转身搞摩托；另一位试图争整个"黑色家电"——空调器、冰箱、洗衣机、冰柜的"全国第一"。

"东方不亮西方亮"，说明前者对市场前景缺乏信心；后者试图样样"第一"，可能一样也成不了"第一"。只要"格力"走专业化道路，像毛主席讲的那样，"集中优势兵力打歼灭战"，完全可能成为"大哥大"。

什么叫"伤其十指，不如断其一指"？朱江洪说："家用空调器上游有中央空调，下游有汽车空调，都赚钱，'格力'都做出来了……但是，全部放弃，我们只争家用空调器全国第一！"

因为，空调器市场会长盛不衰：

——冰箱、洗衣机、音响、录像机一家一台就够了，空调器一室一台，多多益善。

——空调器属于重复消费，家里用，办公室、车间、食堂、卡拉OK厅也要用。

——冰箱进不了办公室，洗衣机进不了汽车，而空调器可以进入任何一个有人的地方。具备冷暖两种功能后，包括南北极，空调器没有到不了的地方。

——使用空调器上瘾，没用过的想用，用过的再也离不开。

——空调器主机在室外，风吹日晒，寿命短，更新换代快。

"正是由于这些原因，当大多数家电出现平销甚至下降时，空调器保持稳定增长势头，"朱江洪掰着指头数，"欧洲气候凉，过去很少用空调，近年来持续上升；日本进入空调时代30多年，1994年超过700万台，1995年超过730万台……"

市场前景乐观，必须抢占制高点，迅速上产量、上规模。"格力"实行三班倒，没有星期天，不休节假日。1993年，朱江洪用在百色使用过的那些土办法，硬是用2万台的生产线做出12万台空调器；与此同时，投入2亿元资金，年底便有了100万台的生产能力；此后，又投入5.6亿元营建"格力空调城"，1996年11月竣工，单厂拥有250万台生产能力，号称"全球第一"。

### （四）羽毛落地的声音

"今日中国，没有市场疲软问题，只有技术含量不高的问题，"朱江洪说，"市场竞争是技术竞争。作为总经理，我一不抓钱，二不抓人，这些'小事'交给副总，自己一心一意抓新产品开发和质量管理。"

这有点像吹牛。实话实说，最初，生产空调，朱江洪是门外汉。

他不是任人唯亲，但看起来有点像。"冠雄"与"海利"合并为"格力电器"，降了财务部长和销售部长，中层干部一律用"冠雄"的人。

"我们是不懂空调，但都是大学生，可以从头学，"他说，"大家坐在一起，像小学生一样，每天听'海利'工程师讲 ABC。"

家用空调有两项重要指标：一是噪音越低越好，它决定舒适性；二是"能效比"越高越好，它决定经济性。

"又要马儿跑，又要马儿不吃草"，几度寒暑，朱江洪终于取得突破性进展，一种命名为"冷静王"的新鲜玩意儿诞生了。这种机器噪音仅 34.2 分贝（国家规定不高于 42 分贝），而能效比高达 3.35（国家节电产品规定不低于 2.8），双双超过世界王牌——三菱重工。朱江洪选了一个夸张性广告语描绘它："羽毛落地的声音"。

这引出了麻烦。各地上演了一出又一出轻喜剧。

成都一位女士一下买走两台"冷静王"，3 天后要求退货。她说认真比较过，噪音大大高于"羽毛落地的声音"。

经销商好说歹说，拆走 1 台，留下 1 台，说无论美国，还是日本产品，如果能找到声音更轻的空调，他们马上拆走。

几天后，她找到经销商，说"我确实被你们的服务精神感动了"，要求拉回原来那台。后来她又介绍了 16 位朋友来买"冷静王"。

用户第三个要求，是外观漂亮。

一次，朱江洪到纽约验收设备，住在一家韩国人开的小旅馆。一进门，便被 1 台自动售货机吸引住了：这是卖"可口可乐"的，投入硬币，滚出饮料；最引人注目的，是机器面板上嵌着一幅灯箱画，一派青山，一泓碧水，美轮美奂，清清凉凉……

能不能移植到空调器上呢？

反复试验，经过多次挫折与失败，几度寒暑，带灯箱的豪华柜机开发出来了。"在炎热的菲律宾，这种空调特别好销，"朱江洪很得意，"它放在酒吧里很提神。啤酒商喜欢在上面做灯箱广告，1 年下来，酒吧白得 1 台空调。"

主要是因为漂亮，"格力"在当地很有名。菲律宾搞开放，前美军两大基地——苏比湾海军基地和克拉克空军基地建成了免税区。进出基地的人每天有

100 美元免税权，一家四口逛一趟，可以买 1 台"格力"。一天，由于到货不及时，开出的票兑不了现，客户火了，"咔嚓"几下，自己动手将专卖店正用的 3 台空调拆下拉走了。

用户第四个要求，是品种全。

"别人有的，'格力'肯定有；'格力'有的，别人不见得有，"朱江洪说，"我一直百思不得其解，为什么中国市场上日本、美国空调器品种那么单调？"

与在百色时一样，他特别醉心于多品种。小功率、低噪音，半匹、四分之三匹，什么规格都出；大多厂家的产品要么是一匹半，要么是两匹，他在两者之间嵌入一个一又四分之三匹，非常好销；一些商厦需要大功率柜机，但地皮金贵，他为它们开发三匹壁挂机；一些店堂四面玻璃墙，壁挂机也没处放，他又做了吊顶机……

用户第五个要求，也是最根本的要求，是质量稳定。

朱江洪说："任何一家空调器厂，再有实力，都不可能自己加工全部元器件。我们需要的元器件品种繁多，来自中外 200 多家配套厂，不可能 100% 合格。那么，最终产品——'格力'空调也很难 100% 合格。

"配套厂与主机厂是一种买卖关系。空调器出毛病，用户不找配套厂。我们想了好多办法，前往考察指导，协助搞好质保体系，限期整改，等等，都未能从根本上解决问题。"

最后，他想出一个"最笨，但最解决问题"的土办法，组建一个 400 多人的筛选分厂，配备世界上最先进检测设备，外购件一律在这儿过"筛子"。

有了这个分厂，配套厂再也不用给"格力"采购员塞红包了。

筛选分厂也非万能。有一批格力空调用户验机时顺利过关，但几天后都投诉有噪音。拉回来解剖，发现噪音是从进口电机里发出来的。不商量，先扣筛选分厂责任人奖金。进一步解剖，发现电机小轴承有锈点，有小蚀坑，短期内毛病很难暴露。

自此以后，外购电机一律先上墙，在模拟环境运转三天三夜，不出噪音再送检。

这一招很灵：一周后，又逮住了一批有锈点的"世界名牌"电机！

## （五）农村包围城市

合并、转产、股份制改造，对朱江洪来说都是新课题。说"海乐"，大家有点印象；说"格力"，大家完全陌生。因此，"格力"必须一省一省、一市一市地推销，打牌子。一个毫无名气的新品牌，要迅速占领市场，一种做法是强攻，自吹自擂，广告狂轰滥炸；一种是低价位，赔钱赚吆喝。

无论广告轰炸，还是低价倾销，都需要钱，而他缺的正好是钱。最后，他选定迂回战略，"避实击虚"，暂时放弃"春兰""华宝"等"老大哥"的传统市场——江苏、广东、北京，而在外围的皖、浙、赣、湘、桂、豫、冀建立品牌形象，形成"农村包围城市"格局。

在销售方面，同样是"农村包围城市"，"格力"放弃知名大商厦，重点经营专卖维修店。

"空调器是半成品，"他说，"完全意义的空调器应包括安装、养护和服务，国际标准对产品的定义也包括服务。"

把空调器托付给大商厦经营毛病多多：

——"店大欺客"，它对厂家爱理不理，对用户漫不经心。

——"东方不亮西方亮"，它商品多，很难对某一商品全力以赴。

——"无利不起早"，它无心养活一支高水平空调维修队伍。

"空调器很特殊。前不久广东发生过这样一档子事，一个外资制衣厂老板在电话里吼："你们'格力'空调怎么搞的，两个月就不制冷了！"专卖店吓坏了，派人去看。仅仅两个月，车间里扬起的纤维微尘已将室外机冷凝器和室内机过滤网严严实实包裹起来，热交换根本不能进行。

这样的问题，只有专卖店能尽心竭力去解决——它们以此为生，这边要讨好厂家，那边要讨好用户。

1996年,"格力"生产能力超过100万台,专卖维修店超过800家,朱江洪认为羽翼丰满,可以问鼎"中国第一"了。

"山雨欲来风满楼"。此时,包括合资企业,全国空调生产能力超过2000万台,数以百万计的进口空调和走私空调也蓄势待发,而市场容量仅600万台。电光闪闪,雷声隆隆,一场严酷的空调大战即将开始。

这一点,经销商也感觉到了,只是没有朱江洪感觉得真切。"格力"未雨绸缪,倾全力抓淡季资金回笼,经销商给100万元预付货款返还0.5个百分点利息,给200万元返还0.6个百分点……到3月底为止,淡季回款超过15亿元!

不出所料,到4月,尚未进入旺销时节,大部分厂家主动降价500—800元,少数品牌降价1 000—2 000元;更有甚者,部分厂家一反先付款后提货的做法,允许先提货后付款,并提高对经销商的返利,高者达40%!

"屋漏又逢连阴雨"。5月,"凉夏"露头,降价压力骤增。6月中旬,"全国山河一片洪",低温多雨,夏天变秋天。江苏一名重要经销商匆匆赶到珠海,说:"有没有搞错?除非按我说的马上降价,否则,'格力'今年死定了!"

朱江洪仍然坚持不降价。他说,价格太低,专卖店为省钱,有时不得不饮鸩止渴,牺牲安装维修服务——这意味着"格力"给用户提供的是"劣质产品"。

他反复强调,"空调是半成品",在难以保证安装质量和售后服务质量的地区,"格力"宁愿让出市场!

不降价维护了"格力"的高尚形象,而让经销商损失惨重。"不赚钱,有时父子、夫妻关系都维持不住,我们要主动考虑经销商利益。"9月,销售旺季已过,朱江洪力排众议,筹款1亿多元,一次性给予了补偿。

1996年,消费者过了一个好夏天,苦了空调器厂。

在这样的条件下,朱江洪初步实现了目标:国家统计局、社会与科技统计司和中央电视台央视调查咨询中心在全国除拉萨、港澳台以外的省会城市和部分大城市作多阶段随机抽查,最后宣布,"格力"空调获1996年产品质量评价、市场占有率、售后服务三项全国第一!

## 张巨声：倾力打造新美菱

1983年4月，张巨声从合肥市经委主动请缨来到当时濒临倒闭的合肥市二轻机械厂。

1984年春天，是美菱人难以忘怀的春天，也是张巨声生命中最重要的春天。一条自行设计、改造、调试的生产线运行起来，第一台美菱BY158家用电冰箱顺利地走下了生产线。

到了1987年，美菱年生产电冰箱已达6万余台，实现产值4 908万元，利税1 058万元，分别是1984年的12倍和23倍。

### （一）阿里斯顿和那些早已尘封的故事

1983年4月，张巨声从合肥市经委主动请缨来到当时濒临倒闭的合肥市二轻机械厂。走马上任的张巨声明白，在传统体制里转圈，在老产品上打转，机械厂只会越陷越深，要绝处逢生只能另辟蹊径。张巨声深入细致地做了市场调查和行情预测，大胆地提出转产电冰箱的设想。可是厂里对转产却论调不一，不少人持反对意见。有的只想躺在国家怀里端铁饭碗，有的担心转产不成反砸锅，更多的人因一无资金、二无设备、三无技术而产生了畏难情绪。

回忆美菱的创业史时，张巨声用一首打油诗来概括他初到二轻机械厂的窘境："晴天一炉香，雨天一锅浆。"因为工厂里全是土路，所以晴天到处尘土飞扬，雨天则是泥浆遍地。职工人心涣散，领导心不往一处使，甚至有人放言要张巨声直着进来,横着出去。

如果此时的张巨声放弃了自己的设想,他就不是张巨声了。军人的果敢让他在关键时刻一锤定音:"成功了,功归大家;失败了,责任我一个人扛。"

但是,建造一条年产 5 万台电冰箱的生产线至少需要投资 300 万元,这对于一个面临倒闭、银行不愿贷款的小厂来说无异于天文数字。没有资金,张巨声东奔西走,使出浑身解数,借来了 70 万元资金;没有厂房,他们自己动手盖;没有设备,他们自己造(机械厂本身就是生产压力机冲床的);没有技术,他们拉来一台日本"三菱"电冰箱做深入的解剖;连马路都是职工分片包干修建的。张巨声住进厂里,一干就是几个月,别人过春节回家吃年夜饭,他在厂里用电热杯煮面条。

此时的张巨声立下重誓:咱们生产的电冰箱一定要美过三菱,他为还未降生的产品取名"美菱"。

1984 年春天,是美菱人难以忘怀的春天,也是张巨声生命中最重要的春天。一条自行设计、改造、调试的生产线运行起来,第一台"美菱 BY158"家用电冰箱顺利地走下了生产线。张巨声热泪盈眶,所有的艰辛和委屈都在这一刻随风而去。

这也是安徽省生产的第一台电冰箱,张巨声结束了安徽省不能生产电冰箱的历史。

到了 1987 年,美菱年生产电冰箱已达 6 万余台,实现产值 4 908 万元,利税 1 058 万元,分别是 1984 年的 12 倍和 23 倍。

然而,此时全国的冰箱企业如雨后春笋般出现。重复建设带给冰箱企业不尽的苦头,冰箱这棵曾经的摇钱树顿时变成了苦菜花。

1986 年 3 月,张巨声去拜访意大利阿里斯顿公司,发现他们在中国区域地图上插有 9 面小旗子,也就是说,中国有 9 个企业引进了同一公司的同一种生产线,这就是当年的"阿里斯顿九兄弟现象"。此时的"美菱—阿里斯顿"排行老五,老五张巨声突发奇想:能不能将九兄弟联合起来,共同组建"中国阿里斯顿集团",这样既可以避免国内市场刺刀见红的血腥竞争,也可以形成合力,在配件的采购上向意大利阿里斯顿公司施压。张巨声为此进行了艰难的行走和游说,终于在1986年5月由美菱牵头成立了"中国阿里斯顿集团"。然而集团并未维系多久,"九兄弟"各有自己的"小九九","连横"以失败告终。

往事不堪回首,在一轮又一轮的竞争中,美菱成了"九兄弟"中唯一的幸存者,其他冰箱厂要么成了殉葬品,要么成了匆匆的过客。

1989年,随着美菱"羽翼初丰",张巨声毅然割掉"阿里斯顿"的尾巴,创立了"美菱"这个纯国产品牌。从此,"中国人的生活,中国人的美菱"的声音渐渐唱响中国大地,美菱渐渐成了一个响当当的民族品牌。

如果说张巨声创业之初就已是一个成熟的企业家,未免牵强。但他一开始就具有的一些朴素的质量意识和管理思想无疑为美菱的成功奠定了基础。

20世纪80年代中期,短缺经济使我国的工业生产处于粗放状态。美菱靠土方法上马、简易转产的冰箱,虽然呈现购销两旺的局面,但质量因此被忽视,美菱冰箱曾因为质量问题受到轻工部的严厉批评。这无异于一记棒喝,美菱人开始了深刻的反省。从1985年8月到1986年年底,他们用了一年多的时间进行了地毯式、全方位的质量整改,全厂进行了"假如我是用户"的大讨论,由换位思考导出"生产线的下道工序是用户""企业为用户而存在"等高度市场化的观念。

"管理出效益"一直是张巨声信奉的真理。从1985年开始,美菱公司内部出现了这样一支队伍,他们不定期地出现在公司的各个角落,手里拿着各种各样的考核表,工人们背后叫他们"美菱秘密警察"。而在正式的机构设置中,他们属于督察部,有权对公司内部任何人、任何行为进行监督检察。这种管理方法被称为"督察式管理"。

张巨声非常注重严于律己。从投产冰箱开始,他就在家里立下规矩:张巨声的亲、朋、妻、子不得在厂里上班。1989年刮抢购风时,他规定家里任何人都不能要一张冰箱票。他妻子在合肥一家工厂当工人,工作艰辛,距离又远,收入还低,有人背着张巨声准备将其调入美菱,张巨声得知后坚决反对:"坐在我这个位置上，必须懂得自我约束，才能树立威信，才能做到公平、公正。"从1984年开始，张巨声的个人收入每年都在职工代表大会上向职工公开。

张巨声在美菱人心目中享有崇高的威望。除了因为他打造了美菱巨舰，并一次次地带领这艘巨舰避过沟壑险滩，取得令人瞩目的成就以外，张巨声的清正廉洁、居功不傲和无私奉献都令人景仰。

### （二）创新是创新者的通行证

在"国有企业老矣"的流行哀叹中，美菱却一枝独秀（位列冰箱三甲的海尔和容声均是集体企业）。特别是2000年，在一些知名企业销量一路滑坡的大形势下，美菱不降反升，市场占有率增长3.3个百分点，销量同比增长25%，直逼冠亚军。这不能不说是个奇迹。

张巨声把美菱的成功归结为企业的不断创新：产品的创新、管理的创新、市场营销的创新、体制的创新。他把美菱文化归结为创新的文化。美菱的发展史事实上就是一部不断创新的历史。

美菱给人的印象是，每当中国家电业的低谷到来的时候，它总能异军突起，在疲软的市场中捞足实惠。而美菱每一次的强势反弹，无一例外地依靠了差异性的技术和独具个性的产品。

在20世纪80年代中期，张巨声顶住巨大压力转产搞电冰箱时，美菱和其他电冰箱生产企业一样，赶上了当时的好时机。物资的严重短缺，成就了这些企业的飞速发展；特别是80年代末的"抢购风"，更是让这些企业夯实了基础。但从1989年开始，形势急转直下，由于消费的提前透支，家电业开始陷入第一个低谷。

但在这一年，美菱却创造了奇迹。1987年，它在全国同行中的排名还是第20位，1989年，一下提升到第5位，成为全国五大名牌冰箱之一。这个奇迹的产生，主要得益于"美菱"BCD-181型冰箱。"美菱"BCD-181型冰箱的问世，被称为中国电冰箱行业变革的第一次"旋风"，它也带动了全国冰箱市场的提前复苏，被媒体称为"美菱181效应"。

张巨声在接受采访时回顾，1989年以前的冰箱市场是"千人一面"，所有冰箱都是照搬国外设计生产出来的，几乎都是大冷藏室、小冷冻室。张巨声通过市场调查发现，当时的国内消费者希望拥有的是大冷冻室的冰箱，这与当时人们的生活水平相适应。尽管美菱的当家产品BCD-185型冰箱刚刚获得"国优"银奖，产品还很畅销，怎么也能靠它"吃"几年，但张巨声还是果断地停止了对185型冰箱的生产，改造生产线，开发大冷冻室的181型冰箱以适应市场的潜在需求。

1989年冰箱"寒潮"时期，"美菱181"格外红火。当其他冰箱企业意识到问题，纷纷生产大冷冻室冰箱时，美菱已先行半年有余，牢牢占据了市场的主动。"求新求变、快速反应"让张巨声尝到了甜头，避免了这次"寒潮"的袭击。也许从那时开始，"创新"二字就在张巨声头脑里扎下根来，多年来坚持不懈。

也许很少有人知道，中国第一台保鲜冰箱也出自美菱。

1997年，应该是冰箱"升级换代"的时候，因为中国家庭大量购置冰箱是在20世纪80年代末，一般使用时间已到8—10年，早该升级换代了。但冰箱企业并没有看到它们所期望的"蜂拥而至"。尽管企业对无氟环保、大冷冻力、大容积、节能静音等优点不遗余力地宣传，纷纷寻找各自的"概念"，但这并不能启动沉寂的冰箱市场，原因在于冰箱的功能在本质上没有变化。

是美菱给冰箱引入了保鲜的概念。

1997年9月，中国第一台保鲜冰箱走下美菱生产线，投放市场以后很快出现销售热潮。全国许多城市的大商场几乎同时出现消费者预约购买美菱保鲜冰箱的情景。在对全国十几个大中城市进行的冰箱购买因素调查中，"保鲜"成了大多数家庭购置冰箱的首选因素。

冰箱能否真正具有"保鲜"功能？美菱是否在进行概念炒作？一开始人们难免有这样的怀疑。1998年3月，中国家电协会会同一些挑剔的专家来到美菱，在仔细审查各项技术指标并认真测试以后，代表"官方"为保鲜冰箱正了名。

由美菱首创的"保鲜世家"系列冰箱独家通过了国家级鉴定。

美菱保鲜冰箱投放市场后，搅动了沉寂的冰箱市场，引起同行业的纷纷效仿和经济学界的广泛关注，掀起了中国冰箱行业的第二次革命。

美菱的第二次"蜕变"以实践证明了张巨声营销战略的正确性。用张巨声的话来说，国有企业在从计划经济向市场经济转轨的过程中，要实现两个根本性的转变：国家职工向企业员工的转变，企业干部由官本位向市场本位的转变。两次"蜕变"在实践中强化了美菱人的企业员工意识和市场本位观念。

美菱推出的智能变容冰箱被业内专家誉为"冰箱业第三次革命的领军之作"。

1999年8月，美菱推出我国第一台真正的智能变容冰箱，这款冰箱在技术创新、功能创新上取得了相当大的突破。用户只需用手指轻轻一按，就可实现冷藏、冷温、冷冻三个温度区的任意切换，消费者可根据自己的需要，调节冷藏、冷冻室的大小。这款冰箱的问世源于张巨声的一次市场调查，有消费者对张巨声说："有时候冷冻室装不下，冷藏室却是空的；有时候冷藏室装不下，冷冻室又是空的。要是冰箱的冷藏室和冷冻室能随意变大变小就好了。"正是这句话触发了张巨声的灵感，他迅速组织技术人员开始攻关，只用了3个月时间，中国第一台智能变容冰箱就在美菱诞生了。

如果说冰箱业的某一次变革发生在美菱，并不为怪，但三次具有非常之变革意义的新型冰箱都来自美菱，这就让人不得不对美菱刮目相看了。张巨声介绍：美菱用于技术创新的资金每年都占销售额的4%左右，单是1999年，美菱就推出新产品27种，平均每13.5天就有一款新品问世，公司80%的利润来自当年开发的新产品。

创新无止境。2000年6月，美菱又开发出了环保节能冰箱，251升冰箱日耗电仅0.6度，比传统冰箱节能61%，正如广告语所说的"花4年电费，用10年冰箱"。美菱股份公司总经理李士军给记者算了一笔账：假如现有7 000万冰箱用户都改用"美菱节能王"，每年可为国家节约电费50亿元，真是不算不知道，一算吓一跳。"节能王"冰箱不仅创下了日销售量700台的纪录，还创下了销售

20多万台无一台返修的行业最高纪录。

在谈到"美菱节能王"冰箱时,张巨声讲了这样一个故事:中央电视台播出"美菱蜗牛篇"广告以后,有一个北京用户单独为美菱电冰箱安装了一个电表,想知道"美菱节能王"是否真如广告所言,每日仅耗电0.6度。连续测试8周,结果他发现每日耗电量高出0.02度,于是他打电话给美菱,说对结果基本满意,但要美菱对0.02度给个说法。美菱的解释是:夏天要适当高些,且耗电量还跟开关门次数有关。这消费者说:"那好,秋天和冬天我还测。"

张巨声借题发挥:企业有两种类型,一种是造势的企业,一种是做事的企业。现在的消费者越来越成熟,企业简单地给出一个"概念"然后达到炒作的目的是不行的,企业必须实实在在地做事,实实在在地站在消费者的立场为消费者的需求考虑,产品才会有市场。张巨声说:"假如我们的节能冰箱只是一种炒作,在北京这位较真的消费者面前就会露马脚,企业也可能因此付出惨重的代价。我想想都后怕。"

"做事而不造势"一直是张巨声奉行的企业理念,张巨声像一个坚定的赶路者,一心勇往直前而无暇高声吆喝。

从1998年的"保鲜之家"到1999年的"智能变容冰箱",再到2000年的"美菱节能王",美菱一年推出一个主打产品,一年给消费者一个惊喜,牢牢地占据着市场竞争的制高点。

## (三)打造全新美菱

也许是受到2000年良好业绩的鼓舞,也许是为了增强自身的核心竞争能力,也许是对WTO的积极应对,也许什么也不是,仅是张巨声早已对美菱命运安排中的一个环节,当新世纪的钟声敲响的时候,美菱给人的感觉焕然一新:首先是全面更换CI形象,从视觉上给人耳目一新的感觉,全新的美菱CF片(企业广告片)也在中央电视台亮相;其次是彻底地进行组织体系的创新和薪酬制度的改革;再者就是推出纳米材料冰箱。

体制创新带给企业的是不尽的活力。美菱从诞生的那一天起，就不断地进行由浅入深的组织创新，经历了"厂长负责制"到"承包制"，再到"股份制"的国有企业改革全过程。当经营权得到充分尊重，管理权得到充分发挥，所有权得到明确界定，张巨声如同得到一片任他翱翔的蓝天。在众多国有企业举步维艰、困难重重的时候，张巨声经常反问："谁说国有企业就搞不好？谁说国有企业就干不过民营企业？"特别是1993年、1996年美菱股票分别在A、B股上市以后，美菱有了源源不断的发展资金。强大的资金实力、集团化规模优势、雄劲的产品竞争力、完善的法人治理结构、成熟的资本运作经验，支撑着美菱在激烈的市场竞争中一直处于不败之地。

过去的成功源于创新，未来的成功也必须依托创新。

2000年4月底，张巨声就开始着手研究，并进行了新一轮的组织结构调整。张巨声认为过去的直线职能制组织机构，存在着职责不明、流程不合理、效率低下的弊端，这次设计《组织体系创新制度》就是要提高效率。而对效率的评价标准是利润，没有利润的效率即使再高也是无效劳动。具体解决的步骤是：第一，把直线职能制机构改造成"扁平化"的机构，即11个业务单位独立核算，便于评价各厂的表现，利于分配；第二，公司内部全部市场化运作，即通过管理体系和程序建立市场规则，建立企业、部门、班组和个人各主体之间的买卖关系并实现交易，从而合理配置企业资源；第三，把原本属于二级法人的经营层权利和责任下放，集团公司只负责上下游的价格、产品量化、市场整合及企业宏观战略。

通过调整，美菱公司建立起以生产经营单位独立核算为特征的组织运行模式。如销售总公司根据公司确定的销售计划和市场情况定期给公司计划部门下订单；然后由综合计划部根据订单拟订各项计划，并及时下达公司各个业务单位；各业务单位根据计划制订具体的作业计划并调度资源进行采购生产。如此，公司建立了反应迅速、功能明晰、流程简洁、责权统一的组织运行模式，保证公司在新的竞争环境中以适应市场的变化为中心的高效运行和发展。

张巨声称，解开企业"分配"方程的最终目的不是给每个人涨多少工资，而是要形成公平、公正、合理的分配制度。这次薪酬改革以岗位工资为主体，契约工资制度、项目收入分配制度、绩效工资制度、激励收入制度同时并行，实行五大类、12 档、120 级的复合式工资标准，并引入升降机制，员工的业绩工资随着所在单位的整体效益和个人的表现与业绩情况逐月变动；同时建立包括美菱贡献奖、管理新星奖、十佳营销员奖、美菱发明奖、经营效益奖和董事长特别奖等 6 项针对不同类别员工的奖励机制，使分配应该起到的约束和激励作用大大提升。

其实美菱一直就不乏激励机制。比如，优秀成果奖励机制，做出突出贡献的单身职工徐德林就有过被重奖一套住房的经历；技术人才培训机制，每年都会派 20—30 人出国学习，在美菱，技术人员的收入是最高的，所有技术人员结婚时都会分到两室一厅的住房，技术中心的荆嵩因在研制冰箱时，在关键部位开挖了一个解决实际问题的孔，这个孔被命名为"荆嵩孔"；员工福利机制，一线员工的福利待遇是张巨声亲自拟定的；职工子女考上中专、大专、大学的奖励机制；优秀业务员的"反探亲"制，对完成任务较好的各分公司业务员，奖励其亲属去业务员所在地探亲，公司承担往返机票和给予一定的补助，等等。与"激励"相对应的是"约束与淘汰"，美菱每年对综合测评靠后的 5% 人员实行强行淘汰。

与那些激励机制不同的是，美菱推出的《薪酬改革方案》从内到外整合了岗位设置、收入分配、业绩管理等系统，既有具体的测算考评体系，又有相当的弹性空间，从根本上激发了全体员工的积极性，使他们自觉地把职业生涯与企业命运紧紧串联在一起。

在实施新的薪酬方案的前 3 个月，尽管职工工资普遍有所下降，但职工并没有怨言，都积极地从自己身上找原因。企业的凝聚力反而更强，也更具有活力。张巨声表示："不过我相信，通过一段时间的调整和职工的努力，员工薪酬肯定会有较大提高。"审视美菱的《组织体系创新制度》和《薪酬改革方案》，让人体会到美菱正在着力把自己塑造成一个全新的现代企业。张巨声也在不断否定自我，以求凤凰涅槃般的新生。

## 任建新：中国"清洗大王"

1993年9月10日，美国洛杉矶这座现代化的海滨城市风和日丽，气候宜人。当刚下飞机的中国蓝星化学清洗总公司总经理任建新出现在美西蓝星公司的开业典礼现场时，顿时掌声鼎沸，前来祝贺的各国驻洛杉矶的领事向他伸出热情的双手表示欢迎，并留下一个个诚挚美好的祝愿。英国伦敦投资银行总裁、美西集团公司总裁等各界著名人士对这位来自中国西部内陆城市兰州、年仅35岁的企业巨子赞美不已。

### （一）一把水壶，七个半人，划时代的萌动

1984年8月，北京。在化工部组织的一个学习班上，一位老师正有些激动地陈述一个事实：我国约有各种工业锅炉42万台，如果按一台锅炉结水垢4毫米计算，一年就要浪费原煤1 750万吨，相当于全国煤矿工人用两年血汗增产的原煤总和……

此时，台下一位文质彬彬的年轻人心里很不是滋味。他移目窗外，乍来北京的新鲜感荡然无存，眼前似乎出现了一堆堆高耸如山的黑色原煤。他的思绪开始不停地翻腾："这么多的原煤竟如此无谓地化作灰烬！在这采—运—燃烧的过程中，又有多少人要付出无谓的劳动？！"而自己所在的研究院早就研制成功的一项先进的化学清洗技术至今却无人问津。中国人为什么就没有自己的清洗行业？

朦胧中，一个大胆的构想在他脑中萌动，然后定格。这一构想的过程极短，然而它对中国化学工业产生的影响，却是划时代的。

几天以后，年轻人匆匆返回兰州。时隔一月，"蓝星化学清洗总公司"在一间破旧的工棚挂牌亮相。

这位年轻人便是任建新。谁也意想不到，由他率领的 7 名青年创造了一项惊天动地的伟业，一个崭新的行业——中国清洗行业由此诞生。"蓝星"这个美丽动人的名字，从一开始便诠释了 8 位年轻人对社会的美好祝愿——让我们的生存环境像天空一样蔚蓝如洗，像星辰一样皎洁美丽。

在蓝星，一直流传着"七个半人"和一辆"大篷车"的故事。这是 1984 年公司成立时的真实写照：

一间破旧的工棚；2 万元贷款（实际到位 1 万元）；一辆由半旧的"北京 130"改装的"大篷车"；七个年轻人和一个兼职管财务的，被他们戏称为"七个半"。

公司在 1984 年 9 月 1 日成立后便立即高速运转起来：4 天办好营业执照，5 天装上电话，半个月设计完成了正反向冲刷清洗罐……9 月 15 日傍晚，这辆"大篷车"从兰州向西宁驶去，画满了五颜六色广告的车上，坐着 4 个身着蓝星防酸服、头戴橘黄色铝盔的年轻人。

按任建新自己的话说，远征西宁的初衷，是想着万一干砸了也别臭在家门口。年轻人谁不怕丢面子？何况这不仅仅是个人的面子。

被西宁市民误认为是日本人的任建新一行四人，终于引来了第一个问津者，他们兢兢业业地完成了中国清洗行业史上的第一宗业务：清洗一把水壶。蓝星先进的化学清洗技术实现了它投入应用后的第一笔产值——0.2 元！这，大概也是任建新创造的第一个世界之最——世界上最小的清洗工程。

当他郑重其事地将两角钱装入口袋并记在本子上的时候，街头那些好奇的观众中，有一位小心地问："能洗锅炉吗？"

"能，当然能！我们就是洗锅炉的！"任建新回答的声音因兴奋而显得有些颤抖。

经过一番紧张的操作和一个不眠之夜后，青海防疫站那台又脏又旧的锅炉里，6毫米厚的水垢全部被洗掉了，锅炉内露出了闪亮的光泽。尽管任建新对蓝星的清洗剂配方和清洗技术充满信心，然而当对方以支票的形式肯定这一点之后，他仍然禁不住和同伴们紧紧地拥抱在一起，任激动的泪水抛洒在西宁的晨风里……

初战告捷极大地鼓舞了士气，任建新领着大家向海拔3 000多米的祁连铜矿奔去。

行至大坂山时，天上飘起了雪花。生活在兰州的这些大孩子们，哪里见过9月飞雪？雪片打在脸上，暖在心里，成功的喜悦正在他们身上释放着巨大的"热能"。

汽车驶入矿区。矿长和党委书记迎了出来，要安排他们先吃饭休息。

"请先领我们看看要清洗的锅炉，我们先工作，后休息。"任建新不由分说，执意要先到清洗现场，他说："干不好，我们开车就走，绝不浪费矿上的一分钱。"

安装清洗设备，配料，进酸，一张张清秀的脸上沁出了汗水……成员之一的现场化验员、24岁的姑娘金羽，因长途劳累和高山反应，一时竟靠在管道旁进入了"梦乡"。

一天一夜过去了，锅炉被洗得一干二净，矿区的人们投来敬佩的目光。没想到这几个二十几岁的小青年，解决了矿区的生产急需，而仅仅花费1 200元。

"还有一台锅炉要你们清洗。"矿长拉住任建新，生怕他率队离去。"还有一台？""是的，请原谅当初对你们的不信任。前几天，矿上用最好的汽车从西宁接来4个人，其中有两位是工程师，招待一个星期，矿上出价8 000元，他们说结垢严重没办法。"

信任，在疑虑打消之后不断产生；友情，在心心相印中相继缔结。在清洗工作完毕后，任建新主动提出蓝星公司要义务给矿工们清洗餐具。消息一经广播，住在山脚下的矿工们顶着矿灯，拿着水壶甚至尿盆等各种用品向山腰涌来。夜黑如漆的矿区，顿时繁星一片；寂静沉睡的山上山下，立刻笑语喧哗……看着这人山人海、笑语欢腾的场面，任建新似乎悟出了什么。他记得一份生物学的研究报告里曾经告诉人们，自然界里生存得最好的生物，是那些对周围的环境最有益的生物。那么生存得最好、发展得最快的企业，也一定是那些对别人、别的企业最有帮助的企业，是那些最能推动社会进步的企业家——任建新此刻悟到的，已不仅仅是一条公关学的原理，而是蓝星能够取得长足发展的精髓所在。

### （二）更高的效率，更好的技术，最低的价格

公司成立的第一年，以20人之力赚了几十万元的利润。这钱该咋花？总经理任建新第一次为公司做了合理化分配：主动向国家上缴税金8万元（按国家规定，推广科研成果能享受3年免税），给原研究院24万元，为单身职工买了两台洗衣机，为幼儿园送去一台高档收录机，为残疾人协会捐了1 200元……

公司成立的第二年，任建新和他的蓝星公司无论在效益上还是信誉上，都顺利地在大西北闯出了不小的名头。

众多研究"蓝星现象"的专家认为，蓝星的发展，不仅是一种高新技术产业化的战略实践，也是把眼光投向市场需求，进行超前思维和行动的结果。任建新的超前在于，他秉守的，是"更高的效率、更好的技术、最低的价格"这个无往而不胜的"法宝"。

1986年8月，任建新通过招标一举拿下了国内扬子公司乙烯装置换热系统大型进口设备开车前的清洗工程。这是蓝星首次清洗复杂的国内大型工程设备，清洗面积达26 363平方米。任建新率队以456个工时、19天工期完成了正常情况下两个多月的工作量，而收费仅相当于外国公司报价的1/10。

1987年5月，机遇再次降临蓝星。当世界一流的清洗公司德国鲁奇公司对国家重点工程山西化肥厂进口设备开车前的系统清洗失败后，山西化肥厂厂长的电话意外地跋山涉水打到了任建新的办公室里。

在谈判桌上，任建新根据事前的调查分析，开门见山指出了鲁奇专家清洗

方案的不合理之处，并成竹在胸地提出了自己的清洗方案：改变清洗剂配方；改变清洗回路系统设计；改善控制条件。这个完全推翻原方案的方案，令德国专家大为不快。然而 40 天后，这个在德国专家眼里显得"年幼无知"的青年，却终于迫使苛刻的对手一次又一次在管道上写下了"OK，OK……验收完全合格"。

一时间，轻松击败洋人的初生牛犊任建新名震华夏化工。

进入 20 世纪 90 年代，任建新的事业取得了长足发展。他利用蓝星先进的系列清洗技术，成功地将清洗领域延伸到了石油、化工、冶金、电力甚至核工业等诸多行业。由蓝星承担的大亚湾核电站反应堆循环系统管线的清洗，全国最大电厂——安徽洛河电厂 1 000 吨亚临界电站锅炉的清洗，上海焦化厂三联供空分制氧系统的清洗，都开创了国内清洗工程的先例，受到有关部门的高度重视和好评。

公司的业务开始蓬勃发展，实力在呈指数级地增强，成功似乎来得太快了。而此刻的任建新，并没有驻足享受这已经享受不尽的一切，他只是埋下头来，和蓝星人一道研究更优秀的配方、更有效的技术。他的目光在成功中变得深远，抱负在岁月的风霜里得到延展……

1993 年 5 月，蓝星公司又一次面临零的突破。

被誉为"亚洲第一炉"的闪速熔炼炉，是金川公司从澳大利亚引进的世界一流的冶炼设备，也是"八五"期间的国家重点建设项目。1992 年点火运行一年后，由于水质原因，闪速炉循环冷却水系统结垢严重，导致传热能力大幅度下降，换热效果差，耗水、耗电剧增……采用国际上当时最先进的技术清洗，需要停炉 50 天左右，这不仅会使金川公司损失巨大，还直接影响我国镍的产量和出口创汇；而不停产清洗却在全世界都找不到先例。

任建新带领总工程师及其他技术人员赶赴现场考察，经过若干次反复论证，终于制定出了不停车系统清洗的施工方案，令其他专家们目瞪口呆。15 个不眠之夜过后，蓝星人啃下了这块"硬骨头"。经厂方检验，被清洗表面清洁无污，形成完整均匀的纯化膜，平均除垢率大于 95%。据计算，闪速炉清洗后，仅水电每年即可节约开支 200 多万元，由增产所创造的经济效益则更加显著。

也许是命运的特意关照，紧接着的 6 月中旬，任建新承接了青海石油管理局从土沟至格尔木输油管线的清洗任务。

这是一条世界上海拔最高、地形最复杂的长输管线，全长 433 千米、直径 327 毫米的管道内壁已被含蜡积垢阻塞了 1/3，输油量急剧减少，并有全线凝结的危险存在。清洗这样的长输管线，全世界都找不到成功的先例可资借鉴。

任建新决心以雄厚的技术实力再闯"禁区"。经过精心设计和周密布置，蓝星以综合了美、日、英、德、俄 5 国技术优势的蓝星 PIG 技术为主，辅以化学清洗、管道监测、爆破接管等创造性技术，在不停输的情景下，耗时近两个月，将这条管道清洗完毕。戈壁毒烈的日晒可以将鸡蛋烤熟，沼泽蚊虫凶悍得能将人的血液吸干。在这几乎没有植物、裸露的荒原上，任建新又一次创造了清洗行业的世界之最。

至此，蓝星公司绝妙的技术、高超的水平和特有的"魔水"——一系列清洗剂的神奇魔力，被中外专家和施工单位称道，有口皆碑。而蓝星公司本身，也因其连创佳绩，成了世界清洗业中一支不可小视、已然龙盘虎踞于东亚的劲旅。

短短 10 年，任建新麾下相继成立了 388 家打蓝星旗号、用蓝星技术的分公司。大批分公司的创建，不仅为蓝星公司带来了数千万元的技术推广收入，而且使蓝星公司得以腾出必要的人力、物力、财力，去开发更加高、精、尖的技术。我国工业文明进程缓慢，许多企业尚未认识到清洗是节能降耗和文明生产的一种重要手段。因此，一边是要清洗的设备结垢严重，有的已到了报废的边缘，另一边是厂家舍不得在清洗上花钱。针对这种情况，蓝星公司千方百计开发经济实用的清洗技术，尽可能地采用最廉价的方法来取得最好的清洗效果。这些高、精、尖技术再"交钥匙"般推广到各分公司，如此循环往复，不断创新，使我国清洗行业逐步形成了良性循环、快速发展的崭新格局。

## （三）任建新的新视野

在采访中笔者发现，尽管任建新所领导的企业早已实行了5天工作制，而他这个总经理仍然和从前一样，每周工作7天，每天工作10多个小时。而且他的时间还得用来读书学习钻研理论，因为百忙中的他居然还分出了一份精力，攻读经济学硕士学位。尽管他也希望自己能像皮尔·卡丹一样，通过建立企业总裁的形象来塑造企业本身的良好形象，然而因为忙碌，他不得不一次又一次回绝新闻记者的采访，以至于"任建新"这个名字在化工行业外的中国大众心里，与今天众多的商界骄子相比，未免显得有些陌生。

有人说，任建新的事业已经大获成功，何必还要下这么大的力，吃这么多的苦？任建新回答什么好呢？他只能借用杰出的银行家、印度尼西亚华侨李文正的一句话："你应该登上一匹好马，去捕捉另一匹更好的马。"

这匹更好的马，指的就是中国民用清洗市场。

当任建新终于站在中国工业清洗的峰巅，他看到的却是民用清洗市场好大一片空白。1993年，他在美国考察时了解到，美国人年均清洗剂的消费量为13.8公斤。他的眼前展示出一个海洋般广阔的市场，如果随着国内生活水平和文明程度的提高，家用清洗剂的消费上每年人均增加1公斤，全国就是120万吨。

成千上万个中国家庭的厨房，厨房里的锅碗瓢盆、坛坛罐罐、蔬菜水果，刺激着任建新的想象。如果没有记错的话，有人曾经说过，了解一个民族，只要看那里的厨房、厕所和剧院的后台就可知道一大半。可见，在大多数人的心目中，厨房的清洁无论对家庭还是餐饮业都是至关重要的。

千百万个厨房的操作间呼唤着新型的洗涤用品，任建新说："这个空白不能等着让洋货来填补。"

蓝星公司的市场调查表明，全国虽有300多个日用化工企业和其他生产民用清洗剂的厂家，但产品品种不多，档次低，功能、包装均难以满足日益增长的消费需求。因此，蓝星抢先一步为中国的民用清洗剂上水平、上规模。作为蓝星的带头人，任建新深知，谁赢得了时间，谁就赢得了空间。《孙子兵法》讲得明白，"兵之情主速"。为了以快制胜，抢先占领市场，蓝星总公司与日本BC工业株式会社合资建立了蓝星清洗剂有限公司；投资3 000万元，仅用8个月时间，一座年产万吨工业、民用清洗剂的工厂在兰州建成投产。

这条万吨清洗剂生产线起点高，完全按国际先进水平设计施工，可生产六大系列155个品种。其中民用清洗剂除了"靓靓""洗霸"，还有一种奇特的"飘纺"衣物柔顺剂。用它漂洗衣服可以消除人体静电对人的影响和危害，减少洗衣形成的衣服褶皱，适合现代人追求舒适服装、向往生态服装的新趋势。

清洗剂9条专用线，生产、灌装、包装、贴标全部自动化。在宽敞明亮的车间里，在"弘蓝星壮志、闯国际难关"的大幅标语下，无毒无味、轻而光亮的瓷白塑制靓靓洗洁精包装瓶，在电脑控制的中空成型机中一次成型，以每分钟2只的速度一个接一个蹦出来。自动灌装连同贴标的速度是每分钟80瓶。这个从厂房到设备均数一流的厂，其规模、设计和产品质量均达到甚至超过了日本、美国的一些同类先进企业。

日益增多的订单和求购电话使任建新经常不眠不休，但他的思路却安放在一块更大的舞台上。他不仅要让蓝星清洗剂满足国内需求，还要打到国际市场上去。于是，他的视野又开始投向更高的空间层次。当对国内外市场上千姿百态的商品追根溯源时，我们发现，无论是誉满全球的名牌产品，还是历史悠久的传统产品，乃至一般的日用品，它们的诞生都出于某种社会需要。然而每每新产品在社会需求这个"母腹"中"胎动"时，却往往并不被人们关注，这时候谁能慧眼辟蹊径，谁就能赫然超群。

任建新似乎天生就具备敏锐的市场洞察力。10年前一项普通的技术发明，在任建新的手里犹如一块"魔方"，"玩"出了一个高科技的中国工业清洗行业；10年后，任建新站在更高的起点上出牌，又"玩"出了一个大好的民用清洗业。更具有传奇色彩的是，当他的一位下属将祖传的醒酒保健中草药煎汤送给他作为应付赴宴饮酒的小诀窍时，时常为应酬干杯而苦恼的任建新推己及人，灵机一动，推出了名享中外市场的"济公酒伴侣"。这个在灵机中诞生的产品在投产当年产值即达 1.65 亿元，摇身成为巍巍"蓝星大厦"的一根重要支柱。

任建新已经理性地认识到，商品的时代感与适应性正越来越成为一切畅销商品的灵魂，一些适时应变的后起之秀往往能趁势取代那些相形见绌的落伍者，后来居上。他相信这样一种说法：发达的市场经济，实质上是企业家经济，而企业家最需要的精神就是创新。任建新的脑海里时常萦绕着现代经济学的零利润定理。他赞成其中的一个推论：创新，并不意味着成功；但从长远来看，不创新，就一定不会成功。

### （四）向洋货叫板，120 分等于及格

20 世纪 90 年代，开放的中国在迎接世界。世界在走入中国，中国也要走向世界。作为这一时代造就的中国企业家，任建新常常为忧虑所压迫。他深深认识到，如果有那么一天，中国的大小商场铺满了外国人的产品，如果所谓的现代化就是指中国人的吃穿住用完全离不开洋货，则不仅将使中华民族蒙羞，也将成为中国企业家的奇耻大辱。而避免在如潮的洋货面前束手无策的唯一办法，就是将自己的产品做得更好，占领国内市场，打入国际市场，这是中国企业家的使命。

正是在这种使命感的驱动下，任建新才把改进工业清洗配方和提高清洗技术看得比什么都重要。他也才能抓住时机，抢先发展中国的民用清洗工业，把"靓靓""洗霸""飘纺"等质优价廉的产品，赶在洋货登陆之前，送进了中国的千家万户。他说，工业化生产民用清洗剂，我们自己能搞，为什么要进口？他忘不了直到今天，美国人喜欢的仍是自己的"公猪"牌摩托，不愿用日本车。在每年春季举行的"摩托车周"盛会上，其中有一个定名为"砸烂"的仪式，3 万名美国摩托车手围住一辆日本"本田"摩托，轮番用大铁锤将其砸成一堆废铁；而韩国人更是旗帜鲜明地树起支持国货的大旗，人人争相以用国货为荣。

他认为，我们并非一味排外，况且全球技术合作将成为世界经济一体化的普遍方式。"好风凭借力，送我上青云。"但该联则联，该争则一定要争。任建

新正是把这一思想恰当地运用到了其具体的经营策略上。

20世纪90年代以来，随着我国汽车工业的发展，中国汽车对不冻液的需求逐年增加，外商看好中国市场，美、日、德等老牌不冻液纷纷涌入；另一方面我们的国产不冻液却品种少、质量差，几乎不具备竞争能力。任建新坐不住了——自家门口的大市场若拱手让给了别人，"走出国门"岂非成了一句空话！他果断决策，与德国巴斯夫公司、美国杜邦公司、日本旭华成会社合作，引进其先进装置和技术工艺，精选特效缓蚀剂、阻垢剂等药剂研制配成"蓝星"牌不冻液。"蓝星"不冻液成为国家"八五"重点科技成果推广项目，严格按国际标准组织生产——在任建新的精心策划下，这种新型的国产不冻液一亮相就效果不凡。

"蓝星"不冻液冲进了市场。闻名中外的吐哈油田一年就购买了600吨。吐哈经过长达一年的对比实验，证明"蓝星"不冻液质量毫不逊色于进口不冻液，价格却低了一大截。基于同样的原因，在1995年新年钟声敲响之前，夏利汽车厂的老板宣布，新的一年里该厂生产的每一辆汽车都将加满"蓝星"不冻液驶出厂房；而日本的三菱重工公司更是情钟"蓝星"，宣布三菱今后使用的不冻液将非"蓝星"牌莫属。

"蓝星"不冻液以数年时间，后来居上，引得海内外汽车业纷纷下单。1992年向日本出口800吨，1995年升至3 000吨；向韩国的出口数量，1992年为450吨，1993年为1 800吨；向乌克兰的出口量，也由600吨增至900吨。这样的业绩，不能不说是由于任建新一贯强调的高质量使然。

在任建新的办公室墙上，分别挂着一幅中国地图和一幅世界地图。每当这位企业家站在地图前，他的思维就会和闻一多先生相通，想起先生的诗句来。任建新具有和诗人相同的情感，他也总想在天地间爆出一声"咱们中国"！

不仅是这位总经理，几乎所有蓝星人都具有一种共同的世界意识，盼望有朝一日蓝星的产品能够像日本货一样在全世界"攻城略地"，无往不胜。因此当任建新因一个起皱的商标扣了负责人及全体员工20%的工资时，被扣工资的员工们个个心悦诚服,他们说,总经理早就有言在先,在质量方面,100分不行,120分才算及格。在采访过程中,笔者强烈地意识到,精神力量于一个企业是何等重要!

如果我们中国的所有企业都有同蓝星一样的意识,如果所有的中国企业家都能像任建新那样具有深刻的使命感、爱国精神及世界眼光,中国经济的腾飞何愁不能迅速到来!

## 第六章
### 碧浪蓝天 | 海南繁华往事

1988年4月13日，经第七届全国人民代表大会第一次会议通过，海南成为中国最年轻的省份和唯一的省级经济特区。

这掀起了一场轰轰烈烈的"人才迁徙运动"。1988年6月3日的《人民日报》有一篇名为《去海南》的文章这样写道："海南！海南！你的十万顷蓝海水全部变成了红火苗，扑扑闪闪，将多少青年的英雄梦映照得通红透亮！"

从此，这个位于中国南端的边陲之地，进入了其将要扮演的历史角色。那是海南30年发展历程的开始，也是20世纪90年代海南繁华往事的序幕。

## 黄巧灵：从旅游业开始的宋城演艺

20世纪80年代后期是整个中国经济最活跃的时期之一，随着思想解放浪潮在全国的涌起，长期被压迫的需求释放出来，社会生产力得到前所未有的发展。在新时代冉冉升起的朝阳中，一大批有胆识、不安于现状的热血青年对财富的渴求被点燃。他们开始为自己设定新的人生目标，开始为塑造一个大写的自我而跃跃欲试。一代人的智慧和热情就这样被送到了时代的浪尖上。1987年，黄巧灵辞去了丽水地区新华书店经理的职务，带着借来的2 000元钱和两本自己最喜爱的书——《易经》和《红楼梦》，只身前往海南创业。

### （一）两本奇书闯"天涯"

夜幕降临，天空下起了一阵密密的细雨，位于浙江南部的丽水山区渐渐沉入了无边无际的黑暗之中。此时，山脚下的一间不足10平方米的小木屋里，四五个小孩子惊恐地睁大了眼睛，盯着屋子中间被风吹得来回晃动的一盏煤油灯，相互拥挤着蜷成一团。雨水从屋顶的缝隙流下来，打在孩子们的脸上，潮湿而冰冷。

此刻，在他们心目中，最大的愿望莫过于拥有一间能遮风避雨的屋子……

这是1968年，全中国都在经历冬天。

22年后，西子湖畔，一个阳光灿烂的下午。

一位中年男子走出他的"美国白宫办公室"，望着对面阳光照耀下的"国会山"，嘴角涌起一丝自豪的笑意。他刚刚签订了一笔投资超过20亿元的项目，心情很好。

他就是黄巧灵，当年木屋里的孩子中年龄最大的一位。艰辛的童年没有让他消沉，反而给了他追逐梦想的勇气和奔跑的动力。经历了人世间数度花开花谢、潮起潮落之后，他终于跻身中国大陆超级富豪排行榜。他一手打造的旅游王国一天天发展壮大，他旗下的宋城集团一举成为中国最大的民营旅游集团。

20世纪80年代后期是整个中国经济最活跃的时期之一，随着思想解放浪潮在全国的涌起，长期被压迫的需求释放出来，社会生产力得到前所未有的发展。在新时代冉冉升起的朝阳中，一大批有胆识、不安现状的热血青年对财富的渴求被点燃。他们开始为自己设定新的人生目标，开始为塑造一个大写的自我而蠢蠢欲动。一代人的智慧和热情就这样被送到了时代的浪尖上。

1987年，黄巧灵辞去了丽水地区新华书店经理的职务，带着借来的2 000元钱和两本自己最喜爱的书——《易经》和《红楼梦》，只身前往海南创业。

双脚终于踏上海南的土地，空气中的鱼腥味扑面而来，黄巧灵举目所见都是来这里淘金的热血青年。在他们的表情中，已经见不到激情的影子，有的只是梦想破灭后的痛苦和绝望。那一瞬间，黄巧灵忽然意识到，对于海南，除了名字本身外，自己其实一无所知！但事已至此，既然"前不见岸，后也远离了岸"，那就只有"把一生交给波澜"了。黄巧灵决定先找份固定的工作，同时寻找适合自己的项目。

一天傍晚，夕阳映红了天空和海面，黄巧灵又一次来到海边。他喜欢在这个时候一边沐浴海风，听大海的涛声，一边把思绪放得远远的。他是个浪漫的人，喜欢无拘无束的生活，喜欢想些美丽而稀奇古怪的事情。望着洒满阳光的海面，黄巧灵心里忽然一动，到海南的人这么多，人多就是一个巨大的市场，为什么不在这里搞一个海滨浴场？

很快，天涯海角旅游开发有限公司成立了，黄巧灵任董事长兼总经理。那段时间非常辛苦：没有住的地方，就搭起简易的帐篷；没有水，就和大家一起挖井，"我们一眼一眼地挖，挖了30多眼，最后终于出水了，甜的，大家敲锣打鼓地庆祝，比过节还高兴"。

一切准备得差不多了，黄巧灵亲自提着油漆把岩石上已经被风雨侵蚀得斑斑驳驳的"天涯海角"几个字重新刷了一遍，让它旧貌换新颜。

海滨浴场热热闹闹地开张了。当那些来自全国各地的热血青年们茫然游走在现实和理想之间而无所适从时，海滨浴场成了他们栖息心灵的港湾。在这里，他们不但可以感悟自然的神奇和奥秘，还可以结识众多的朋友，相互交谈和激励。于是，海滨浴场的生意出奇地火爆，靠着8毛钱一张门票的收入，每个月居然可以收入1万多元。

## （二）行走在梦想与现实之间

老子说："曲则全，枉则正，洼则盈，敝则新，少则得，多则惑。"对一个真正胸怀大志的人来说，不管遭受多少磨难，他要做的只有一件事：忍受并坚持。唯其如此，他才能最终拥抱事业和生命的"大光明"。

海滨浴场红红火火地经营着，"天涯海角"的名气在海南迅速传开，慕名前来的人络绎不绝。一切太顺利了，对《易经》颇有研究的黄巧灵忽然有了一种不祥的预感。果然，几个月后，汛期来临，海滨浴场业务量骤减，营业额一直在2 000元左右徘徊。

为了增加收入，黄巧灵决定开辟第二战场。他带着员工们捉海蜇，用明矾腌制后再运到内陆去卖。满满一车海蜇到了新疆后，却有大半车不见了。原来路上关卡林立，说"要检查"，自然要收费，没有钱，便用海蜇冲抵。好不容易找到买家，对方让先将货入库，第二天付款。第二天去拿钱，才发现仓库根本就不是他的。

大年三十的晚上，黄巧灵用仅有的100元钱买来十几斤肉，和着萝卜炖了一大锅，几十个人围着火堆，算是吃了一顿团圆饭。面对着员工期待的目光，黄巧灵端起碗，本想说句祝福的话，眼泪却一个劲地直往下掉。

新年过后，海南罕见地一个月内刮了两次12级以上的台风，吹光了浴场所有的东西。大家以为黄巧灵坚持不下去了，但事实并非如此——倔强的他以超人的毅力经受住了物质和精神的双重拷打。

1992年,房地产开发热狂卷海南,黄巧灵敏锐地察觉到泡沫中的危机,加上当时国家调整信贷政策,整个经营形势变得不明朗起来。对《易经》颇有研究的黄巧灵为自己占了卦,卦象上说:"你是只鹰,但乌云密布的时候,你应该比鸡飞得还要低;你是只船,但大风大浪来临时,你应该找个避风的港湾。"这和他对形势的判断完全吻合,黄巧灵决定抽身而退。

闯荡海南5年,黄巧灵逐渐积累起了一笔巨大的"无形资产"——诚信。不论是政府银行,还是合作伙伴,都愿意和他打交道,很放心地同他合作。这一年,黄巧灵被选为丽水地区群众艺术馆馆长,于是,他一边潜心打理文化事业,一边寻找再度扬帆的机会。

## (三)千年的宋城,千年的繁华

对有些人来说,失败只是一个过程,挫折只能不断增加他们的博大和厚度,他们坚定地相信成功是迟早的事。当那颗执着而永不安于现状的心再一次强劲搏动的时候,他们知道,上帝已经向他微笑了。

后来黄巧灵又投资做广告公司、彩印厂、服装厂,甚至搞机械加工,都经营得不错,每年都有固定的利润。但在黄巧灵心中,这些只不过是为真正意义上的创业练兵,他从来没有放弃过搞旅游开发的梦想。

1994年,36岁的黄巧灵只身来到杭州,随他一同前往的是一幅《清明上河图》。

杭州,古称钱塘,一年四季山光水色,风景怡人,自古有"人间天堂"的美誉。杭州不但有大自然赋予的鬼斧神工,更有众多的名胜古迹和深厚的文化积淀。南宋时,宋高宗移都于此,杭州达到了它历史上的鼎盛时期。著名的《清明上河图》记录了宋代都市的风情,反映了北宋京城汴京的繁盛景象。

黄巧灵这次到杭州,有一个宏大的计划——以《清明上河图》为蓝本,再造宋城,重现杭州宋时繁华。

杭州在传统上是旅游大市，每年有大量的游客前来观光，只要项目做得成功，分流其中100万人毫无问题。按50元一张门票计算，每年便可以有5 000万元的收入，宋城投资的2个亿，最迟4年就能收回！黄巧灵决定"逆历史的潮流而动"。

1994年4月，黄巧灵成立了杭州世界城宋城置业有限公司。从宋城项目正式启动那一刻开始，他迈入了人生中最艰难也最辉煌的流金岁月。

兴建宋城是一项浩大的工程，每一步都需要大量的资金，黄巧灵显然并没有这么多钱！怎么办？黄巧灵自有办法。一是向朋友借，并说好每年可以分得20%的红利，大家信得过他的为人（即使在工程建设期间，黄巧灵也一分不少地兑现了承诺），很快筹到1 000多万元，解了燃眉之急。二是和建筑公司谈，黄巧灵给他们讲宋城项目的前景，希望大家先垫资把工程做起来，等项目完成后再按20%的利息付款。第三点，也是黄巧灵的"独家发明"，他先拿出100万元到保险公司为工程投保2 000万元，然后用承保协议向银行贷款1 000万元，成功为工程融得了可贵的一笔资金。第四，让香港一位朋友存1 000万元在杭州的银行，然后以此做担保，再贷款1 000万元。

宋城红红火火地动起来了，但问题也是不断。

首先是设计方案，先是请清华大学的专家设计，但专家们理论水平虽高，实际设计出来的稿子并不理想。后来又请了许多设计院做了几个方案，但和黄巧灵心目中宋城的样子还是相差甚远。最后黄巧灵亲自上阵，硬是和手下人弄出了一套自己满意的方案，这就是今天大家看到的宋城。

最让黄巧灵头痛的还是国外合作伙伴的临阵倒戈：工程进行到一半的时候，对方提出退出项目，要黄巧灵买下他手中的股份。那时公司所有的资金都投到宋城的建设中了，但黄巧灵还是一咬牙，买！最后左拼右凑，终于借齐了钱，黄巧灵用麻袋装好，连同红利在内，一分不少地扛给了对方。

黄巧灵在西湖边有一栋两层楼的小房子，空下来的时候，他喜欢靠在二楼的栏杆上看西湖的水波。有一天，黄巧灵忽然觉得铁栏杆看上去不太协调，便叫人把它拆了。当天晚上，睡梦中的黄巧灵被一阵热浪烤醒，睁眼一看，四周浓烟滚滚，到处都是火。他挣扎着从屋里跑出来，从二楼跳到地上，捡回了一条命。事后，黄巧灵惊出一身冷汗，如果日间不把栏杆拆了，他早就葬身火海了……

大火没有让黄巧灵"永生"，却给了他醍醐灌顶般的顿悟：人活着，一定要做出一番惊天动地的事业！经过死亡考验的他知道，以后再不会有什么困难能够打垮自己了。

### （四）好风凭借力，送我上青云

当公司越来越大、项目越做越多的时候，企业经营者往往会被一下子冒出来的各种各样的事情弄得手忙脚乱。黄巧灵很少遇到这种时候。在他看来，自己只需要做好两件事，一是项目的决策，再就是策划。

宋城的建设在杭州引起不同的反响。有人在媒体上批评黄巧灵不应该把宋城建在西湖的边上，而应该在古宋城遗址凤凰山脚下，这样才"与历史事实相符"。接下来，舆论纷纷谴责，说黄巧灵的宋城是"假古董"，有的更是尖锐地提出"假宋城在笑，真宋城在哭"。对此，黄巧灵淡淡一笑，暗中为这种争论"加了一把火"，让它烧得更旺。于是，当宋城的建设远远还没有尘埃落定的时候，它的名声已经传遍了杭州乃至整个中国。

土建工作停停建建，建建停停，一路磕磕绊绊地进行着。黄巧灵开始准备宋城的招商工作。说是招商，其实是"找商"，目标是那些流散在民间的各种能工巧匠。黄巧灵列出一个标准，进入宋城的"商户"，必须是手工艺人，工艺越古老、越"土"越好，关键是要能体现宋代的文化特色。他带着得力干将数次入江浙、上陕西、赴河南、到山东，跑遍了历史上所有宋文化比较发达的地方。

最后，人找到了，大家却不把天堂杭州放在眼里，大多数工匠生活在农村，有着浓厚的乡土观念，不愿意背井离乡到宋城当"城民"。黄巧灵便一个一个地做思想工作，给他们讲宋城的规划和前景，说搬来宋城不会改变原来的生活，加工出来的东西还可以卖钱，卖多少都是自己的。很多人便信了，同意搬来宋城。

然后是演员。主题公园成功的一个重要因素是有丰富多彩的节目表演，只不过，别人走的是现代的路子，而宋城却必须在古典上做足文章。既然是宋城，当然少不了皇帝、将军、大臣，少不了宫娥、官兵、侍从。为了引起大家的兴趣，自然也少不了武松、西门庆。请专业演员要很大一笔钱，而当时黄巧灵资金非常紧张。

黄巧灵决定到山东等地农村招聘 200 名俊男靓女到宋城做业余演员，让他们"穿上龙袍扮太子"。招聘的消息一出，应者云集，报名人数迅速超过 1 000 人。于是，宋城开园的时候，就有了宋皇带领群臣出城迎接贵宾，有了酒楼上的武松斗杀西门庆，而这一措施的实际成本并不高，极大地缓解了黄巧灵的资金压力。

为了吸引上海的游客，黄巧灵使了四两拨千斤的巧力。

上海人的精明是出了名的，但再精明的人也不会是铁板一块。黄巧灵在《新民晚报》上登了一则很小的广告"百户上海家庭免费游宋城"，上海市民只要给宋城写信就可以参加抽奖，中奖者全家游宋城，所有费用由宋城出。广告一出，上海市民纷纷来信，竟有 10 万多封。

宋城没有食言，派专车到上海迎接中奖者，宋皇带领一帮大臣随同前往。当热情的上海人到了宋城门口，一看，大宋城楼纸片飘飘。原来，这也是黄巧灵的安排，把这次所有来信贴在城门上，对大家热情参与表示感谢。上海人十分感动，回去一宣传，很多人就认同宋城了。

开园在即，才思敏捷的黄巧灵提出了一句非常具有煽动姓的口号——"给我一天，还你千年"，把老百姓的胃口高高地吊起。

1996 年 5 月 18 日，宋城（一期）正式营业。当天下午，超过 6 万人来到宋城门口，争相一睹"千年古城"的风采。等不及的人们冲破警卫的阻拦，一拥而入。

## （五）"奥丽安娜"的微笑

黄巧灵说："我们在这个行业很认真，每天干一些我们能够干好的事，不知不觉就做到了今天的规模。"在《福布斯》2001年中国大陆富豪排行榜上，黄巧灵排在第34位，总资产达到12亿元，这就是他轻描淡写所说的"今天的规模"。在为人上，黄巧灵一向相当低调，但他的每一次出手，都会在业界掀起轩然大波。

2000年9月28日，一个风和日丽的日子，在黄浦江畔，世界四大名船之一、素有"白色公主"之称的"奥丽安娜号"巨型豪华游轮将在这里找到新的主人。在它宽大的会议室里，随着上海国际商品拍卖有限公司拍卖师的一声槌响："6 000万，成交！"全场响起一阵雷鸣般的掌声。加上"奥丽安娜"游轮原有的负债，黄巧灵实际投入超过1亿元。

黄巧灵心仪奥丽安娜由来已久。1998年，该轮驶进黄浦江畔的时候，他第一个跑去一睹"白色公主"的绝世风采，文人的浪漫和商人的精明让他一眼便相中了这位名门闺秀。可那时出手已晚，黄巧灵只好一面默默忍受着相思之苦，一面密切关注着它的动向。这次前来竞拍，他做足了准备，志在必得，最后的结局完全在意料之中。

黄巧灵看中的是"奥丽安娜"巨大的文化和旅游开发价值。该轮耗资1 400万英镑，1960年进行处女航，26年中到过108个名港，接待过无数皇室、政要、社会名流。在它充满传奇色彩的航程中，遭遇过海盗的袭击，甚至和美国的航空母舰相撞，但最终都安然无恙。"奥丽安娜"成了女性、永恒、高雅、尊贵的代名词，其所到之处，无不万人空巷。

这就是商机！

更何况，以"奥丽安娜"为品牌的系列产品有168种，这更是一笔无法衡量的巨大财富。

此前，黄巧灵做过非常详细的调查，在停留上海的一年多时间里，在几乎没有任何投入的情况下，"奥丽安娜"就有2 000多万元的收入！只要对它稍加打扮，每年实现收入 4 000 万元毫无问题。

"白色公主"荣归宋城旗下，最重要的是为它找一个停泊的"家"，是继续留在上海，还是放在其他沿海城市？经过一番调查，黄巧灵决定带着它北上，在大连为它安一个新家。

黄巧灵的规划是，在保留"奥丽安娜"豪华游轮风姿的基础上，赋予崭新的四大主题：红磨坊大剧院、海上主题乐园、梦幻儿童天地和休闲会议中心。他有理由相信，这将成为宋城集团启动全国战略的一个成功范本。

## （六）五根指头和一个拳头

小企业做事，就是埋头做好每一件事情，集腋成裘，不要好高骛远；中企业做事，就是调整观念，审时度势，"无中生有"地做出一块市场；大企业做事，就是着眼未来，让自己走在潮流的前面，甚至是创造一种潮流。

著名策划人王志纲和黄巧灵有一段精彩的对话。

王志纲："黄总，你现在一下子做这么多项目，是 10 个指头按跳蚤。"

黄巧灵微微一笑："我能够按 100 个跳蚤。"

王志纲："哈哈，你的确是个奇人了，能够亲力亲为同时操作这么多项目，了不起！"

黄巧灵就是这样长袖善舞，在他的规划里，从来不会只是单独做某一个项目。他要的是规模，一个良性的产业架构，五指成拳，可放可收。在他众多的项目中，杭州"山里人家"算是一个"美丽的另类"。

小时候，黄巧灵常常光着脚丫在丽水的大山里奔跑，天上的飞鸟和水中的游鱼是他最好的玩伴。长大以后，尽管大多数时间在繁华闹市间往来穿梭，但黄巧灵对大山的那份依恋却不曾随着岁月的流逝而淡去。每当他累得快支撑不下去的时候，他就想，要是有这么一个地方，远离了都市的繁华与喧嚣，让人在大自然的怀抱中彻底放松，那该多好！

一个偶然的机会，黄巧灵真的找到了这么一个地方。

一片小村庄坐落在群林环抱中，虽历经百年风雨，炊烟仍然每天袅袅升起。村子中央挺立着一株巨大的老榕树，相传已有500多年的历史。老榕树的旁边有一口石井，上刻"光绪"二字，虽长满青苔，但仍然有清澈的泉水汩汩地往外冒。村子背后是片连绵的竹林，微风起时，"沙沙"的声浪一阵紧接一阵……

　　黄巧灵仿佛又回到了童年的山间。他相信，所有到过这里的人都会喜欢上它。他决定在这里建一座现代人的世外桃源，名字就叫"山里人家"。

　　在黄巧灵所有的项目中，"山里人家"投资最小，也不像其他项目那样热闹，但它的清静和完全回归自然却给前来游玩的人留下了深刻的印象。杭州的一位作家甚至在这里租了一套房子，专门供创作时用。

　　在"山里人家"，从刀耕火种到高科技农业都有展示；承载过一代人青春和梦想的知青点，旧迹犹存。在这里，都市的浮华铅尘尽去，游人便浸入一种古老的情思之中。

　　"山里人家"承载着黄巧灵童年时的梦想，让他想起那些遥远却依然清晰的艰难岁月。但如果因此便以为黄巧灵只是在做一番悠远的凭吊，那就大错特错了。其实这是他心目中宋城旅游王国的一个有机组成部分，他的战略目标是全方位、多层次地满足人们对旅游的各种需求，无论是现代的、古典的，人工的、自然的，他都要占领，不留一点空白。

　　和一般经营者不同，黄巧灵不仅本身具有深厚的中国和世界文化素养，而且对旅游休闲事业有相当深刻的理论认识，因而也被称为"儒商"。他认为这是"第四产业"的创新和革命。他的最高理想是通过有品位的、优美的旅游休闲事业，自然而然地提高人们的生活品质，充分体现人文的关怀。这是一项美好而有意义的事业。

　　小时候，黄巧灵和母亲住在丽水乡下，那是一个偏僻但风景优美的小山村。小伙伴们问他见过汽车没有，他说"见过见过"，并用手给大家比画。大家很羡慕，黄巧灵便约大家一起去看。小伙伴们走了30多千米的山道，赶到最近的一条公路，一问，才知道车已经开过去了。为了看到汽车，小伙伴们挤在树下过了一个晚上。第二天早晨，一辆运货的汽车经过，大家兴奋地追了半公里路。

这件事对黄巧灵影响很大，一直以来，他都在思考这样一些问题：贫穷和山野难道真的是一对无法分离的孪生姐妹？怎样才能让都市的繁华和山野的宁静、秀美完美结合！

他的答案：发展旅游！

因此，在黄巧灵心中，做旅游便有了种崇高和神圣的意义。这么多年来，黄巧灵足迹遍及世界各个国家和地区，拍了10万多张照片，收集了上百万字的资料。和世界发达国家一比，黄巧灵感慨万千，我们生下来就被教育要吃苦耐劳，久而久之，吃苦耐劳似乎就成了人生的唯一内容和最终追求了。在国外，人们把工作和休闲分得很开，节假日都要外出度假，那才是理想的人生。

"第四产业的全球性革命很快就会到来，休闲经济将是21世纪经济的主流，"黄巧灵坚信，"中国有着丰富的自然资源，有条件也应该赶上这次浪潮。"

我们相信，我们用中国文化、中国情感一定可以感动世界。

## 冼笃信：海南之子

工厂办起来了，但筹来的资金也已用完。走投无路时，冼笃信去了南平农场，与场长谈合作的事。他太年轻，见到了场长时，对方只打量了他一眼，问："你们厂长呢？"他说："我就是厂长。"场长愣了下说："你有多大年纪？为什么不上学读书？你是怎样办起工厂的？"一连串的问题既让冼笃信感到兴奋，也让他感到辛酸。兴奋的是，自己年纪轻轻，但确实已是厂长；辛酸的是，自己年纪轻轻，确实应该好好读点书。

### （一）南渡江畔的少年时代

南渡江是海南岛上流程最长的河流，它发源于黎母岭山脉，北流330千米，在海口注入琼州海峡。

1961年12月，冼笃信出生在南渡江畔琼山县（今琼山区）龙桥镇的三角园村——在这块盛产波罗蜜、木瓜和荔枝的沃土上，大山的高远与险峻曾赋予他早期的素质锻炼，热带江河的宁静、清澈与温馨也曾反复浸透他的心灵。

然而20世纪70年代以前出生的中国人，无例外地对贫穷、饥饿有着深刻的认识。冼笃信出生于新中国最困难的年代，遥远的海南也没有逃脱饥饿的围困。他忘不了小时候，一家数口人只有一盆饭，一个人吃饱了，就得有另一个人吃不饱；他知道，父亲母亲为了让孩子们吃得多一些，大概没有一顿饭吃饱过。

儿时的冼笃信时常对着土地发呆，并幼稚地怀疑，这土地上产的粮食为什么不能让人们吃饱呢？贫困的生活与打碎贫困的愿望，成为此后多年冼笃信所有行为和理想的原动力。

1974年春，海南再次被卷入"迎接共产主义高潮"的热浪中。

三角园村也有人鼓动说：共产主义已经到了省城，快迎接吧！海南人兴奋地折腾了一阵子后，又有人说：路还没修好，一时半会儿还到不了乡下。于是，等待被拯救的人们再度陷入饥饿阴霾的笼罩中。

这一年冼笃信13岁，家里日显贫穷。在近乎被愚弄的感觉中，他悟到了"靠山吃山，靠水吃水"这句话的原始含义，他像成年人一样拿着砍刀上了山，次日，将砍来的一捆柴长途跋涉背到琼山县城卖掉，换回了1元钱——那是他第一次靠自己的劳动赚钱。

从三角园村到县城来回有30多公里。他利用每天上学的午休时间和星期日去山上砍柴，晚上运到海口。有时托东村的叔叔代售，有时把柴火放在工厂或者饭店的后面，夜里赶回家，第二天上学的中午，再赶到县城将柴火卖掉，一直到17岁辍学。从进入初中开始，14岁的冼笃信已经完全靠自己养活自己，并且时而补贴家用。他不但被父母兄妹格外喜欢，也因为学习刻苦、成绩优异受到学校老师的器重和同学们的敬佩。初中毕业，他以全班第一的成绩跨入高中的门槛。那一年的夏天，他经常和三五同学围坐在校园内高大的樟树和四季开花的凤凰树下，策划着人生已几乎看得见轨迹的未来。

正在这个时候，变故降临，勤劳朴实的父亲积劳成疾，一病不起。

冼家似乎突然间失去了支柱，一片恐慌。更重要的是，家里拿不出更多治病的钱，父亲的病一天比一天严重。17岁的冼笃信被迫辍学，青春之初的大学梦、从军梦刚刚放飞，便折了翅膀。

因为有过在县城卖柴的经历，他决定到外省搞贩运"挣点救命钱"。"我当时的情况是，一旦离开校门，就得像个'老社会'一样拼命赚钱，没有退路，哪怕是挣来的钱一夜间又赔得精光，还得四处奔波，从头再来。所以，我的今天很大程度上是生活所迫、命运所赐。""祸兮福之所倚"，18年前的冼笃信在理想被摧毁和愿望被扼杀的寂寞中，第一次感受到命运的威严和无情。

冼笃信来到海口，求助父亲当年的朋友，借了一笔钱，然后只身赶到离家乡龙桥几十千米的定安、文昌，收购了一批沉香。之后，他和另外几个伙伴打起背包，装上干粮，在母亲希望与绝望交织的神情中，在一份只能赚钱、不能赔本的心态下，渡过风急浪高的琼州海峡，穿过山高林密的广东山区，直奔湖南而去。

沉香在《本草纲目》中属于名贵中药，仅产于海南。在湖南南部有一种奇怪的地方病，只有沉香能够治疗。冼笃信在湖南顺利地做成了这笔生意，兴冲冲返回故乡。

不料刚踏上故乡的土地，冼笃信一行人即被当地公安局以"投机倒把"的罪名拘捕，并将身上所有的钱全部没收。

40天后，冼笃信身无分文地回到家中。这份打击令父亲的病情更加严重，不久便溘然长逝。

拘留所的经历启迪了冼笃信，引发了他日后对国家政策与个人生活关系的朦胧探究。他感觉到国家政策与经济发展密切相关，国家政策的优劣极大地关系着社会及其每一个成员的发展。正是这份朦胧的认识，使他能够敏锐地关注国家改革开放政策的每一步变化，从而及时调整自己的经营行为，力求在商海沉浮中立于不败之地。

然而父亲的逝世却令冼笃信深为愧疚。此后10多年里，冼笃信不论身在何方，有何要事，都要在清明节这天赶回家乡，来到父亲的坟前，献上一束海南特有的清明花。这种超越贫穷与富贵的祭奠，让年轻却又饱受命运打击与提升的他，能够得到短暂的归属与安宁。

## （二）成功是所有失败的叠加

1978年10月，冼笃信再次借钱出海，和几个伙伴一道贩运一批中草药到贵州省平顶山脚下的一个小镇里，他们处理掉了手中的货物，然后转道苗岭，在那里收购了10只猴子，准备运回海南。由于客运列车上不准携带猴子，他们便把猴子装进编织袋，偷偷带上车。十几个小时下来，两只猴子被闷死在编织袋里。卖掉剩下的 8 只后，长途奔波达 3 个月之久的淘金者们，竟然又是一分不赚，白忙一场。

对于冼笃信来说，青春的浪漫还没有降临，就擦着他的肩头飘走了。他过早地承担起生活的重负，过早地扮演起成年人的角色。可贵的是，感性的浪漫虽已不再，生命本质的活力与激情却始终在他身上体现得分外鲜明。

以后的两年中，冼笃信的双脚奔波在两广和云贵高原之间。广东的珠江三角洲、南岭山区、潮汕平原，广西的大瑶山、大明山、十万大山和黔江、浔江两岸，贵州的乌蒙山、苗岭和乌江、清水江、都流江、红水河流域，到处都留下了他的足迹。他几乎熟悉那些偏远地区的每一种地方特产，熟悉那几个省份主要少数民族的风俗习惯。他在那些地方贩运过水牛，出售过中草药，他关注和尝试过每一种可以赚钱的买卖。

1979 年底，冼笃信从一位朋友那里得到一条信息，河南地瓜丰收，粉丝价格降低。海南人春节期间都要购买大量粉丝，春节吃粉丝是海南人千年不变的习俗。冼笃信立刻动身，他先是到海口、琼山两地找到几家订户，然后借了 1 万元，直奔河南许昌，购买了 5 吨粉丝，与对方签好协议，春节前半个月发运到湛江口车站。

贩运粉丝是冼笃信进入商界以来最严重的一次失败。5 吨粉丝在春节过后半个月才发到湛江，销售旺季已过，原来的订户因为货物没有按期到达，理所当然不要了。冼笃信进退无门——他没有钱到湛江车站提货，而车站的催货单又不断地发来；又是十几天过去，货物存储费已经接近货物的实际价值。最后，他提取了两吨半，剩下的他告诉车站，自己不要了。运回海口的两吨半粉丝，他雇了几个人替他贩卖，结果工钱与卖粉丝的钱互相抵消。前后两个月，冼笃信净赔 1 万元。

为了还债，他卖掉了家中所有值点钱的东西，包括唯一的一头耕牛和姐姐家的一头牛、一只羊。

此后不久，冼笃信再次渡过琼州海峡，跟随一个会相牛的人去广西贩牛。他们在大瑶山下转了将近 1 个月，走了三十几个村庄，买了 40 头牛；然后又用 10 天时间徒步将 40 头牛赶到南宁，用火车运至湛江，用汽车运至海安，再用船运抵海口。

这次贩牛虽然经历了千辛万苦，但终于让他赚到了一点钱。

冼笃信这次返回故乡是在 1980 年。1980 年是中国改革开放大旗招展的年头。1980 年的冼笃信开始走向成熟。

回到海南不久，他听说海南机械局要投资建设一个地下防空工程。冼笃信立即赶往海口，通过一位朋友找到此项工程负责人，提出承包工程用的全部石料。工程负责人是一位精明的中年人，他用审慎的目光打量着冼笃信，询问他以前都干过什么。冼笃信直率地回答：除了建筑，什么都干过。工程负责人问他怎样保证石料的及时供应，冼笃信答不上来，脸憋得通红。

是的，冼笃信以什么来担保呢？他手中没有任何可以作为抵押的东西，然而他却不能失去这个机会。数年在外奔波，他早已从骨子里理解了机遇意味着什么——这样的大门或许终生只为你开启一次。

冼笃信向对方保证：工程开工前半个月，在不要一分钱预付款的情况下运来第一批石料。随后，冼笃信签订了一生中第一个具有法律效力的经济合同。

"人多力量大"成了冼笃信创业初期的朴素秘诀。他回到村里，振臂一呼，闲汉云集。他带领这一班人，白天打石料，晚上搞运输，租来的汽车、拖拉机和借来的牛车都用上了，经常是几天几夜连轴转。工程完工，他的体重整整减少了 5 公斤。

这项工程使他有了一笔可观的收入。他还清了几年在外奔波欠下的 3 万元债务，并且在家乡三角园村盖起了 3 间崭新的平房——对于冼笃信来说，那是他家半个世纪以来第一次盖新房。

由于防空工程良好的信誉，家乡人开始对只有 20 岁的他刮目相看，从前所有成功与失败的履历也都成了他年轻人生的一份宝贵财富。不久，他被龙桥公社办公室聘为产品业务推销员。

那年夏天，作为推销员的冼笃信跑遍了海南岛100多个农场。一路下来，他发现全岛大大小小的农场都逐步改用塑料编织袋包装橡胶，产品全部来自广东汕头，而海南省没有一个生产厂家。这时，冼笃信的大脑中萌生了一个念头。

经过一段时间的思考，冼笃信辞去了推销工作，直奔汕头，自荐到一家塑料编织袋厂打工，趁机学习编织工艺。两个月后，冼笃信回到家乡，筹资购买了成套设备，向龙桥工商所申请执照，办起了海南第一家私营塑料袋编织厂。

最终，冼笃信出设备、技术，南平农场出资金，签订了合作协议。在与南平农场合作的两年中，冼笃信大显身手，聪明加苦干，使农场的第三产业出现了从没有过的好形势。

1984年，冼笃信离开南平农场，回琼山县创办海南南联商贸总公司；1985年，全国企业整顿，公司被莫名其妙地取消。冼笃信不屈不挠，在家乡龙桥相继办起了电镀厂、伞帽厂、木器厂、玻璃厂等。

1986年，冼笃信自费就读于海南大学经济管理专业。此举既是事业发展的需要，同时也圆了自己少年时代的大学梦。

1987年，海南腾龙实业总公司成立，冼笃信出任总经理。他利用10年奔波所建立的广泛的社会关系，在两广、云贵、河南、湖南等省份做了大量水泥、钢材、铝材等大宗商品的转手贸易。

历经千磨万难和起起落落之后，冼笃信终于完成了资本的原始积累。更重要的是，作为一个企业家，冼笃信开始站在新的高度上，把目光投向更广阔的天地。

### （三）三亚，冼笃信的商业奇迹

1988年4月，第七届全国人民代表大会第一次会议宣布，海南建省，并设为全国最大的经济特区。消息一发布，这个几乎被世界经济潮流遗忘的海岛，立刻成了全球注目的焦点。短短3个月时间，数十万各类人才从各省蜂拥而至，数十亿资金从外部流入这里。

1989年春，冼笃信带领一帮人马来到三亚，以腾龙实业发展总公司总经理的身份，参加三亚市政府关于"西河西路成片开发项目"的公开竞标。当时的"腾龙"名下已经拥有 10 多个小型企业，固定资产 20 多万元，在前来参加竞标的企业中，已算是实力不薄的了。

然而三亚市政府公布的竞标条件却几乎震惊了所有前来投标的开发商——企业自有资金至少 600 万元。

无人问标。

冼笃信退出会场，在门口拦住了两位正欲离去的"大老板"——三亚市房地产开发公司代表和某深港合资房地产公司代表，说服他们联名竞标，并提出了合理的合作条件：由两个公司出 500 万元拿下地皮，其余开发建设款项由自己负责筹集，利益三方分成。

回到会场，冼笃信的"联合舰队"在别人的惊奇、诧异和恍然大悟中，几乎是毫无阻碍地拿下了批文，取得了三亚市西河西路的成片开发权。

紧接着，为了筹集到第一期工程所需的 2 000 万元，冼笃信开始驾驶着一辆破旧的"三菱"牌小车，奔波于三亚与海口之间。他找建行，找工行，找农行，找人民银行，找信用社……2 000 万元不是个小数目，银行有银行的政策与规范，他们不能随意把一笔巨款贷给一个没有偿还实力的人。冼笃信晓利言弊，反复游说，最后终于把海南省人民银行投资公司的主要负责人请到三亚，进行投资环境的实地考察。

通过实地考察和分析，冼笃信的项目选择得到了充分肯定。这位负责人回头又对冼笃信以前的资信程度进行调查，发现这位貌不惊人的年轻人曾经在海口各类银行贷过款，但从没拖欠一次，总是按时还贷。能够按时还贷，不仅说明他守信用，还说明他能够科学合理地使用贷款，每次都创造了可观的经济效益。

冼笃信终于得到了金融部门的巨额贷款支持，西河西路第一期工程如期开工。

不料天有不测风云。1989 年春夏过后，国家开始全面治理整顿，银根紧缩，基建贷款受到了严格控制和削减。不久，银行告知许诺的贷款无法按原来的数目兑现；接着是两个合作伙伴开始打退堂鼓，要求抽回已经投入的资金。

1989年底的三亚大街上，到处是关门上锁的公司，到处是被摘掉和扔弃的公司招牌，短短的时间里，当初潮涌而入的客商，如今已不见踪影。繁荣之后的冷清与萧条令人触目惊心。西河西路工程也面临着"在摇篮中窒息"的危险。

几年之后，冼笃信向记者表述了他当时对形势的判断：其一，国家不会改变关于改革开放的基本政策，海南作为经济大特区的基本政策也不会改变；其二，三亚因其特殊的地理位置和自然风光，必将成为旅游重地，开发前景极为乐观；其三，西河西路小区开发项目是三亚市第一个经海南省政府批准的开发项目，它的成败将关系到三亚市其他小区的开发，政府迟早会予以扶持和保护。

冼笃信做出了他事业发展过程中一个关键性的决策：筹集400万元，买下深港合资房地产公司的股份；拿出60万元，买下三亚市房地产开发公司的股份；成立三亚腾龙房地产开发公司，独资承担起西河西路小区的开发重负。

冼笃信留了下来，他名下的"腾龙"成为海南建省、三亚升格地级市后，第一个到三亚成片开发的企业。

这样的时候注入资金，认识冼笃信的人都认为他疯了，纷纷斥他为败家子。不少人预言，腾龙公司会在西河西路的臭滩中彻底垮掉。然而另一方面，当时的三亚市负责人刘名启听说此事后，当即表示："我们三亚市政府一定要让腾龙公司赚钱，腾龙公司赚了钱，我们三亚才有希望。"

冼笃信赢得了三亚市政府最有力的支持。1年零4个月后，腾龙公司在西河西路建筑起一条长1.2千米的河堤，填海面积达17公顷，工程总投入2100万元。1991年5月，西河西路第二期"六通平"工程开始。二期工程计划需要资金5000多万元。在国家银根继续紧缩的情况下，冼笃信凭着他越来越高的实业声誉，通过向银行贷款、争取各界朋友支持等方式，筹集到足够的资金，使二期工程没有因资金问题停过一天工。3个月之后，宽6米的公路和十几条城市干线开通，整个区域的排水、排洪、供水、供电、绿化、美化等全部基础设施建设完成。西河西路小区——一片17公顷的平旷齐整的带状新地，像一块美丽的地毯展现在三亚人的面前，展现在来这里观望过、踌躇过的外来客商面前。

1992年春天，邓小平南方谈话，人心所向，举国欢欣，东南沿海城市的房地产市场迅速升温。1992年"海南第一届国际椰子节"召开不久，国内外房地产商再次纷纷涌向海南，涌向三亚，西河西路的建设用地迅速升值，买地的和洽谈合作开发西河西路区域的人，踏破了"腾龙"的大门。经过两年多的苦心孤诣，冼笃信赢来了真正的飞跃。

1993年，冼笃信率领"腾龙"移师海口，成立了海南省第一家正式注册的私营企业集团。腾龙公司的投资领域，也同时向岛内、岛外多方位延伸。

1993年6月，海南通什腾龙旅游城正式开工，规划总面积5平方千米，基础设施投资2.5亿元；9月，占地66.67公顷、计划投资17.5亿元的海南美国城开始运作；10月，腾龙七指岭温泉国际疗养村动工……

这一年，冼笃信被推选为全国政协委员。

次年，美国《福布斯》杂志评出中国大陆民营企业家排行榜，33岁的冼笃信名列第三。

## （四）沉默是金

10年创业，冼笃信幸运地跻身亿万富豪之列，登上了国内民营企业家创业致富的眩目高峰，可谓荣誉与光环同来，财富伴业绩齐飞。

然而自1993年底以来，冼笃信一反常态，回避所有新闻媒体的追踪，开始了长达3年的沉默。

人们为此议论纷纷：是冼笃信负债累累、一蹶不振了，还是冼笃信准备"淡出江湖"，抑或是将财富转移到了国外？有的人甚至分析：出头椽子先遭烂，农民暴发户的特点就是，当他一无所有时，一个机会就能让他一夜成名；当他腰缠万贯时，一次挫折就能让他一败涂地。

猜测、怀疑、恶意的攻击，以及善意的询问，冼笃信均不置一词地承受了。

而他在沉默中所苦苦思考的，正是自己在个人财富与企业规模的高速膨胀过程中所面临的几大困境：一是1993年以来，国内实行宏观调控政策，经济发展速度减缓，过于火热的海南房地产业出现了前所未有的滑坡，单一的地产业还能不能坚持？第二，当时国内已有不少民营企业提出了"二次创业"口号，随着市场经济发育的日趋成熟，新一轮竞争将更多地取决于产业规划、科技含量、人才与管理等综合要素的配套。面对这种态势，"腾龙"应该怎样摆脱草莽式、家族式格局，向符合现代企业制度的"社会企业"发展？其三，虽然"腾龙"的固定资产评估总额高达7.36亿元，而负债仅1亿元，但"逆水行舟，不进则退"，新的经济增长点应该定位于何处？

"闭门3年不如远足3天"，文化水平并不高的冼笃信开始游历世界各地：法国、美国、东南亚、中国香港……他在世界经济的管理浪潮、科技浪潮、信息浪潮之中，感悟企业发展的根本之道。

已经拥有大专文凭的冼笃信自费到复旦大学进修，"用理论知识武装头脑"，提高自己作为企业家综合判断形势的能力和深刻认识事物的能力。

曾经被实业界喻为"孤独的跋涉者"的冼笃信，开始从具体的经营事务中抽身，遍历世事，广交朋友，为企业的二次腾飞做信息与人才、环境与心理的准备工作。

1995年下半年，冼笃信正式在集团内提出"进行二次创业，准备二次腾飞"的口号，确立了"立足海南，发展热带农业；盘活地产，进行资产重组；招商引资，拓展商贸旅游；战略转移，开发高新科技"的发展方向。与此同时，冼笃信邀请了既在国内负责过重大项目又在国外商场遨游过的苗新民担任"腾龙"总裁，负责日常经营工作；聘请刑东、朱利民、张天惠等一批高级管理人才及青年专家加盟"腾龙"，搭建起科学有效、富有活力的管理系统。

冼笃信还默默地调整了集团的投资分布结构，加快了招商引资的步伐，并开始紧锣密鼓地筹备一些经济效益好又兼顾社会需求的项目。在冼笃信的努力下，美国财务信贷集团将腾龙公司列为中国企业在美融资对象，并签订了融资协议；与美国加州六大企业洽谈，商定在海南进行热带果树栽培、副食品加工，以及现代农业技术的推广与应用；同以色列等国家和中国澳门地区的企业达成合作意向，在海南进行螺旋藻养殖及深加工；进军石化工业，与美国阿莫科公司商谈，在洋浦合办炼油厂……

1996年9月，在全国电码电话防伪工程会议上，冼笃信突然出现在众多的中外记者面前。他平静地向记者们宣布：腾龙公司已经完成了自身的调整，开始向高科技领域进军；受国家技术监督局委托，腾龙公司正与建设银行海南省分行及两家专利发明单位同中国防伪行业协会合作，实施全国电码电话防伪工程。

人说沉默是金。对20世纪90年代的企业经营者来说，沉默不是带来新的崛起与发展，就是带来轰然坍塌的不幸。3年了，冼笃信一直缄默着。为了这一天的胜利，他经过了3年的期待，谁能理解他此刻的心情呢？

## （五）大企业家的胸怀

在腾龙公司向琼山市政府捐赠300万元修建图书馆的座谈会上，一位记者向他问道："你是否认为自己走过的和正在走的路，代表了有理想、有抱负的中国农民艰苦创业、富民强国的探索之路？"

冼笃信答道："我不认为我所做的种种有什么了不起，就捐款这件事来说，我的看法是，小小鸟兽尚有反哺之举，何况于人？"

不喜欢说大话，是冼笃信的一贯风格。在他10多年的经营生涯中，真正从骨子里影响到个人行为的，或许是他在少年时就建立起来的一些朴素的人生观。

譬如说母亲常向他念叨的"菜好做，客难请"的话，告诉了他做人与人为善的道理；又譬如信奉佛教的父亲讲的一些关于生死轮回的故事，让他自小种下了善恶有报的思想种子。冼笃信还曾经坐在南渡江边的柳树下，苦苦思考一个男人的生存价值。他得出的结论是，做一个像古老相传的"海南圣母"冼太夫人，以及他眼中的乡里医生那样受人尊敬、有用的人，才是人生最大的快乐。

正因为有了这些朴素的人生观，冼笃信面对财富的心态是健康的、正常的，他才能如海南省一位领导评价的那样，"走到哪里，就把爱心带到哪里"。1995年，他制定了目标，每年将"腾龙"盈利的10%用于支援家乡及边远贫困地区，每年捐款不下500万元；17岁被迫辍学的冼笃信还在一次朋友聚会中宣布，腾龙公司每年资助30名海南的农村学生上大学，终其一生，绝不间断。

在腾龙集团采访的过程中，记者还听到了一些人们口头传颂的关于他的故事。

20世纪90年代初，冼笃信与湖南长沙某公司做一桩生意，向对方付款16万元。付款后，对方突然借故不发货，也不退款。

迫不得已，腾龙公司向法院起诉。法院判决对方败诉，责令对方赔款22万元。

在法庭上，冼笃信思考了一段时间后，作为胜诉人向法庭提出要求。他要求让对方原数退款即可。对于他的这一要求，法院不理解，公司的其他人不理解，连败诉方也感到惊讶。冼笃信说："我们拿回成本就算了，要对方一下子赔这么多，他以后怎么办？"下庭之后，对方紧紧地握住冼笃信的手，感动得不知说什么才好。

1992年，腾龙公司在三亚面向全国招聘员工。有一个江西的小伙子从报纸上看到招聘通知后，千里迢迢从家乡赶到三亚。但此人身材太矮，不足1.6米，加上气色不佳，不符合招聘条件，没有被录取。在这个小伙子准备离开三亚时，冼笃信知道了这件事。他派人将其接到三亚市最高级的麒麟大酒店，安排住宿，陪他一起用餐，并吩咐公司为他购买返程的机票，临别时，还送他4 000元作为补贴。

我们不难想象，那个小伙子离开海南时是怎样一种明净的心情。海南"腾龙"从此对于他有了一种特殊的意义。

有一位著名的社会经济学家曾说过这样一段话：健康的经济行为本身无须多少技巧，人的完善是经济行为的最高境界。

冼笃信经商，从未想过在手段上跟对方比高低。他靠的是信誉和真诚，靠的是一种山高水长的人格力量。

他与人合作，总是先考虑对方是否有利可赚，然后再考虑自己的利益。他没有专门学过经商理论，但他凭直觉、凭实践得到了从商的精髓：双方获利乃合作的基础，双方获利，合作才有前途。而且他将此认识上升到个人修养与伦理的高度。甚至在与人进行商业谈判时，他也从不强调自己应该得到什么，而是首先替对方推敲合同条款，帮助对方修改条款纰漏。与他合作做生意的诸多商场高手都这样感叹："与冼笃信做生意，真是一种人生的享受。"

有人说，当一个企业家把追求经济效益和社会效益放在同等重要的地位时，那么这个企业家已经具备了大企业家的胸怀。

又有人说，一个没有强大经济实力的企业家不能算是大企业家，而仅仅有强大的经济实力也不能算是一个健全的大企业家。冼笃信曾经给我们讲述过这样一件事。在他的老家龙桥镇，老人年岁大了，不能干活了，就拄着拐杖颤颤巍巍地上山，挖来几棵小树苗，小心翼翼地栽在村头，每隔一段时间就去看看那些小树是否成活。你若问他们为什么这样做，他们说种树能让后人乘凉。

冼笃信说："在我看来，这是在海南这块土地上仍然保留着的人类最珍贵的情感。"

冼笃信还说："当我老了，希望也有机会为后人种下几棵树。"

# 吴旭：海南商界强人

海南旭龙集团股份有限公司是一家由 8 个实力雄厚的公司组成的总股本 3 亿元的联合舰队。吴旭在海南这个超前开放的市场经济舞台上几经冲杀，业绩不俗，他风风火火地干着一番让世人啧啧惊叹的大买卖。

## （一）让集团的旗帜猎猎飘扬

吴旭领导的海南旭龙集团股份有限公司是一家由 8 个实力雄厚的公司组成、总股本 3 亿元的联合舰队。吴旭在海南这个超前开放的市场经济舞台上几经冲杀，业绩不俗，他风风火火地干着一番让世人啧啧惊叹的大买卖。

他没有什么神秘的地方，和所有的生意人一样，他做过贸易，干过运输，花了 7 年时间完成了艰辛的资本原始积累。

在 1990 年海南经济一度萧条疲软的情况下，许多外地公司纷纷撤走资金，打道回府，吴旭却瞅准了机遇，创立了海南最大的私营公司——海南吴氏集团，出人意料地频频出击房地产业。几年过去，事实证明，当时那些曾经为他操的心是多余的，他以非凡的魄力和大胆的决策，在海口市最为繁华壮观的十里龙昆大道上，一口气推出了 7 座金碧辉煌的一流现代化国际大厦和高档别墅。这些建筑分布在 6 个黄金地段，拔地而起，矗立云端，在海南引起了不小的轰动：总建筑面积 40 多万平方米，投资总额 20 多亿元，真可谓举世瞩目！

要是你今天漫步在宽大的龙昆路上，绝对会有一种恍若隔世的感觉，森林般的高楼丛中，"吴氏""旭龙"的旗帜遍布 6 个地段，猎猎飘扬，"呼呼"作响，难怪有人干脆把龙昆大道戏称为"吴氏大道"。吴旭实力由此可见一斑！

人们说，海南这块充满绿色的热土，有极强的生命繁殖力，只要是颗种子，就会生根发芽！

人们还说，也许是封闭和贫穷的时间太久太长，海南一旦开放，它的每一寸土地都在疯长……

几经波折的吴旭在1986年揣着2 000元钱独闯海口做生意，转眼间到了1993年，他从众多的商界高手中脱颖而出，他的公司一跃成为海南房地产十强之一，资产剧增到几个亿。

像神话，却又是现实。

有人把海南比喻为生意场上的"战国时代"，此话不假，在这里，以龙命名的公司比比皆是。龙是中国人几千年高举的图腾旗帜，今天龙的传人视之为至尊至圣自然顺理成章，然而龙有大龙小龙、真龙假龙、卧龙腾龙，也有鱼龙混杂的情况。几番风雨，几番搏斗，大浪淘沙，潮起潮落间，巨龙横空出世。

吴旭不仅以其出色的经营和跨世纪的业绩格外为人瞩目、推崇，被喻为城市森林大手笔，他还在1993年当选为海南省第一届人大代表，省人大常委会财经委委员，省第二届政协委员，省总商会常委，省企协、青年企协副会长以及全国优秀青年企业家。

## （二）初涉商海——试办家庭养鸡场

吴旭的人生履历并不复杂。1967年3月出生；1983年中学毕业；1984—1989年，历任海南澄迈县时运贸易公司副经理、琼联贸易公司副经理和海口市华达实业有限公司经理。

1989—1990年，在国际经济与工商管理学院学习。

1990—1994年，任海深国际工程开发总公司总经理、海南吴氏集团总裁。

1994年，任海南旭龙集团股份有限公司董事局主席、总裁。

从这份档案里我们可以发现，除了早先做"游击商贩"干个体以外，他几乎从未有过为人打工的经历,而作为老板的头衔却一年一变。仿佛吴旭降生到这块土地上,原本就是一块经商的料。

20世纪80年代初,中国人的观念正在党的十一届三中全会的精神鼓舞下发生着前所未有的深刻变化。拨乱反正,思想解放运动,第二次"农村包围城市"的改革大潮席卷华夏大地,8亿农民的手脚从土地上被解放出来。当时社会上流传着"万元户"这一时髦的称谓,那些最先领略"翻身感"的"万元户",从城市和乡村里冒了出来,被人们视为奋斗与追求的楷模。

不满17岁的吴旭此时还是一名稚气未脱的中学生。他的家坐落在距海口市约25千米的澄迈县瑞溪镇上,家境贫寒,全家老小七口,仅靠父母总共不足100块钱的微薄工资生活。然而就在瑞溪这个位于城乡交界处、全省第二大的集镇上,年轻的吴旭虽然把自己关在教室里,两耳不闻窗外事,却也凭他的聪颖和敏感,感觉到了外面世界的变化。

1982年的暑假到了。一天,上街买菜的吴旭发现市场上的鸡销路不错,便萌发了搞一个家庭养鸡场的设想,他把这个大胆的计划告诉了父亲,希望借些钱买些鸡种。在中学教历史课的父亲十分通情达理,他懂得小儿子想为父母分担家庭负担的良苦用心,对此表示支持,并亲自写借条向亲朋好友借钱。说干就干,第二天,吴旭在房后搭起鸡圈,骑车到县城买回百来只鸡娃。这是吴旭有生以来按照自己的意愿所做的第一件事。一年下来,皇天不负苦心人,他小小地发了一笔,赚回2 000元。长这么大从来没有见过这么一大把钞票的他,心情之激动简直无法言喻。这无疑是老天爷对他的一次重重的嘉奖。初次尝试做生意的成功体验,使他大大地增强了自信心。他决定把这2 000元钱全部当作本钱,扩大鸡种数量。他的"养鸡场"果真壮大起来。"看来'万元户'也没有什么神秘的,并非高不可攀!"他对自己说。

他敲打着算盘珠子得出了一个让人觉得有些缺乏城府的结论:1只鸡卖5元,2 000只鸡就是整整10 000元。这个简单的预算收入着实让他"幸福"了好久。可天有不测风云,殊不知,一场鸡瘟悄悄蔓延开来,2 000只鸡全部死光,无一幸免。"万元户"的梦想一夜之间化为泡影，目睹鸡场的悲凉惨景，他终于忍不住哭了。当时那种差一点万念俱灭的滋味，对于一个尚未成年的人来说，打击之沉重，使他终生难忘。谈起这段经历，吴旭总是感慨万千。

## （三）出岛经商，步步为营

1983年，吴旭中学毕业，似乎已成熟许多。这个年龄的孩子即将迈出未来人生选择的关键一步。母亲到供销社提前办了退休手续让儿子"顶替"，像他们这样的普通老百姓家庭，没有"后门"可走，唯有"顶替"一条路，别无选择。

"顶就顶吧，"好心的亲戚朋友劝他吃现成的商品粮，"你不要就会浪费掉一次机会，名额……"吴旭的心里很矛盾，他犹豫，却不便明说出去。不是他心高气傲，他不满足于一份现成而平庸且不需举手之劳就可以端着的"铁饭碗"。这要是换了别人，绝对是求之不得的事情，那时人们对工作的期望值不高，能混就混，如此而已。

吴旭却比一般人想得多、想得远，他从小养成的秉性就是不想依赖任何人，凡事希望通过自己的努力去获得，只有这样才心安理得。他对母亲说，让在家待业的姐姐去上班，而母亲的心思和许多妇道人家一样，儿子是自家的，女儿嫁出去是别人的。吴旭告诉母亲"我想换种活法"，这句话在心里憋了很久，终于说了出来，他不愿意按父辈给他安排好的方式去生活。话虽有些伤母亲的心，深谙世事的父亲却又一次理解了年轻人的倔强。

放弃了唾手可得的工作，吴旭对自己的人生之路从哪里开始，有了一种紧迫感。

1984年，中国改革开放的脚步越来越近，沿海地区先行一步开始搞活，海南岛虽还处在封闭中，却也欲开未开地吹进了缕缕新鲜的气息。一批批"三洋""索尼"电器运进了海南岛。这些洋货对当时的中国人来说，还是物以稀为贵的紧俏商品，人们如果能搞到彩电、音响等进口货，就会把嘴巴笑歪。出国人员以拥有一套"三大件"为荣。吴旭在家里坐不住了，他灵机一动，找朋友凑了200元钱的路费，搭上汽车去了海口，然后渡过琼州海峡，爬上火车去了长沙。生平第一次出岛，他感到世界真大，余下的所有感受如果用两个字来形容，那就是——新鲜！是啊，这个在岛上生活了17年却从未见过火车是啥样的年轻小伙儿，对大陆总算有了直观的印象。

这次出岛果真不虚此行——他了解了许多信息，掌握了长沙市场上电器的货源渠道和价格行情。正像当初预料的一样，如果把电器商品从海南运到长沙去卖，缴完出岛税费，除了运费之外，一部彩电还有四五百元钱的赚头，录像机的利润就更高。

回到澄迈，吴旭跟父亲商量，然后东拼西凑借来2 000元，购进一台样机，再次连夜过海到长沙让别人看货，一个小时之后拿了钱，签了协议，赶紧搭返程的火车往回赶。从那以后，他常常都在车上、船上摸爬滚打。因为晕船，每次渡海都吐得一塌糊涂。火车好是好，但从来都是站着去、站着回。有一次，车在夜间行驶，他疲乏得实在站不稳了，就蜷缩到座位下边，左手紧紧抱住录像机，右手找了张报纸盖在头上，开始打盹儿，可拥挤之中，过道上有人的杯子被撞翻，滚烫的开水洒了他一头，半个脸被灼得通红。做生意的个中甘苦现在想来，真是五味俱全。

不过这一年跑下来，收益颇丰，赚下几十万元。他把钱拿去置地、盖房，在小小瑞溪镇上，他们家成为全镇三大富户之一。年轻的吴旭并不知足，在随后的时光里，他继续尝试各种生意，马不停蹄地在投资经营领域里忙个不停，成功、失败、欢乐、痛苦，不一而足……

春去秋来，转瞬间两年过去，曾经是百万富翁的吴旭又一次变成了一文不名的穷光蛋。赤手空拳的他再次流下热泪，他不明白，创业的道路为何如此艰难？为什么天道并不酬勤？他深深地感到一个人老待在瑞溪这样的小乡镇上，既缺乏必要的信息，也不会有多大出息。他擦干眼泪，振作精神，带着两年来在生意场上磨砺的经验和一颗人生永不言退的恒心，毅然再闯商海。1986年初，他向朋友借了几千元本钱，单枪匹马到海口，重新白手打天下。

在海口，他租了一间10多平方米的房子，安了一部电话，买了一辆单车，利用自己的客源和货路，开始扩大业务的规模。他和朋友合伙，以朋友的房子做抵押向银行贷款，把五金电器生意做得红红火火、有声有色。

1987年，他正式办起了一家只有6个人的华达公司。在海口市，这是最先注册的第二家私营企业。

当时吴旭的生意经其实很简单：

1. 啥生意来钱快就做啥生意。有人说一门心思赚钱，满身铜臭。他的理解恰恰相反：把赚钱当事业来干恰恰能干出名堂。干任何事情都一样。

2. 他的做法简洁明快——"银行出钱我出力"，从取得批文到筹集款项、组织货源，凡事亲力亲为抢时间。至于银行凭什么自愿上钩与他合作，他说："让银行相信我。"

吴旭对银行说："钱嘛，你出大头，货由我来联系组织，拉回的货进你的仓库，你监管，卖掉之后利润分成。另外，我出资30%，要是万一砸了锅，亏在我头上……"

银行一想，哪有钱摆着不挣的道理？这么一来，吴旭的账上也开始日进斗金。他总结式地归纳道："这叫给银行打工。"明眼人都懂，不就是"借鸡下蛋"嘛。

龙年，中国人的"本命年"。这一年，有希望也有失望。

海南岛建省，创办经济特区，给整个中国带来了千载难逢的历史机遇，掀起了一场举世瞩目的世纪末的移民浪潮，10多万人揣着淘金梦、开发梦闯到海南，如同美国西部牛仔。

海口、三亚一夜之间冒出了成千上万家外地公司和驻琼办事处，大陆各省市县纷纷来这里设"窗口"搞联营，岛上每天进出流动人口剧增……吴旭在闹哄哄的海南敏感地发现了房地产生意的潜在市场——"修房子，准赚！"他去三亚这个中国最南端的地方做了一番考察，很快和一家朋友开的公司达成协议，合伙投资几百万元资金，盖一幢当时三亚最高的8层大楼。可万万没有料到，正值大楼修了一大半，经济形势因政策原因突然趋于停滞，几百万自有资金一下子全部陷了进去。

外地公司开始撤走资金，纷纷打道回府，海南一片低迷萧瑟的气氛让人迷惘，似乎一切都看不透。

有人说，走是明智的，留下是坚强的。

也有人说，海南真的相信眼泪了吗？

生于斯、长于斯的海南老板吴旭虽败走麦城，却无路可退。

1989年底，他去周游了一次"列国"，从对深圳、珠海等经济超常规发展的沿海特区的考察中，他隐隐感到海南乐观的前景。需要的只是"既然自己败在房地产上，那么就一定要从倒下的地方爬起来"。吴旭找来了许多有关房地产经营的书，潜心钻研，边学边干，从中外巨子成功的经验和失败教训中受到极大的启发，然而面对当时的现实处境，他却为自己的公司没有房地产开发权而深感苦恼。

踏破铁鞋无觅处，得来全不费功夫。

机遇总是青睐有准备的人。1990年，在一次与朋友的聚会中，吴旭得知，三亚市劳动局属下的海深国际工程开发总公司，由于与之联营的深圳一方无意再继续合作，要求撤走资金，便瘫痪着，无法正常经营。

吴旭找上门去，对劳动局的人说，"干脆我们两家合作。至于钱吗，由我们出，你出牌子，赚了大家分。"简洁明快，一语中的。

对方的苦衷他明白，说穿了，"海深"账上的现款不足2 000元，想清偿深圳方面几百万元的债权债务，已没有可能。为了让对方吃颗定心丸，他说："你看这样好不好，深圳方面的股金由我来退。"就这样，虽然花了几百万元，但他给"海深"解决了一大难题，也牢牢地抓住了"海深"的开发经营权。吴旭接过了总经理的交椅，一切他说了算。

这一大胆的"押宝"，说实话，其背后的风险不是谁都敢承担的。在许多实力雄厚、经验丰厚、久经沙场的物业老手都纷纷打白旗、卷铺盖望风而逃的时候，吴旭偏偏反其道而行之，乘虚杀进房地产业，迅速完成了由商贸向房地产的战略大转移。

他的成功后来证明了接受"海深"这一举措是识时务的。识时务者为俊杰。如果没有如此断然果敢的一棒，就无法掀开他生命中熠熠耀眼的篇章。

1991年，海南的房地产果然开始复苏，严阵以待的吴旭抓住时机迅速出击，甩开膀子痛快淋漓地大干了一回。他用自有资金购买土地作为抵押，把风险从自己身上转移掉，用银行提供的建设资金，在椰城海口的黄金地段潜心推出了"海深国际大厦"和"富人阁花园别墅"，创造了两周售罄的奇迹。年轻的吴旭一鸣惊人，在同行中名声大振。接下来，他把20%的回笼资金用于滚动投资，继续投建新的项目，并且一发而不可收。他陆续在龙昆大道建起了4座24层以上的大厦——东升国际大厦、旭龙国际大厦、富人国际大厦和三宝国际大厦，总建筑面积达45.8万平方米。他告诉记者，"经济规律有点像长跑接力赛"。他建一座就卖一座，绝不占压资金，或者与别人合作，及时分散风险，"不要一个人从起点一口气跑到终点，因为这样不累死也得栽倒。"吴旭的经营奥妙就在这里，其实认真想来并不玄乎，概而言之四个字——以地生财。成片吃进黄金地皮，人人都想，却又怕因为形势吃不透，因此需要瞄准时机，胆大心细。只有吴旭第一个吃了"螃蟹"。转眼间地价疯长，他又以地招商、以地引资、以地盖楼，"过去和银行这么做，现在和企业也这么做"。他说："只要牢牢掌握好大盘，不犯方向性错误，在项目投资上，短、平、快的要搞，长线也搞，以短养长，马上获利，再发展长线项目，不让利息压死。"

对那些在房地产上栽了大跟斗的一蹶不振的企业，他说：这些人大都是炒家，投机过度所致，缺乏先见之明。吴旭的确比别人先走一步，先行一步则冒的风险大一些，但反过来也就可以做到"人无我有，人有我专，人专我精，人精我网，人网我大"。

旅游是海南的龙头产业，大有文章可做。

吴氏集团成立后，吴旭牢牢盯住旅游服务业做文章。他说无论从国情、省情、市情看，旅游业都是海南的龙头产业，也是政府支持的产业，以房地产的优势来开发旅游业，潜力很大，何愁不能赚钱？

在战略决策上，吴旭主张——要么你超前于政策，做不到这一点你就必须紧跟政策。一个对政策缺乏敏感的人当不了企业家。

他的性格历来如此，要做生意就做大的，"每做一件事，每跨出一步，都必须认真看到自己的脚印"。1992年9月，吴旭做了一个大动作——毅然出1.06亿元巨资收购了濒临破产的海南侨发温泉宾馆。这一举动石破天惊，亲者捏汗，竞者瞠目。此外，他还在原有基础上增建了1.8万平方米的建筑物并继续投入1.2亿元建设资金，搞了一个全国规模最大的集康、体、乐于一体的新温泉宾馆"康乐城"。这个多功能、综合性康乐场所，地处南大立交桥北，总建筑面积22 569平方米，其内的18个多功能娱乐休闲项目均创全国之最。

与此相连的吴氏国际广场也是一项即将脱胎而出的宏伟杰作。这座高61层、全国单体面积最大的高架广场预计投资14亿元，即将破土动工。它建成后将成为海口市世纪性标志建筑。

在海南房地产二度萧条之际，这又何尝不是吴旭留给人们破解的一道难题！真可谓胆识过人。

1993年12月8日对吴旭来说，是个永远值得纪念的日子，以吴氏集团为控股机构，联合7家股东单位发起组建的海南旭龙集团股份有限公司获准成立。作为集团的总裁，吴旭又开始了新的远征。

## （四）"母爱式"管理

在南航路2号海深国际大厦七楼，记者走出电梯便被旭龙集团门口那8个明晃晃的金属大字占据了视线——"敬业，乐群，笃实，致远"。这既是"旭龙"企业精神的写照，也是吴旭不断追求完美的真实缩影。在"旭龙"，吴旭深深意识到私营企业的优势和自身的短处；深深意识到作为股份制企业的掌舵人，如果一味照搬私营企业那一套管理办法，肯定会影响企业发展。他扬己之长，避己之短，精明地吸取了私营企业的管理长处和国有企业管理之精华，糅合两种经济成分的管理优势，形成了一套股份企业的管理思想。这种管理思想被他概括为"剪接法"。

"旭龙"是拥有8家实力雄厚的子公司且开发能力强的集团公司。吴旭说，只要堵住管理上的漏洞，最大限度避免失误，那就为经营上的成功铺平了道路。不论在发展战略、项目策划、企业管理和用人方面，吴旭均高屋建瓴、一丝不苟。企业发展关键在人，他主张广揽英才，人尽其用。在"旭龙"，他采取了"以事定岗，以岗定人，一人多岗"的用人机制，杜绝了人浮于事的陋习。他把西方企业从下到上、日本企业从上到下的决策管理机制综合起来，一方面启动企业员工群策群力，同时聘请4个管理顾问，组成一个精干的智囊机构。他认为"旭龙"企业文化的闪光点就是在高层次追求下激发大家的策划智慧。回顾自身多年来生意场上的商业创新，"一个点子，一笔款子，一套班子"这种短小灵活精干的组织运作模式，效率高，速度快，在市场经济中的确行之有效。为做到在战略战术上尽量避免大的失误，吴旭规定，公司每月一会，部门每周一会，员工的建议形成书面材料，定时检查落实情况，如此别出心裁地激发了每个"旭龙"人的敬业精神和参与积极性。

表面上铁面无情十分严厉的吴旭，工作上不轻易拍板，但说话算数，一言九鼎。工作之外，他决不再摆老板架子。

至于许多公司存在的捞回扣、吃里扒外的现象，在"旭龙"不存在。"关键还是管理"，他打了个形象的比方："假如有一串金条摆在地上，只需要弯一下腰就能得到它，谁不想占为己有呢？要是你把它锁起来，拿它就不容易，甚至付出代价才行。"所以，吴旭认为这是管理上固有的漏洞在怂恿员工犯错，不该怪下面。管理好不好，和老板怎么看待人也十分相关，他说"旭龙"相信每个员工，相信客户，坦诚地与每个人交往，也坦诚地与企业交往。"假设一切是美好的"和"假设一切是丑恶的"这两种出发点和方式，都是保护自己，不被伤害。但前者是一种正向激励，如果一个企业内部充满敌意、互相设防，对谁都没有好处。有人分析,"用人不疑,疑人不用"不过是一种理想状态,现实中根本不可能行得通。吴旭说:"我派出去的子公司经理是绝对不会背着我做手脚的,因为我宁愿给他10万元,也不希望他为捞1万元回扣而损失公司的利益和他的人格。所以他不会那样做。"

在旭龙,用人不搞论资排辈,不论学历高低,只要你有才有识,善于开展工作,就会被委以重任,并赋予相应的权力,为你提供施展才华的机会。能者上,庸者下,谁也别想坐铁交椅,公司里助工领导高工、高中生指挥本科生的现象十分正常。

不少企业常常感到缺乏凝聚力,运转起来困难重重。吴旭认为,关键是企业的分配制度合理不合理。他说,在利益问题上,总会有或多或少的劳资分歧,这不可避免,也并不奇怪。但假如"风险共担"谈得多而"利益均沾"却兑不了现,就会失去活力。在"旭龙",吴旭规定,为公司赚得利润的员工,予以重奖,工资分配与经济效益挂钩,实行同步升降,人人感到在"旭龙"有奔头。

吴旭把钱看得很淡,"公司挣那么多为的啥?还不是给大家创造一个事业舞台和舒畅的生活环境。"他把他的管理称为"母爱式"而不是"父训式"。他告诉记者,"旭龙"的许多员工来自海岛以外的内陆地区,每个员工肯定都有自己的困难,尽管他们自己不一定诉说,但这些困难是存在的,公司一定想方设法给予帮助。公司为总部员工安排住房,安装电话,出资帮助他们购买10多辆摩托车,并且基本解决了夫妻分居问题,福利逐年改善。一个"情"字系住了员工的心。

吴旭的人生观是"宁愿人负我,决不我负人"。有一位部门副经理由于需要调往丈夫所在的城市,不得不"炒"老板的"鱿鱼"。吴旭送钱赠物,以礼相待,他的重情轻利常常得到大家的称赞和拥戴:"我们老板不抠!"在社会上,"旭龙"之所以也有良好的公众形象,也是吴旭坚持"宁可少赚钱,也要求信誉"这一经营信条的结果。"我绝不是那种卖了房子赚了钱就不认人的人,因为房地产投资大,消费时间长,更要求房地产商对社会负责。"每次台风、暴雨之后,吴旭都亲自检查项目设施，发现故障立即排除，深受客户的称赞。

"讲信誉是公司生存发展的根本"，吴旭认为老老实实做生意，不苟且，不媚俗，这是从事商务活动的本质要求，也叫作"守正"。许多事情都是有利就有弊，你去靠别人，反过来别人就会制约你，关系多了，关系的成本就会升高。如果市场不接受你，企业不赚钱，你的管理不好，关系再多也是毫无意义的。

受家庭环境熏陶和父亲在为人处事方面的影响，吴旭喜欢读历史书，就在他那宽大的总经理大班台后面的书架上，除了《商用战典》《房地产经营务实》《中国兵法妙策》和《对外经济贸易实用大全》等专业书籍以外，他读得最多的则是《王永庆奋斗史》《历代用人奥妙》和《抱朴子》《神仙道家》《忠臣孝子的悲愿》一类的读物。

经过多年的商海搏击，他深深感悟到的一点是："挣钱越多、越富有，就越应该抱着一种'平常心'，有了'平常心'，就可以提高我们的承受力。一般人都把承受力理解为承受贫困和失败的能力，其实更重要的则是承受富裕和成功的能力。许多人都是能共患难却不能同富贵，历史上许多成功者与失败者留下的经验教训非常值得我们这一代企业家汲取，还是那句话——无欲则刚。"

他从社会获得巨额利润后同样以巨额资金回报社会，几年来他赞助扶贫工程、希望工程，连续 5 年包下了他家乡澄迈县所有失学少年的小学义务教育经费，并且多年来在海南大学设立奖学金，赞助饮水工程、公路建设，以及孤寡老人的晚年安置供养，等等，金额共计 1 000 多万元。